国家社科基金项目《第三产业对我国宏观经济波动的非对称效应分析》（编号：17BJY016）

张文军◎著

第三产业对我国宏观经济波动的非对称效应分析

DISAN CHANYE
DUI WOGUO HONGGUAN JINGJI BODONG DE
FEI DUICHEN XIAOYING FENXI

中国财经出版传媒集团
经济科学出版社
Economic Science Press

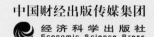

图书在版编目（CIP）数据

第三产业对我国宏观经济波动的非对称效应分析／张文军著．--北京：经济科学出版社，2022．10

ISBN 978-7-5218-4133-6

Ⅰ．①第…　Ⅱ．①张…　Ⅲ．①第三产业-影响-宏观经济-经济波动-研究-中国　Ⅳ．①F123．16

中国版本图书馆CIP数据核字（2022）第195307号

责任编辑：杜　鹏　郭　威
责任校对：孙　晨
责任印制：邱　天

第三产业对我国宏观经济波动的非对称效应分析

张文军　著

经济科学出版社出版、发行　新华书店经销

社址：北京市海淀区阜成路甲28号　邮编：100142

编辑部电话：010-88191441　发行部电话：010-88191522

网址：www．esp．com．cn

电子邮箱：esp_bj@163．com

天猫网店：经济科学出版社旗舰店

网址：http：//jjkxcbs．tmall．com

固安华明印业有限公司印装

710×1000　16开　14印张　220000字

2022年10月第1版　2022年10月第1次印刷

ISBN 978-7-5218-4133-6　定价：76．00元

前　　言

在本书中，我们分别收集了全国的年度数据和季度数据以及各省份的面板数据，分析了第三产业的非对称性波动特征以及对宏观经济波动的非对称性效应，并对其原因和机理进行了分析，最后提出了有针对性的建议。具体如下：

第一章阐述了选题依据、选题价值，对当前研究进展进行了综述，并介绍了本书的研究内容及研究方法。

第二章通过对改革前后的状态特征的比较，得知改革之后第三产业谷位得到了很大提高，波幅也大幅度下降了。运用 VAR 模型并进行协整检验得知，第二、第三产业增长率与 GDP 增长率之间都存在协整关系，它们与 GDP 增长率的互相冲击作用都较显著，而且它们之间的作用方向也是一致的。

第三章首先通过 BK 模型和 TARCH 模型检验得知，在第三产业波动过程中，其受到的正向冲击要大于负向冲击，导致其波动呈现出陡升缓降型的非对称特征。其次通过 TARCH 模型和 EGARCH 模型检验得知，当第三产业收缩时其对 GDP 有着显著的拉伸效应，而当其扩张时对 GDP 有着显著的冲击效应，并且第三产业对宏观经济波动的非对称效应是减缓其波幅。本章还对现代服务业与传统服务业的非对称效应进行了比较，发现现代服务业扩张时对宏观经济的冲击不太剧烈，但收缩时对宏观经济的减缓效应尤其显著。

第四章运用金和纳尔逊（Kim & Nelson，1999a）的方法，我们收集和估算了 1978～2018 年的季度数据，分别建立了第三产业、第二产业和 GDP 波动的牵拉模型，得知第三产业波动过程中偏离上限的幅度最小，而回弹的力度最大，存在着韧性和刚性并存的特征，这种双重特征对经济波动也产生了复杂的非对称效应。我们还得知由于第三产业的自身特性，使得第三产业在牵拉过程中收缩的程度比第二产业要小，可以减轻GDP对上限的偏离，相当于是减缓了宏观经济的波幅。

第五章收集了1992～2017年的各省份三次产业增长率和GDP增长率数据，通过设定虚拟变量把三次产业增长率的扩张序列和收缩序列分开，并建立了空间面板模型，得知由于第三产业偏度系数更大，其收缩时对GDP的冲击比第二产业更小，扩张时则更大。因此回归的结果表明：随着第三产业比重的扩大，收缩时它会促进GDP由收缩向扩张的转折，但扩张时则会加大宏观经济刹车的难度。

第六章从第三产业的资本特性、生产与消费的同时性、需求收入弹性和消费的棘轮效应等特征的角度，以及从现代服务业的发展等几个方面对非对称效应的原因和机理进行了分析。

第七章从就业吸纳弹性的角度对原因和机理进行了分析。通过门限面板回归结果得知：不仅第三产业的就业弹性系数显著大于第二产业，而且从动态和过程的角度来说，也更具韧性和刚性，从而扩张时容易导致宏观经济的剧烈上升，而收缩时则会成为就业的“储水池”和宏观经济的“稳定器”。

第八章分别从差别调控、提高商贸流通业的效率、推动生产性服务业与制造业的融合三个方面提出了对策与建议。

作者

2022年10月

目　　录

第一章 绪　论

第一节　选题依据和研究价值

一、选题依据

随着经济发展模式转向服务型经济，服务业对经济增长的影响和作用越来越重要，也越来越成为我国经济发展的重要推动力。由于第三产业不同于制造业，有着明显的非储值性、可调节性、就业失业变动性小、就业弹性高、吸纳就业的能力强等特征，因此，积极发展第三产业会有助于改变我国一直以来的高能耗、低效率的经济增长方式，优化我国经济结构。更重要的是，伴随着第三产业的持续增长态势，我国经济周期的形态、波动幅度等也出现了重大变化，例如近年来我国的经济波动一直呈现出缓和化的趋势。但是这两者之间到底有没有关系呢？国外众多研究表明，随着第三产业比例的不断提升，经济波动的特征也发生了很大变化。所以研究第三产业与经济波动的关系对减缓经济波动会起到事半功倍的效果，也会有助于宏观经济政策和产业政策的制定，对于尽快促进我国宏观经济由当前的收缩向扩张转变也有着重要的指导意义。

通过对服务业与经济周期相关文献的回顾，我们发现，相关文献主要围绕两个问题进行研究：一是认为服务业的波动幅度都较制造业和农业部门要小，因此第三产业比例的扩大会减缓经济波动幅度，该问题中的大部分文献是从服务业产值波动幅度的角度来论述的。夸德拉多－鲁拉和阿尔瓦罗·奥尔蒂斯（Cuadrado-Roura and Alvaro Ortiz，2001）发现服务业部门的相对波动幅度比制造业部门要小，而且西班牙的经济波动幅度越来越小与服务业的比例越来越大的趋势一致。威廉·B. 贝叶斯（William B. Beyers，2010）认为，在以服务业为主导的时代，由于对服务的需求波动较小，所以经济周期显得不那么剧烈。安德鲁·埃格斯和安尼德斯（Andrew Eggers & Ioannides，2004）认为，在过去半个世纪，美国国内生产总值构成的最显著变化是制造业和农业部门比例的相对下降以及金融和服务业部门比例的相对上升。由于前者波动相对剧烈，后者相对稳定，因此，经济结构调整将极大地促进美国国民经济的稳定。有的文献是从服务业就业吸纳效应的角度来论述的，例如杰弗里·H. 摩尔（Geoffrey H. Moore，1987）认为服务业创造就业机会的能力使最近的商业周期呈现出与以往不同的特征。在未来的经济衰退中，就业可能会更加稳定。此外，服务业的增长往往使经济衰退变得更为短暂和不那么严重，因此服务业有着减缓经济收缩的效应。事实上，服务业有助于稳定就业总量，这是它们通常扮演的角色。然而，由于服务业在总就业中所占的比重越来越大，其稳定作用也更加显著。而且这一趋势仍在继续，并将有助于降低下一次衰退的严重性。二是认为服务业的发展并不一定会减缓经济波动幅度。斯托克和沃森（Stock & Watson，2002）认为就业人员从制造业向服务业转移并不能说明他们正从一个波动性较大的部门向波动性较小的部门转移，因为建筑业和制造业本身的就业波动幅度也在减小。结构转移假设还存在一个时间对应问题：劳动力是在过去 40 年从制造业向服务业逐步转移的，而国民经济波动幅度的减小是发生在 20 世纪 80 年代中期之后。因此，斯托克和沃森（2002）指出就业人员从制造业到服务业的平滑转移并不能解释 20 世纪 80 年代国民经济波动幅度的突变。安德鲁·菲拉多（Andrew J. Filardo，1997）认为，服务业资本密集型的特征越来越显著，因此对利率波动更加敏感。服务业正在利用最先进的技术来满足客户的需求，如复杂的电话系统和高速计算机等，这些都是资本密集型的。随着服务提供商资本密集程度的增加，他们的生产更有可能在利率上升时加快，在利率下降时减慢。因此制造业就业率的下降和服务业就业率的上升可能仅对工作场所产生了实质性的影响，但对经济周期的平稳性影响不大。

笔者认为，以上文献只是系统地论述了第三产业对经济波动尤其是经济衰退的减缓作用，但是第三产业扩张时对国民经济是否有稳定的作用呢？即第三产业的扩张和收缩对宏观经济的作用是否对称呢？对该问题进行分析，对于提高宏观调控的针对性、增强第三产业对宏观经济的稳定作用具有重要意义。

二、研究价值

本书的研究对象主要是分析我国第三产业波动的特征，及其对我国宏观经济波动不同阶段的效应。首先通过对我国第三产业非对称性波动特征的检验，分析其对我国宏观经济波动是否产生了非对称效应；其次深入分析该非对称效应产生的原因，从而针对第三产业本身及其对宏观经济波动的非对称性效应研究如何充分发挥其对宏观经济波动的缓和作用。我们初步认为，在宏观经济收缩时，要大力发挥第三产业吸纳劳动力的“海绵”效应，而在宏观经济扩张时，要对第三产业进行景气监测，防止其增长过快并形成结构性过热从而对整个宏观经济形成向上的冲击，使第三产业既能熨平经济周期的波谷又能熨平其波峰。最后从总体上检验第三产业对我国经济波动是否能够产生缓和效应，从而为熨平经济波动的相关产业政策制定提供依据。本书的研究价值可分为学术价值和应用价值，具体如下。

第三产业对经济波动非对称效应的学术价值主要体现在以下三个方面：第一，第三产业波动本身非对称性的分析及其对经济波动的非对称效应，对于建立行业波动与宏观经济波动之间的联立模型有着重要意义，对于经济周期模型的建立和评价也有着重要意义。第二，该问题的研究对行业周期波动模型、宏观经济波动模型及其两者的相互作用模型提出了更高的要求。第三，通过设定门限变量，使用门限面板回归得知：与第二产业相比，第三产业的就业弹性系数更高，而且更有持续性。这为检验第三产业的就业效应提供了一种新的途径。

从应用价值来看，主要体现在：第一，本书的研究有助于我们理解产业政策的效果，有助于宏观经济政策和产业政策的制定，政府应该在宏观调控中根据不同的经济周期阶段，实行一定的动态宏观调控操作；第二，有利于提高宏观经济政策和产业政策的针对性，更好地发挥第三产业对宏观经济的稳定作用，对减缓经济波动起到事半功倍的效果，政府稳定政策的制定和实施必须要以经济周期的不同阶段作为前提；第三，本书的研究对于减缓当前我国宏观经济的衰退、促进我国宏观经济的尽快复苏有着重要的指导意义。

第二节　经济周期非对称性波动特征研究进展①

有关经济周期非对称性波动问题已受到了越来越多的关注，学术界也争论了很长时间。凯恩斯（Keynes，1936）早就指出，通常，当经济由收缩转向扩张阶段时较缓和，而由扩张转向收缩阶段时较剧烈。实际上，有关经济周期非对称性的研究，其核心问题即宏观经济的相关指标（如国内生产总值、物价、就业率等）在其扩张或收缩时的动态特征是否有所不同，或者是当宏观经济由扩张向收缩转换与由收缩向扩张转换时是否有着不同的动态特征，同时还包括在复苏、繁荣和衰退、萧条过程中的持续时间、上升或下降速度以及对前景预期的差异性等。经济周期非对称性研究的日益广泛和深入反映了人们对于经济周期规律和机制认识的深化。尤其重要的是，假如经济周期非对称性这一现象确实存在，那么它将对政府制定宏观经济政策提出更高的要求，例如，在实际经济生活中，我们不能根据经济周期扩张期的性质来推断收缩期的性质，在扩张期采用的抑制经济过热的政策在收缩期不能仅仅改变政策方向，作为扩张政策来推动经济复苏。因此经济周期非对称性的研究日益成为宏观经济监测和预警的重要内容。本节通过对现有文献的梳理，对经济周期非对称性的类型和机理等问题进行评述，以便于我们从更深的角度理解经济周期波动的规律和机制。

---

① 本部分内容原载《经济学动态》2015 年第 9 期。

一、经济周期非对称性波动的类型

经济周期非对称性研究的一个关键问题是非对称性的定义，即什么是经济周期非对称性，不同的定义引发了不同的非对称性类型。下面我们分别从传统类型和新兴类型两个角度来对这个问题进行评述。

（一）传统的经济周期非对称性类型

从较早的文献来看，经济周期非对称性主要集中于以下几种类型，这也是较典型的和传统的经济周期非对称性类型，其中包括牵拉型、陡度型、深度型、烈度型、时间不可逆型等。

1. 牵拉型非对称性。牵拉型非对称性包括牵拉模型及产出缺口模型，主要观点是宏观经济的扩张是由趋势成分主导的，因此其是内生的和持续的，而收缩则是外生的和暂时的，有点类似于弹簧的拉伸和回弹。弗里德曼（Friedman，1969）认为实际产出增长率存在一个产出上限，当偶然的反向冲击使得产出出现收缩时，会发生产出与其上限趋势值的偏离，即出现产出的缓慢下降，但是，由于反向冲击大多是暂时的，因此当其结束时，产出增长率会以较高的速度出现反弹，从而重新回到其趋势水平附近，弗里德曼将这个过程形象地描述为经济周期的“牵拉效应”，即牵拉型非对称性；隆和萨默斯（Long & Summers，1985）也从“产出缺口”的角度解释了经济波动非对称性，认为经济波动主要是由于经济受到了一个向下的冲击，产生了收缩，从而使其暂时性地低于可能达到的生产水平，而不是经济环绕着一个趋势的对称性波动。产出缺口模型的实质也是牵拉型非对称性。

但是，弗里德曼等学者提出的非对称性波动类型存在两个明显的问题：一是它们只能模拟宏观经济的缓慢下降和急剧上升现象，但是却不能模拟同样存在的宏观经济的急剧下降和缓慢上升现象；二是上述宏观经济的趋势上限是否存在？是不是所有的产出都不会超出这个趋势上限呢？因此，他们对牵拉型非对称性的重要前提即趋势上限论证得不够充分。

2. 陡度型、深度型和烈度型非对称性。陡度型（steep）非对称性、深度型（deep）非对称性以及烈度型（sharpness）非对称性是三种最基本的经济周期非对称性类型，后来的文献大多都是围绕着这三种类型的非对称性来展开研究的。西奇尔（Sichel，1993）介绍了“陡度型非对称性”和“深度型非对称性”。当某序列的偏度值为负时，这个序列被认为是陡度型非对称性，而一个序列相对其均值或趋势值表现出负偏度时，这个序列被认为是深度型非对称性。通俗地说，陡度型非对称性是宏观经济扩张与收缩时斜率的绝对值不同，如果把扩张和收缩阶段看成是一个连续函数，那么这个函数相对于它们的对称轴并没有呈现出偶函数的特征，例如上述的弗里德曼牵拉式非对称性就属于该种类型；而深度型非对称性则是峰谷距离趋势线的绝对值不同，也就是说，函数相对于其中心并没有呈现出奇函数的特征。陡度型非对称性和深度型非对称性并不一定是独立的，有时两者可以同时存在于一个经济时间序列中，即它既可能是陡度型非对称性又可能是深度型非对称性，例如西奇尔（1993）对 1949～1989 年美国相关经济指标的非对称性进行检验后发现，工业生产和实际 GNP 序列波动呈现出深度型非对称性特征，而失业率波动却既呈现出深度型非对称性又呈现出陡度型非对称性特征。

内夫茨（Neftci，1984）根据转换概率来定义经济周期非对称性。假如从经济周期的一个状态转向另一个状态的转换概率不同，或者说从收缩转向扩张的概率不同于从扩张转向收缩的概率，则该经济时间序列被认为是转换型非对称性时间序列。因此，根据转向概率定义的非对称性类型与烈度型非对称性有相似之处，其实前者已经包含了后者的观点。麦昆和索利（McQueen & Thorley，1993）依靠介绍烈度型非对称性的概念对凯恩斯非对称性转折点的理论进行了规范。当经济周期不同阶段的转折点转换程度不同时，这个序列被称为烈度型非对称性。假设阶段转换剧烈时峰或谷会呈现出更“尖”的特征，反之则会呈现出更“圆”的特征。例如，当出现从收缩转向复苏时较急剧，而从扩张转向收缩时较缓慢的情况时，该波形则会表现出较“尖”的波谷和较“圆”的波峰特征。麦昆和索利（1993）还以美国作为检验对象进行研究，发现其失业率和工业生产属于烈度型非对称性。陡度型非对称性是基于扩张和收缩的陡峭程度的差异，深度型非对称性是基于峰谷深度的差异，而烈度型非对称性则是基于峰谷曲率的差异，因此这三种非对称类型以波形为基础，分别从三个不同的角度概括了经济周期非对称的类型，为非对称的深入研究打下了基础。内夫茨（1984）根据转向概率定义的非对称性类型其实已经包含了麦昆和索利（1993）依靠转向程度定义的烈度型非对称性。

3. 时间不可逆型非对称性。拉姆齐和罗斯曼（Ramsey & Rothman，1996）把“时间可逆”的概念引入经济周期非对称性的研究中，极大地丰富了经济周期非对称性的类型和定义。他们认为，时间可逆是指一个时间序列在某段向前时间段的概率结构与相反时间段的概率结构是相似的，如果不相似则被认为该时间序列是不可逆的。前者被称为对称性，后者被称为非对称性。他们还区分了“纵向非对称性”和“横向非对称性”，并且认为以前所有的非对称性定义都可被这两种非对称性方式包含。纵向非对称性类型是指经济时间序列沿着经济周期运动方向或前进方向的非对称性，即与横轴相平行的非对称性，内夫茨（1984）的时间不可逆型非对称性、陡度型非对称性等都属于纵向非对称性。横向非对称性是指该时间序列垂直于经济周期运动方向或前进方向的非对称性，即与横轴相垂直的非对称性，上述深度型非对称性和烈度型非对称性都属于横向非对称性。他们还对相关的宏观经济时间序列进行了检验，发现通货膨胀、工业生产、名义 GDP、实际产出、失业率和投资等都是这两种方式的非对称性的证据。时间不可逆型非对称性在更加广泛的意义上对经济周期的非对称性现象进行了解读，充分说明了经济周期波动中波形的不可重复性。

4. 就业或失业型非对称性。就业型非对称性是指就业对产出在经济周期的不同阶段呈现出不同的反应，即在产出扩张阶段和收缩阶段的反应是非对称性的。普凡（Pfann，1991）以第二次世界大战后美国就业数据为基础，对就业的非对称性波动进行了实证分析，研究发现，美国就业率的波动呈现出显著的非对称性现象，即谷值的绝对值明显大于峰值，就业波动的扩张期也显著长于收缩期，普凡（1991）把前者定义为波幅型非对称性，而把后者定义为持续型非对称性。布兰查德和费舍尔（Blanchard & Fischer，1989）以欧洲失业率作为分析数据进行分析发现，欧洲失业率存在显著的就业回滞现象，即失业率的波动存在着显著的陡升缓降现象，当产出处于扩张期时失业率很难下降到扩张之前的水平，因此他认为产出下降对失业率存在着永久的冲击效应。布格斯（Burgess，1992）建立了一个非线性动态学模型，解释了就业的非对称性，认为随着经济周期的波动，就业的下降比其上升要更加剧烈。贝莱尔·弗朗克和佩罗（Belaire-Franch & Peiró，2015）的研究表明，英国和美国的失业率和经济周期之间也存在显著的动态非对称性关系。在美国，经济收缩时对失业的影响比扩张时的影响要强烈得多，在英国，男性失业对经济波动的敏感程度比女性失业要强烈。在经济扩张时期，男性失业对经济波动的反应几乎是女性的 2 倍，而在萧条时期甚至超过 2 倍。一般来说，生产型工人占比较多的国家和地区就业波动的非对称性更加明显，这与我国就业的非对称性波动特征一致，因此该理论有助于深入理解我国就业增长和波动的规律，促进我国就业的稳定增长。

（二）新兴的经济周期非对称性类型

新兴的经济周期非对称性定义极大地丰富了经济周期非对称性的类型，赋予了经济周期非对称性类型更多的内涵与意义，包括持续型非对称性、冲击型非对称性、不确定性非对称性等。

1. 持续型非对称性。自从博德瑞和库普（Beaudry & Koop，1993）引入了持续型非对称性的概念（即假如由正向冲击产生的持续性与由负向冲击产生的持续性不同，那么该序列即具有了持续型非对称性的特征）之后，近年来，又有相当一部分文献对持续型非对称性进行了论述。赫斯和岩田聪（Hess & Iwata，1997）认为持续型的经济周期非对称性在很多国家确实存在，但总的来说，他们找不到任何有意义的统一的经济模式，例如在美国和法国等国，经济周期非对称性的特征表现为正冲击比负冲击具有更强的持续性，而英国和加拿大则表现为负冲击比正冲击有着更强的持续性的非对称性特征，意大利、日本和联邦德国则并未表现出任何非对称性的持续型特征。斯坦卡（Stanca，1999）通过对意大利经济周期的研究，认为其在萧条阶段受到冲击的持续性要大于扩张阶段。陈（Chen，2005）提出了各个增长区制持续期的非对称性，通过对中国台湾地区 1961 年第 1 季度至 2000 年第 4 季度的实际 GDP 序列进行分析后认为，中国台湾地区经济周期存在着显著的持续型非对称性，当其宏观经济位于低增长区制阶段时持续期较长，而当宏观经济位于正常增长区制和高增长区制时持续期较短。欧阳等（Owyang et al.，2005）利用马尔科夫区制转移模型对美国各州经济周期在各个区制的持续性进行分析后发现，这些州都存在一个共同的特征，即在某个区制的持续性的概率要大于从该区制向另一个区制转换的概率，而且对于大部分州来说，其宏观经济位于扩张期时的期望持续性往往要大于收缩期时的期望持续性，因此，作者认为，尽管这些州都经历了相对短暂的萧条期，但是其基本的经济周期阶段和区制仍然是扩张。

一般来说，扩张期的持续期长，说明偏度系数小于零，且表明曲线左侧有较长尾部，即出现了左拖尾的现象，因此，按作者的观点，美国经济波动应该属于缓升陡降型的非对称性，说明美国经济的内生扩张能力较强，收缩期较短暂，20 世纪 90 年代期间美国经济出现的持续十年的高速度增长即是最好的例子。所以持续型非对称性包含了陡度型、深度型非对称性，是对传统非对称性类型的一个延伸和扩展。

2. 预期和不确定性类型非对称性。斯坦卡（1999）认为经济周期在不同阶段的波动率不相同，在高增长区制阶段会比低增长区制阶段表现出更高的波动率，并认为这与弗伦奇和西奇尔（1993）关于宏观经济位于收缩阶段时有着更高的不确定性特征的研究结果是一致的。

塞普尔韦达·乌曼佐（Sepulveda-Umanzor，2005）建立了两个随机增长模型，分别以产能利用率和劳动变量作为内生增长变量，通过实证分析发现，经济分别呈现出预期的非对称性和不确定性的非对称性，即当宏观经济处于萧条阶段时，人们不仅对近期的经济增长预期值会更低，而且对未来经济增长的形势会更加不确定，通过模型的测算发现，当萧条时，人们对未来经济的不确定性比繁荣时要高出 23% ~25%。

实际上，不确定性非对称性可以很好地解释前面的就业回滞现象，正是由于存在预期和不确定性的非对称性，因此在萧条阶段时失业会更加严重，而且这种不确定性会一直延续到经济恢复初期，使得经济增长对就业的带动乏力，从而出现就业回滞现象。

3. 区域和国家经济周期非对称性类型。该非对称性类型包括下列三种情况：（1）卡莱姆利·奥兹坎等（Kalemli-Ozcan et al.，2001、2003）认为区域和国家之间经济周期的相关程度可以从区域经济波动的非对称性或对称性的角度来区别，如果所研究的几个区域或几个国家之间存在显著的相关性或同步性，那么可以认为这些区域或国家之间的宏观经济波动存在显著的对称性，反之则被认为存在非对称性。区域经济周期非对称性的研究把经济周期非对称性概念和区域经济周期的同步性有机地结合了起来，具有一定的积极性，但是，即使各个区域的经济周期存在显著的同步性，也还会存在各个区域经济波动幅度的差异，这同样可以理解为区域经济周期的非对称性，因此该类型的非对称性应该结合同步性和波幅差异两个因素来考虑。(2) 玛丽亚·多洛雷斯和桑丘（María-Dolores & Sancho，2003）以 1963 ~ 2000 年欧洲六个国家为例，分析了这几个国家经济周期的横向非对称性特征，作者把这几个国家分为两种类型：一是早期比较贫穷但增长率却高于欧盟平均值的国家，如西班牙、葡萄牙和芬兰；二是早期比较富裕但增长率却低于欧盟平均值的国家，如德国、丹麦和瑞典。通过计算 β – 收敛率（即各个国家人均收入之间横向标准差的收敛速度），他们认为第一种类型的国家扩张期的 β – 收敛率要大于收缩期，而第二种类型的国家却相反，因此经济周期的收敛率既取决于其所处的阶段，也取决于国家早期的经济发展状况。在经济全球化和区域经济一体化的背景之下，玛丽亚·多洛雷斯和桑丘（2003）首次从各个国家横向收敛率的角度来分析经济周期的区域非对称性，对于缩小各区域经济波动之间的差异、促进各区域经济的稳定有着重要意义。(3) 张和休因斯（Chung & Hewings，2014）首次从传导的角度研究了区域经济周期非对称性，研究结果表明，国家经济周期阶段转折或是市场效果对区域经济的传导过程都是非对称性的。尽管对于每一个区域来说转折概率都是不同的，但是对于大多数区域来说，在国家经济形势较严峻时，经济周期阶段的转折要比国家经济形势乐观时更加剧烈，并且区域经济跟随国家经济周期萧条阶段的步伐也比扩张阶段时要更加迅速。作者分析的结果还表明区域经济对国家经济周期的反应在后者处于不同的经济周期阶段时是不同的，他们使用 ARIMAX 模型放大了周期阶段之间的区别，认为区域经济对于国家经济冲击的反应程度在大部分情况下都是在国家经济周期位于萧条阶段时要更加强烈。

4. 冲击型非对称性。陈（Chen，2009）通过建立马尔科夫转换向量自回归模型研究了美国和日本对中国台湾地区经济周期的影响。研究发现，在高增长区制阶段，美国和日本对中国台湾地区的产出增长比低增长区制阶段有更加强烈的影响，从而认为大国经济体引发小型经济体产出波动的火车头效应仅仅发生在高增长区制阶段，并认为这个研究结果与沙雪（Selvor，2004）关于日本和韩国的研究结果是一致的。这说明中国台湾地区这一经济体在扩张阶段时很善于利用各国经济的“溢出效应”和“驱动效应”，但是在收缩阶段时则有着较强的“防火墙”效应。德弗雷克斯和萧（Devereux & Siu，2007）通过建立一个状态依赖定价模型研究了价格的非对称性与经济周期阶段之间的关系，他们认为，当边际成本受到外部的正向冲击时，会比受到相同力度的负向冲击产生更大的价格弹性（冲击型非对称性）。

5. 工资非对称性类型。巴凯（Baqaee，2014）认为居民对通货膨胀比对通货紧缩的敏感程度要更高。当工人们在工资决定方面的议价能力达到一定程度时，形成了一种非对称性信念。这种非对称性信念的形成使得均衡工资对通货膨胀的反应更快，但是对通货紧缩的反应更迟钝。作者还认为，名义变量和实际变量对货币政策冲击的回应是非对称性的，一方面，产出对负的货币冲击比对正的货币冲击的反应更剧烈；另一方面，负的货币政策对工资上涨的冲击比正的货币冲击要小。

6. 相关性非对称类型。最后，还存在着其他的经济周期非对称性类型。例如，扣克（Coke，2012）在金和纳尔逊（Kim & Nelson，1999）的牵引模型（假设趋势变量与波动变量的相关性为零）的基础上，引入了新息（innovations）相关概念（假设趋势、波动两变量的相关性不为零），建立了新息相关牵引模型，作者以美国数据为样本，经过检验发现，新息相关在解释美国GDP波动时有着重要意义，当美国经济处于正常阶段时，上述两变量的相关系数是 -0.5343，而当处于萧条阶段时，相关系数又变成了0.999，呈现出显著的非对称性等。

通过对传统和新兴经济周期非对称性类型的回顾，我们发现，传统的经济周期非对称性类型主要是从波形的角度来定义和分类的，而新兴的经济周期非对称性类型则从更加深远的角度对经济周期非对称性进行了定义。通过对新兴的经济周期非对称性类型的评述，我们发现，纵向和横向的非对称性类型并不能包含所有的经济周期非对称性，很多情况是无法区分纵向和横向的，例如相关性非对称性、持续型非对称性等。

二、经济周期非对称性波动的机理分析

经济周期非对称性波动的机理，即宏观经济为什么会出现非对称性波动，也是该问题研究的一个重要内容。综观各个文献，总的来看，对这个问题的研究呈现出多元化的趋势，如产能约束说、金融摩擦说、预期调整成本说等，这一方面说明经济周期非对称性机理的复杂性，另一方面也说明这个问题正引起越来越多的关注。

（一）产能约束说

众多学者从生产能力约束的角度对经济周期非对称性的原因和机理进行了分析，其主要思想即是在生产旺季时，由于存在着生产能力利用率的上限问题，因此使得企业不能在该阶段无限地扩张，而在收缩时却不存在这个问题，由此导致了经济周期的非对称性。塞普尔韦达·乌曼佐（Sepúlveda-Umanzor，2005）通过产能利用率分析了投资、产出和消费的非对称性波动特征，作者首先假设劳动供给是无弹性的，如果经济系统受到了一个技术正冲击，那么将会推动投资回报率和投资规模的增长，然而由于折旧的存在，它们的增长并不会像期望的那样多。其次由于折旧函数是凹函数，因此投资回报呈现出非对称性特征，即受到负冲击时的下降程度比受到正冲击时的上升程度要剧烈，所以投资表现出负偏度的特征，而样本范围内的消费和产出也表现出同样的特征①。克努佩尔（Knüppel，2008）也认为产能约束是引发经济周期非对称性的重要原因，产能约束的存在导致了资本积累的增加和利用率的降低，产能约束使得各经济变量对经济政策的反应产生了非对称性。例如，萧条时期各经济变量对政策的反应有着更高的弹性，而繁荣时期由于产

① Bernard，A B and Durlauf. Convergence in international output. Journal of Applied [J]. Econometrics，1995 (10)：97-108.

能约束不能充分地发挥作用，各变量对政策的反应的弹性会更低。产能约束非对称性假说应该与所在地区或国家的增长方式有着显著的关系，例如，在一个经济增长方式以粗放型特征为主的国家，生产设备的使用效率和技术水平都不高，其经济增长主要依靠生产要素的大量投入以及生产设备的超负荷使用，受产能上限约束的特征较明显，经济周期的非对称性特征也应该比较显著。

（二）金融摩擦说

众多文献认为个人信息、金融契约和流动性等金融摩擦因素在短期经济波动中扮演着重要角色，尤其在经济衰退期间，这些因素会加剧宏观经济的下滑，由此在相当程度上导致了经济周期的非对称性。威廉姆森（Williamson，1987）认为基金项目未来收益的不确定性会诱发宏观经济的下滑，即使在项目报酬的平均收益没有变化时也会如此。阿托利亚等（Atolia et al.，2011）通过建立动态随机一般均衡模型（DSGE 模型）发现总体流动性的短缺会加剧宏观经济的下降，这是造成经济波动非对称性的原因之一，即当生产率经历负向冲击时，激励约束机制会受到束缚，信贷配给制和流动性短缺等问题都会空前凸显，从而新的投资会减少，正在进行的项目会终止，结果是加剧了经济的收缩。总之，流动性短缺等问题会放大宏观经济的衰退，造成经济周期的非对称性。阿托利亚等（2013）通过对金融摩擦与经济周期之间关系进行定量分析后认为，出现经济周期非对称性的一个重要原因是经济萧条时期限制企业进入信贷和资本市场的金融摩擦的存在。金融摩擦不仅可以放大经济周期波动，而且其效果是非对称性的，引发道德风险的金融摩擦在宏观经济收缩时将会加剧经济萧条的程度和持续时间，然而其对经济的复苏又没有产生影响，结果这一单方面的反应导致了经济周期的非对称性。作者通过实证检验得知，基准模型的脉冲反应比它们在稳定状态水平要下降得更快，而恢复却比没有摩擦时的情况要缓慢。

总之，金融摩擦非对称性假说最终还是从信息非对称性的角度来解释，没有建立金融摩擦导致非对称性传导的微观基础，金融摩擦引起的非对称性主要还是由于贷款利率的非对称性导致扩张过程中资源分配的低效率。更重要的是，文献的主要观点是金融摩擦程度的差异产生了诸如贷款利率、投资等各个内生变量的非对称性差异，从而导致了产出的非对称性，这并不能解释像中国这样利率非市场化国家的经济周期非对称性现象。

（三）学习与预期说

学习与预期说又可以称为信息非对称性假说，是指由于信息的质量和传导的非对称性以及经济主体在信息获得方面的非对称性，从而导致了产出对生产率的冲击呈现出不同的反应。纽韦堡和维德坎普（Nieuwerburgh & Veldkamp，2004）从学习和预期的角度对实际经济周期的非对称性机制进行了分析，也认为实际经济周期曲线呈现出一种缓升陡降的形态，即繁荣期结束时，收缩呈现出急剧而且短促的特征，当增长恢复时，繁荣却呈现出逐渐上升的态势。他们主要从对生产率的学习角度来进行解释，当经济主体相信生产率正处于高位时，他们会加大工作、投资和生产的力度，而更多的生产投入会产生更加准确的信息。当繁荣期结束时，各经济主体对经济增速放缓的准确估计会带来一系列决定性的反应：投资、生产、就业和消费等迅速收缩，再加上经济收缩时各经济主体对经济前景的不确定性增加，因此倾向于规避风险的投资商和生产商就会压缩生产投入，从而又加剧经济的不确定性和衰退程度。当经济增速恢复时，较低的生产率会引起一系列的扰动性反应，这些信息会干扰对经济前景的预测和判断，从而使得经济恢复的速度会较慢，最终导致扩张的力度比收缩的力度要小。维德坎普（2005）认为资产市场也存在显著的缓升陡降现象，并利用内生信息流模型对此现象进行了解释。在模型中，各经济主体在经济繁荣时期比经济萧条时期承担了更多的经济活动，而且这些经济活动也产生了更多的有关经济发展态势的公共信息。在信息充分并且市场行情看涨时，假如经济发展态势发生转变，由于越到波峰时公共信息的质量也越高，因此各经济主体都能准确地预测经济波动转折点，结果资产价格也会迅速转变，这时资产市场就会出现迅速的下跌。而当市场行情对投资者不利时，由于信息缺乏，经济前景又高度不确定，所以当经济形势开始恢复时，各经济主体的反应也较慢，结果导致资产价格回升和经济形势复苏缓慢。

马古德（Magud，2008）认为信息的不完全和非对称性导致了产出波动的主要变量即投资的非对称性，并最终导致了经济周期的非对称性。即由于信息的非对称性和不完全性，当经济处于萧条阶段时，由于经济前景的不确定性，并且投资者在做出不可逆的决定之前想要获得更多的信息，投资者一般情况下不情愿投资，或者说偏向于延迟投资。作者认为决定是否投资的关键是考虑投资的净收益，还包括等待的机会成本，对于某个不确定的投资项目来说，在做出投资决策之前，企业为了获得更多更准确的信息宁可等待。所以，企业对信息价值的评价是通过等待成本来做出的。实际情况可能如下：即使排除由于过去没有投资而损失的收入，延期投资也是不完全信息世界中的最佳策略。直接含义是，由于信息失灵造成的放大机制，经济萧条可能会比由信息问题缺乏引起的萧条时间会更长。因此，宏观经济位于低增长阶段的时间就会比期望的变得更长，停留在波谷的时间也会变得更长。假如学习与预期确实是导致经济周期非对称性的重要原因，那么在工业比重较大的地区以及中小企业聚集的区域，由该原因导致的经济周期非对称性会较显著。

但是，以上文献的一个重要假设，即信息在经济周期的不同阶段质量存在着差异，这一点在相关文献中证明不够，缺乏说服力，因为越是在萧条阶段，投资商越是对相关经济形势的信息更加关心。即便信息非对称性是导致经济周期非对称性的重要原因，但是当宏观经济由萧条阶段进入到繁荣阶段之后，对于各经济主体来说应该不存在信息质量低或不准确的情况，因此，在繁荣阶段宏观经济应该也呈现出陡升的态势，而不是整个扩张期都是缓升，所以信息非对称假说显得牵强。

（四）期望调整成本说

对于就业的非对称性波动的原因和机理，有些文献从企业期望调整成本的角度对此进行了分析，认为主要是因为岗位创造或毁灭成本以及工资成本在应对产出波动时存在着非对称性。坎贝尔和费希尔（Campbell & Fisher，2000）以美国制造业部门的数据为基础，对失业率的非对称性及其机制进行了解释，认为美国制造业部门的岗位毁灭率的波动比其岗位创造率要大，即岗位毁灭率对外部的冲击要更敏感。他们还认为，当实际工资有一个暂时性的变化时，企业的反应依赖于它正在创造岗位还是正在毁灭岗位，对于一个正在扩张的企业来说，由于期望调整成本的存在，岗位创造的总成本要比工资本身更大，岗位创造的额外成本包括岗位创造本身的成本，还包括将来可能面临的岗位毁灭成本，因此岗位创造的成本弹性较岗位毁灭低。而对于一个正在收缩的企业来说，保存最后一个工作岗位的成本要比工资更低，因为由于依靠保存这个岗位，企业避免了岗位毁灭的成本和将来创造相同岗位的期望成本。

塞普尔韦达·乌曼佐（2005）通过把资本利用率和劳动时间联系起来，建立了劳动内生变量的随机模型来解释经济周期的非对称性，假设了一个调整成本的概念，即改变工人劳动时间的相关成本，并认为正是调整成本的存在导致了经济周期的非对称性，当企业增加劳动时间时，必须要支付一个比正常工资更高的加班工资，然而，当企业减少工人的劳动时间时，成本会更低。总的来说，增加资本的利用率会带来一个劳动时间的增加，而且这个增加会产生一系列的额外成本、调整成本等，从而最终导致经济周期的非对称性。

对于就业增长的非对称性，或许还有一个重要原因，即在宏观经济复苏时，往往伴随着技术进步和大规模的固定资产投资，资本有机构成大幅度提高，就业的吸纳效应会大大下降，由此使得在经济扩张阶段就业增长缓慢，从而出现缓升陡降型非对称性。

（五）区域专业化分工说

卡莱姆利·奥兹坎、瑟伦森和约沙（Kalemli-Ozcan，Sørensen & Yosha，2001）认为宏观经济波动的对称性或者说区域经济周期之间的同步性在相当程度上取决于各个区域的生产专业化程度和资本一体化程度，区域之间的生产专业化程度和资本一体化程度越高，这些区域之间的经济周期就越呈现出不同步或不对称的特征。弗兰克尔和罗斯（Frankel & Rose，1998）认为，尽管生产专业化和资本一体化程度以及贸易量的提高有利于提高区域之间经济周期的同步性或对称性，但是实证分析表明，区域之间贸易障碍的消除以及双边贸易强度的增加确实有助于提高区域经济周期的同步化程度，从而使得区域之间的经济波动更加对称。换句话说，区域之间经济周期波动的对称性是随着区域经济一体化程度的增强而逐步提高的。此外，科伊和埃尔普曼（Coe & Helpman，1995）还认为，区域之间经济一体化程度的提高有利于促进区域之间知识的溢出和技术的进步，所以区域之间经济波动的对称性也会随着它们之间经济一体化程度的提高而提高。克鲁格曼（Krugman，1993）则认为贸易障碍的消除会提高各个国家或区域的生产专业化程度，从而又会降低经济周期的同步性，或者说是提高了区域之间经济波动的非对称性。

国内区域的经济周期的对称性或非对称性，应该主要还是与区域之间的产业结构、市场化程度等有关，而这些因素又集中地体现在区域经济发展程度的差异方面。国际区域经济周期的对称性或非对称性，主要与各个区域或国家之间的贸易、金融和人员往来有关。

（六）技术扩散说

技术扩散说的关键是认为技术进步最初会使得生产率或产出水平下降，然后再使得两者的水平回升并超过之前。这是因为经济主体把他们的精力从生产转移到了学习和吸收、消化新技术上面来了，因此，一个正的技术冲击产生了一个暂时的萧条和随后的扩张，而不是立即扩张。

石川（Ishikawa，2003）从技术扩散和学习的角度分析了经济周期非对称性机制，认为“S”型的技术扩散曲线和各经济主体的跨期替代行为能够成功地解释经济周期深度型和陡度型的非对称性。具体来说，技术扩散对于宏观经济的效应是正效应，这种正效应为经济带来的增长效应是滞后的，并不是立即生效的，而宏观经济受到的负冲击则没有任何迟滞效应，能够带来生产率和产出水平的迅速下降。所以宏观经济受到的正向冲击将会使得不久之后的生产率超出当前的生产率水平，而由于跨期替代的原因，技术的使用者需要花相当的时间消化吸收新技术，并且学习如何有效率地使用新技术，经济体正处于通过技术学习提高生产率的阶段，故跨时期的优化导致当前更不密集的工作和今后更加努力的工作，所以技术扩散又会使得宏观经济出现暂时的萧条和随后的缓慢扩张。但是一个负冲击却会造成宏观经济的迅速萧条。故当技术扩散被假定为“S”型曲线时，一个正向冲击会引发一个更加深远和更加陡峭的萧条以及随后的缓慢扩张。此外，在经济周期波动中，萧条阶段更有可能在扩张阶段之前，而不是扩张阶段在萧条阶段之前。因此负冲击的立即衰退和正冲击的暂时衰退相叠加，再加上正冲击的随后缓慢扩张，形成了陡降缓升型的非对称性。作者最后还认为，技术扩散的机制表明，一个正冲击比一个负冲击有着更大的效应，因此经济波动总体上是由正冲击而不是负冲击所引起的。

技术扩散论同学习与预期说有着一定的相似之处，但前者从一个更新的角度解释了经济周期非对称性机理，首次认为经济周期的收缩不仅是负冲击的结果而且也在相当程度上是正冲击的结果，从而对于熨平经济周期波动、促进经济复苏提供了一个新的思路，也有利于明确调控的重点，推动技术进步与宏观经济持续繁荣的良性循环。但是，首先，技术扩散说虽然从新的角度解释了陡降，却并不能有效地解释陡降之后的扩张为什么是缓慢扩张而不是急剧扩张，即为什么是缓升；其次，技术进步并不是一朝一夕的，是一个过程，因此并不一定适合解释短周期（基钦周期）的非对称性现象；最后，在大多数情况下，经济开始复苏并不是由于技术进步，例如可能是由于国家宏观经济政策的改变或者是由于国际市场的复苏等，可是经济周期非对称性特征依然显著，因此技术扩散论仍然不能有效地解释非对称性的机理。

（七）其他

一些学者从其他角度来解释经济周期非对称性的机理。(1) 心理非对称性假说。马古德（2008）认为个人的心理反应本身就是非对称性的。直观上看来，对于同一家企业来说，下面两种情况是不一样的：一种情况是曾期盼经济形势能有所好转的企业结果发现情况比预料的更好；另一种情况是企业又突然意识到，它在做出一个无法逆转的投资决定并期望经济形势出现理性和光明的好转时结果却比预期的更萧条。这就是 Bernanke 所说的坏消息原则。如果企业或个人发现经济形势比预料中的更好并向着自己期望的方向发展，就会预期不会出现任何意外的信息，因而不需要改变任何决定。然而，假如企业发现经济形势比乐观预期时的要更糟糕，这也许会让越来越多的企业或个人更愿意改变他们的决定。在一个不能逆转的投资环境之下，这会产生一个无法忽略的延迟成本。该成本会加剧经济收缩的时间和程度，从而产生陡降缓升型的非对称性。（2）价格调整说。德弗雷克斯和萧（2007）认为价格弹性的非对称性缘于各企业之间的战略互补和战略替代。战略互补是指当其他企业提高其价格时，对某个企业会有着较大的刺激；战略替代则是指当其他企业降低其价格时，该企业受到的刺激会较小。（3）内生或外生说。塞普尔韦达·乌曼佐（2005）认为由于折旧函数的凸性特征，宏观经济受到的负向的生产率或技术冲击比正向的冲击要显著得多，因此，在一个完美信息的世界里，经济周期非对称性的形成是内生的。辛克莱（Sinclair，2009）认为经济波动可由三个部分组成，即趋势成分、对称性波动成分和非对称性波动成分，而经济周期的萧条阶段主要是由于第三个部分造成的，而且第三个部分主要是外生的，其形成过程完全不同于扩张阶段，因此这是经济周期的萧条阶段不同于扩张阶段的重要证据。（4）工资刚性说。巴凯（2014）从工资刚性（DNWR）角度解释了工资的非对称性，认为工人们之所以对通货膨胀的消息比通货紧缩的消息更加敏感，是因为通货膨胀的消息降低了工人的购买力，通货紧缩的消息提高工人的购买力。工人们对通货膨胀消息所造成的实际购买力冲击反应更加强烈，而更加倾向于忽略或不相信通货紧缩的消息。这个非对称性信仰更有可能出现在工资的设定上，因为工人们可能在通货紧缩时拒绝削减他们的工资，但是在通货膨胀时又需要增加他们的工资。作者还认为，当实际工资处于下降阶段时，工资刚性通过名义工资削减阻止了调整成本，从而导致了一个比工资刚性缺乏时更加强烈的空缺和就业岗位的减少。

通过对以上文献的回顾，我们得知以上大部分文献都有一个共同的特征，即它们只能解释缓升陡降型的非对称性机理，却无法解释另一种相对应的类型即陡升缓降型的经济周期非对称性的原因和机理。更重要的是，这些文献几乎没有涉及新兴的经济周期非对称性类型，如冲击型、不确定性类型非对称性的机理，因此下一步的工作还是要对新兴的非对称性类型的机理进行深入和拓展。

三、经济周期非对称性波动研究的理论意义与政策含义

（一）理论意义

经济周期非对称性是否存在的研究对于经济周期模型的建立和评价有着重要的理论意义，该问题的研究也对经济周期的研究方法或是经济周期模型的建立提出了更高的要求。

第一，相关文献认为，假如经济周期非对称性现象确实存在，则各个经济指标和经济变量之间的影响和冲击关系应该是非线性的，以往以对称性冲击为基础的线性模型对于经济周期的研究似乎并不是恰当的工具，线性模型包含的误差是对称性的，因此也不能恰当地描述经济周期非对称性的特征和动态转换机制。博德瑞和库普（1993）在随机流动模型中首次引入了非对称性成分，该成分依赖于经济周期状态，因此在一定程度上体现出了产出的非对称性特征，并从此引发了大量关于经济周期非对称性方法的研究。坎贝尔和费希尔（2000）在研究就业的非对称性时认为，美国制造业工作毁坏率的波动要大于工作创造率波动的结论已经开始挑战经济周期理论，因为传统的以单个部门的随机增长模型为基础的标准经济周期模型预测工作毁灭和工作创造有相同的波动率。斯坦卡（1999）清晰地阐明了经济周期非对称性和非线性之间的关系。作者首先研究了意大利经济周期的非对称性特征，并对其宏观经济时间序列进行了非对称性和非线性关系检验，认为考虑到两个区制的经济周期模型能够充分地解释以往模型中被忽略的非线性关系，而且经济周期非对称性现象能够提供一个直观的经济学解释和一个简约的非线性时间序列的描述。其次作者还认为，检查其实证结果的显著性，分析其是否能够被推广到其他国家和数据库的分析中去，并且强化金融约束和经济周期非对称性之间的联系，是今后经济周期非对称性研究的主要目标。克努佩尔（2008）认为大部分经济周期模型都是线性模型，包含着宏观经济受到冲击时的反应都是独立于当前经济周期阶段的。线性经济周期模型还会产生以下结果，即相同冲击力度的正冲击和负冲击会引发相同规模的相反效应。实际

上，假如这种冲击是对称分布的，那么该模型中的任何一个变量都不能表现出非对称性。然而，实证研究已经证明了许多宏观经济的时间序列中存在非对称性现象，因此这个结果对线性经济周期模型提出了挑战。扣克（2012）通过运用新息相关模型对美国、加拿大和澳大利亚经济周期非对称性特征进行分析后认为，GDP 序列可以分解成三个序列：趋势序列、对称性的波动序列和一个额外的偶然性的非对称性波动序列，因此扣克（2012）认为非对称性的研究有利于分析各个经济体非对称性的原因及其背后驱动力，而且提出了下面两个问题：趋势成分和波动成分的本质以及波动率在两者之间的分配问题，因此作者认为非对称性特征的研究对于经济周期动态特征的分析也有着重要意义。

第二，由于非对称性过程的动态特征，部分文献从参数方程的角度对其进行了分析，并与过去的非参数方程检验结果进行了比较，认为参数方程更加适合非对称性的检验。克莱门茨和克罗尔齐格（Clements & Krolzig，2003）结合三阶段经济周期模型（萧条、高速增长式的恢复和温和式的增长三个阶段）对经济周期的非对称性进行了进一步的检验，发现其比两阶段模型在更高的置信水平下证明了经济周期的剧烈型非对称性特征，因此认为非参数检验能够更好地描述经济周期的特征。克努佩尔（2008）利用马尔科夫转换过程推导出了新的参数检验方程，发现克莱门茨和克罗尔齐格（2003）关于经济周期非对称性的特征和类型的某些检验结论是错误的，所以认为在以往经济周期非对称性的存在和类型的检验中，一些错误的结论可能会出现。因此作者认为非参数检验通常不能真正检验出某些非对称性变量，而所设置出的参数检验却能够清楚地检验出非对称性的存在。这些检验结果包含着美国宏观经济所受到的冲击可能是非对称性的，并且线性经济周期模型丢掉了美国宏观经济的一些重要特征。作者还认为，这些非对称性特征可能是由向下的工资刚性、产能约束和信贷约束等原因引发的。克努佩尔（2008）还认为，经济周期非对称性模型的研究也有着重要的意义，假如经济周期的非对称性特征存在，那么这对于经济周期模型的设定和经济政策的制定都有着重要的参考价值。由于大量经济周期模型的设定都是以线性方程和对称性冲击为基础的，并且检验过程都属于非参数检验，因此这些设定和检验对于经济周期的对称性特征产生了直接的影响。由于这些线性方程、模型的所有变量都继承了冲击的对称性特征，故经济周期显著的非对称性特征将对以往经济周期模型的正确性和可行性提出质疑。

（二）政策含义

假如非对称性这个事实存在，那么对它的研究首先将会有助于我们理解经济政策的效果，例如，不能简单地从扩张期的特征来推断收缩期的特征，也不能从波峰的特征来推断波谷的特征等。其次也会有助于经济政策的制定，例如应该在宏观调控中根据不同的经济周期阶段，实行具有一定相机选择成分的、动态的宏观调控操作。阿托利亚等（2011）认为其建立的研究流动性短缺与经济衰退关系的 DSGE 模型有着广泛的应用。例如，为了减缓宏观经济的严重衰退，该模型有利于明确政府在流动性提供中的角色定位，并且有利于明确政府在什么市场和什么时候执行他们的干预，干预到什么程度等。莫利和皮格（Morley & Piger，2012）通过研究美国二战后的经济周期的非对称性，发现该问题的研究有着非常重要的经济含义。最直接的一点是非对称性研究表明产出缺口定义（即经济增长率对经济长期趋势的暂时性偏离）和美国国民经济研究局对经济周期的定义（即经济周期为国民经济的扩张和收缩之间的交替轮流）之间有着显著的联系。更加重要的是，经济周期的非对称性包含着美国国民经济研究局的思想，即萧条阶段是产出水平对长期趋势的暂时变动，而扩张阶段由产出水平的长期趋势的变动所主导。因此，作者认为经济周期非对称性是一个有着相当意义的宏观经济现象，加强其研究有利于提高宏观经济政策的针对性，对减缓经济波动起到事半功倍的效果。最后，相当一部分文献认为该问题的研究对于经济波动趋势的预测以及深入探索经济波动规律也有着重要意义。阿塞莫格鲁和斯科特（Acemoglu & Scott，1997）认为，只要考虑到了美国经济周期的非对称性特征，就可以捕获到美国产出增长与波动的额外的 12%。斯坦卡（1999）认为经济周期非对称性的研究有着非常重要的经济含义，建立理论经济周期模型的时候应该考虑合并经济周期的非对称性特征，忽略了经济周期阶段的线性预测模型应该是低效率的，政府稳定政策的制定和实施必须要以经济周期的不同阶段作为前提。纽韦堡和维德坎普（2004）认为分析经济周期非对称性现象的研究对于理解经济周期非对称性根源有着不寻常的意义，因此这一系列研究结果有利于提高宏观经济的预测水平，并且有助于减缓经济周期的波动幅度。石川（2003）认为周期性波动非对称性特点和政府作用就像协调器一样，可以前后持续地帮助财政部门采取增加福利的措施促进经济复苏，但前提是两个国家不能采取一样的对抗周期政策，并认为具体哪种政策在这种国家中会更为有效，取决于待分析的国家类型。阿布里蒂和法尔（Abbritti & Fahr，2013）认为向下的工资刚性（DNWR）的非对称性效果甚至更加强烈，并且有着重要的政策含义。作者认为收缩冲击会引发一个强烈的价格下降，但是由于 DNWR 名义工资并不会随着下降。因此实际工资在衰退期甚至可能会上升，对就业、投资和产出有着强烈的不利影响。这个机制包含着对称性的货币政策冲击对劳动市场、产出和通货膨胀有着非对称性的效果：扩张的货币政策冲击虽然可能会使得工资增加，并可能会引发通货膨胀，而紧缩的货币政策冲击可能对居民实际购买力的影响会更加强烈。这一系列结论为货币政策的实施以及对物价的调控提供了重要的参考价值。张和休因斯（2014）在评价一项区域经济政策的影响时认为，区域经济周期阶段是关键的考虑因素，由于区域经济周期的非对称性，区域经济的政策效果取决于其所在的周期阶段，例如财政政策和货币政策对区域经济的影响会因其所在的周期阶段而有所不同，区域经济对国家经济政策的反应也会因区域和国家经济周期阶段的不同而不同，因此在不同的区域经济周期阶段，相同幅度的政策冲击可能对区域经济有着不同的影响。例如，作者认为对于区域经济来说，萧条阶段时扩张的财政政策或货币政策比扩张阶段的收缩政策要更加有效。同样，在国家经济周期处于扩张阶段时，一个收缩的财政政策或货币政策与在国家收缩阶段扩张的宏观经济政策一样，都不会有损于区域经济。作者进一步认为，依靠区域经济周期所处的阶段，应该对国家层面和区域层面的政策影响采取不同的分析。作者还提出由于区域经济周期阶段非对称性以及区域经济对国家经济周期阶段的依赖性的共同特征，当前国家经济周期阶段会在相当程度上有助于预测区域经济周期阶段。贝莱尔·弗朗克和佩罗（2015）认为在产出和失业非对称性关系的存在无论是从理论角度还是从政策角度上来说都有着重要的意义。就像哈里斯和西尔弗斯通（Harris & Silverstone，2001）与维伦（Virén，2001）指出的，从理论角度上来说它有利于分析商品和劳动力市场以及他们的相互作用，并且从更加深远的角度来说，可能有助于支持非对称性的菲利普斯曲线。从政策的角度来说，宏观经济政策尤其是就业政策应采取考虑到产出—失业关系这种非对称性的特征，其结果在不同的状态之下可能会有明显的变化。

当前开放经济条件下和全球化条件下对经济周期的非对称性研究也有着更加重要的意义，例如经济周期传导的非对称性研究必然会不断揭示出世界各国的经济冲击的规律，有利于深入分析国际经济周期非对称性传导的机制，使得各国在应对时采取不同的措施，因此对于缓和世界经济周期、促进各国经济稳定持续增长有着重要意义。各经济体还可以针对宏观经济的扩张和收缩阶段分别建立不同的预警机制和监控机制，更加有效地防范经济过热和过冷。

然而，目前的文献对于非对称性研究的理论意义的分析较笼统，没有针对各种类型的非对称性问题进行具体分析，例如新兴的非对称性类型研究有着更加深远的意义，它对经济周期的分析方法和模型比传统的类型提出了更高的要求，尤其是预期、不确定性非对称性类型，更是为从理性预期和随机过程角度来研究经济周期非对称性模型问题提供了一个更新的视角等。这一切需要理论和经验研究的进一步发展。

四、小结

本节分别从以下几个方面对经济周期非对称性问题研究进行了评述：经济周期非对称性的类型、经济周期非对称性的机理、经济周期非对称性研究的理论意义。首先，我们得知经济周期非对称性类型不仅仅局限于一些传统的类型，即牵拉型、陡度型、烈度型、深度型等，而且近年来还涌现出了冲击型、不确定性型以及持续型等新兴的非对称性类型。其次，通过对非对称性机理的综述得知，这个问题的研究呈现出多元化的趋势，没有形成一个统一的共识，大致包括产能约束说、金融摩擦说、预期调整成本说、区域专业化分工说等。最后，我们还对非对称性问题研究的理论意义进行了评述，大部分文献的结论较一致，即该问题的研究有助于改进经济周期的研究方法，并对以往的经济周期模型提出质疑，更重要的是其本身有着重要的政策含义，即宏观经济政策的制定要以经济周期的不同阶段作为前提。从这些文献的着重点来看，大部分文献集中于非对称性类型的描述和检验，而对于非对称性形成的原因和机理方面研究得较少，尤其是对于其所体现出来的政策含义以及规避措施更是涉及不够。

总的来看，以上文献还存在以下几个问题需要改进：（1）这些文献没有建立起宏观经济非对称性波动的微观基础，也没有根据制度因素来对各国的非对称性特征进行横向比较，从而没有有效地揭示出制度与经济周期非对称性的关系。（2）众多文献都只是局限于对短周期即基钦周期是否存在非对称性进行研究，而众所周知，基钦周期只是众多周期类型中的一种，其他的还有中周期（朱格拉周期）、长周期等，那么这些周期是否存在非对称性特征呢？但没有相关文献对此进行涉及。（3）经济周期非对称性既包括缓升陡降也包括陡升缓降，我们在解释其机理时应该结合两个方面一起解释，也就是说，同样的原理应该既能够解释缓升陡降也能够解释陡升缓降，可是这些文献却把这两个方面割裂开来了，正如前面所说的，解释陡升缓降的机理却不能解释缓升陡降，或者相反，这不能不说是一个缺憾。（4）现有文献仅仅是分析经济周期非对称性本身的类型或机理，而没有从更加广泛的角度来研究经济周期对称性或非对称性的原因和机制。例如，由赫斯和岩田聪（1997）的观点可知，某些国家如美国、法国、英国和加拿大等国存在显著的持续型经济周期非对称性特征，而某些国家如意大利、日本等国的经济周期并不存在持续型非对称性特征，如何对这种现象做出解释，也没有相关文献进行过研究，因此后续研究中不仅要研究经济周期非对称性，也要研究经济周期对称性，并对两者进行比较和分析，这样才能更加深入地揭示经济周期的非对称性规律。

第三节 研究内容与研究方法及其创新点

一、研究内容

本书将以 1978 年以来全国和各省份的数据为例，通过分析得知改革以来，我国第三产业波动的峰谷与GDP波动相比都存在一个显著的特点，即除了第三轮周期的波谷之外，其余周期的谷值都要大于GDP波动，波峰的值也与此相似。接下来收集了三种类型的数据：年度数据、季度数据和省际面板数据，分别运用非对称ARCH模型、牵拉（Plucking）模型和空间面板模型分析和检验第三产业对宏观经济的冲击效应。我们得知，三种方法得出的结论是一致的，即第三产业收缩时（即经济下滑时），它对GDP有着显著的缓和效应，扩张时则相反，对GDP有着较强烈的冲击效应。然后从第三产业自身特性和就业吸纳弹性两个方面对非对称效应的原因和机理进行了分析。最后提出了如何根据经济周期阶段制定相应的产业政策的建议。具体如下：

第一，由于在分析和检验第三产业的非对称效应时需要与第二产业进行比较，因此第二章先对二三产业和GDP的周期性波动特征进行了历史回顾和特征分析，得知改革以来由于第三产业比重的提升，导致GDP波动的扩张收缩比大幅度提高了，并通过相关性分析、VAR模型等检验得知二三产业都与GDP波动有着高度的相关性。

第二，第三章通过BK模型和TARCH模型检验得知，在第三产业波动过程中，其受到的正向冲击要大于负向冲击，其波形呈现出显著的尖峰厚尾型特征。再通过TARCH模型和EGARCH模型检验得知，当第三产业收缩时其对GDP有着显著的反向拉伸效应，而当其扩张时对GDP有着显著的冲击效应。

第三，第四章运用金和纳尔逊（Kim & Nelson，1999a）的方法，我们收集和估算了1978～2018年的季度数据，分别建立了第三产业、第二产业和GDP波动的牵拉模型，得知它们的非对称参数π值分别为－0.49、－0.75和－0.7，第三产业波动过程中偏离上限的幅度最小，而回弹的力度最大，存在着韧性和刚性并存在的特征，这种双重特征对经济波动也产生了复杂的非对称效应。

第四，第五章收集了1992～2017年各省份三次产业增长率和GDP增长率数据，通过设定虚拟变量把三次产业增长率的扩张序列和收缩序列分开，并通过建立空间面板模型建立了回归模型，得知由于第三产业偏度系数更大，尖峰厚尾的波动特征比第二产业更显著，其收缩时对GDP的冲击更小，扩张时对 GDP 的冲击则更大。因此我们认为：随着第三产业比重的扩大，收缩时它会促进 GDP 由收缩向扩张的转折，即会有利于宏观经济的启动，但扩张时则会加剧 GDP 由扩张向收缩转换的难度，即会加大宏观经济刹车的难度。

第五，第六章我们从第三产业的资本特性、生产与消费的同时性、需求收入弹性和消费的棘轮效应等特征的角度，对非对称效应的原因和机理进行了分析，由此得知，首先由于第三产业资本密集度显著低于第二产业，因此其扩张时较剧烈；收缩时又由于较少受到产能过剩的影响，再加上生产与消费同时性的特征，因此下行较缓慢。其次由于第三产业的需求收缩弹性大于 1，而且服务性消费的棘轮效应也较显著，再加上现代服务业的发展等，导致了非对称效应的出现。

第六，第七章我们从就业吸纳弹性的角度对原因和机理进行了分析。我们通过门限面板方法，以产业结构升级、人均 GDP 和城镇化率作为门限变量，并构建门限面板回归模型，对我国第三产业和第二产业的就业弹性进行了比较，结果表明随着产业结构升级、人均 GDP 和城镇化率这三个门限变量的不断提升，前者的就业弹性呈现出阶梯式递增的特征，而后者则呈现出“U”型的变动特征。这表明不仅第三产业的就业弹性系数显著大于第二产业，而且从动态和过程的角度来说，前者也更具韧性和刚性，就业弹性随着经济发展而不断提高。其强大的就业效应也同样引发了非对称效应：扩张时由于大量劳动力的加入导致宏观经济容易剧烈扩张，而收缩时第三产业则会成为就业的储水池和宏观经济的稳定器。

第七，第八章我们分别从差别调控、提高商贸流通业的效率、推动生产性服务业与制造业的融合三个方面提出了对策与建议。首先我们建议在扩张阶段大力促进现代服务业的发展，把信息产业渗透到各个行业，以及加大服务业的改革力度，而在收缩阶段则大力扶持传统服务业的发展，发挥传统服务业门槛低及就业吸纳弹性大的优势；其次我们建议充分发挥商贸流通业稳定物价的功能和优势，促进各个区域之间商贸流通业的合作，打破区域分割，推动新型城镇化与商贸流通业的良性循环；最后我们建议推动先进制造业与服务业的集群式发展，制定合理的产业组织政策，促进服务型制造业的发展等。

二、研究方法

本书紧紧围绕第三产业对宏观经济波动的效应这一核心问题，结合产业经济学、宏观经济学以及数量经济学理论，首先充分运用定性分析与定量分析的研究方法，使结果更具科学性，例如在实证分析中大量运用 BK 模型、TARCH 模型、EGARCH 模型和牵拉模型、空间面板回归等时间序列分析方法，还运用定性分析方法，例如比较第三产业与 GDP 波动的峰谷特征等，使分析结果更加贴近实际。其次运用参数分析方法，由于第三产业对 GDP 波动的作用效果与其所处的经济周期阶段有关，因此参数检验比非参数检验能够更加清楚地刻画出非对称性的特征，所以本书将在均值方程中引入依赖于经济周期阶段的参数，对以往的模型进行拓展。再其次我们将充分运用结构分析方法，例如深入到我国第三产业内部结构来分析我国第三产业呈现陡升缓降的原因和机理，并以此为基础研究如何制定合适的产业政策来缓和我国的 GDP 波动，增强我国 GDP 增长的持续性。最后运用比较分析法将第三产业的波动特征与第二产业的波动特征进行比较，还与国外的第三产业波动特征进行比较等，以更加深入地揭示我国第三产业波动的内在规律。

三、研究内容及方法的创新程度

本书与以往相关文献笼统地论述第三产业对经济波动存在缓和效应的观点不同，而是紧紧围绕第三产业对宏观经济波动的非对称效应这一核心问题，实证分析中大量运用各种计量模型进行分析，以更加深入地揭示我国第三产业波动的内在规律。具体内容如下。

（一）基于研究内容的创新程度

首先我们将以 1978 年以来全国和省份的数据为例，收集了三种类型的数据：年度数据、季度数据和省际面板数据，分别运用非对称 ARCH 模型、牵拉模型和空间面板模型分析和检验了第三产业对宏观经济波动的非对称冲击效应，并绘制出信息冲击曲线。我们得知，三种方法得出的结论是一致的，即第三产业收缩时（即经济下滑时），它对 GDP 有着显著的缓和效应，扩张时则相反，对 GDP 有着较强烈的冲击效应，但总的来说第三产业比重的扩大将会减缓宏观经济波动幅度。其次我们分别从第三产业自身特性和就业吸纳弹性两个方面对非对称效应的原因和机理进行了分析。最后提出了如何根据经济周期阶段制定相应的产业政策以减缓经济波动的建议。

（二）基于研究方法的创新程度

（1）本书分别收集年度数据、季度数据和省际面板数据，并运用 BK 模型、TARCH 模型、牵拉模型和空间面板模型等进行定量分析，得出的结论是一致的。这种分析思路使本书的结论更加可靠，这为专著的研究和写作引入了新的思路。

（2）把牵拉模型引入到本书的研究中，通过 OX 软件包我们建立了第三产业、第二产业和 GDP 波动的牵拉模型并进行了分析和比较。结果表明：第三产业波动过程中偏离上限的幅度最小，而回弹的力度最大。并且第三产业在对上限的偏离相当于是整个周期的波动幅度，因此该模型同时也再次证明了第三产业总体上对经济波动有着缓和效应。这为研究产业波动与宏观经济波动的联动性提供了一种新的方法，即既可以比较两者的非对称程度，也可以比较两者的波动幅度。

（3）把空间计量模型引入到经济周期非对称的研究中。本书先是对自变量（三次产业增长率）设置虚拟变量，然后再运用空间计量经济模型进行回归，并建立了三种权重矩阵，最后获得一致的结论，即非对称效应的结论。这种稳健性的估计和回归方法为面板数据模型引入了新的方法，具有一定的启发意义。

（4）本书与以往文献仅仅比较第三产业和第二产业的就业弹性系数不同，我们用门限面板回归方法不仅从绝对值的角度对两次产业的弹性系数大小进行了比较，而且还把两者的就业弹性变动规律进行了对比，从纵向的角度探索了它们的特征和机制。结果表明第三产业的就业弹性系数更高，而且更有持续性。

第二章　第三产业的周期性波动及其与经济波动的协动性分析

众所周知，国民经济是由三次产业组成的。经济波动综合了各次产业波动的特征，因此，它是三次产业波动的综合结果，而三次产业同时又会受到整体经济波动的影响。随着我国经济逐渐进入服务业时代，第三产业对经济的主导逐渐超过了第二产业，因此第三产业在经济波动中的作用越来越显著。所以对第三产业波动与经济波动的相互作用进行深入探讨，可以在宏观经济理论与中观经济理论（产业结构）中搭建一座桥梁，对第三产业波动与宏观经济波动之间的相互作用机制进行深入分析。但是众多的文献往往更多地关注第三产业对经济增长的作用机制，而关注第三产业波动与经济波动之间的文献相对来说要少得多。随着我国经济的迅速发展，第三产业在经济波动中发挥的作用越来越明显。宏观经济波动与第三产业的发展和变化也越来越密切。2012 年以来，受国际经济形势以及产能过剩的影响，我国经济持续下滑，而第三产业的收缩却一直比宏观经济要缓和，因此极大地减缓了宏观经济的下滑势头。第三产业波动与经济波动是否存在显著的互动机制呢？一部分文献对第三产业波动与经济波动之间的关系进行过深入研究。华而诚（2001）认为服务业的发展有利于我国制造业的技术升级和结构转型，服务业的发展为促进经济持续增长、创造就业等提供了大量机会，是经济增长的重要驱动力。华而诚的研究虽然没有涉及第三产业波动与经济波动的互相作用，但实际上服务业促进经济的持续增长有利于延长宏观经济的繁荣期，防止经济大起大落。江小涓和李辉（2004）认为我国服务业与整体经济存在显著的相关性，随着经济总量的不断增长，服务业的重要性会越来越显著。服务业能否快速发展，在相当程度上决定了未来经济增长的速度。罗光强、曾福生和曾伟（2008）从协同性的角度考察了第三产业波动与经济波动的相互作用，认为第三产业波动与经济波动有着显著的协同性，而且其协同性加速了国民经济增长周期的长期趋势等。孙广生（2009）分析了产业波动与经济波动的相关性，尤其对经济波动过程中各次产业波动的特征以及经济波动过程中的产业因素进行了重点分析。结果认为，各次产业波动与经济波动的相关性呈现出不同的特征。第二产业与经济波动的相关性最强，其次是第三产业与经济波动的相关性，第一产业与经济波动的相关性较弱。石柱鲜和吴泰岳等（2009）分析了三次产业结构调整与经济波动之间的互动关系，认为第三产业的发展有助于促进经济平稳增长，尤其是在经济衰退时期，第三产业的发展可以显著抑制宏观经济的进一步衰退。程大中（2010）通过建立一般均衡模型并使用省级面板数据对服务业增长与经济增长进行了检验，认为两者之间存在强烈的互相作用机制，而且是一种良性循环的关系。王一凡（2013）分别以第三产业整体和第三产业各细分行业为研究对象，分析了第三产业波动与经济波动的联动关系。结果认为第三产业对经济增长有着显著的拉动效应，对于宏观经济波动趋势有着一定的抑制作用，即认为两者是互相作用和互相影响的。

三次产业可以从不同的角度对宏观经济波动产生影响。安德鲁·埃格斯和安尼德斯（2006）使用偏离—份额法分析了国民经济的各个组成部分例如三次产业对宏观经济波动的影响，即结构效应（composition effect）、波动效应（volatility effect）和交互效应（interaction effect）。结构效应是分析各组成部分比重的变化对宏观经济波动的影响；波动效应是分析各组成部分的波动特征变动对宏观经济波动的影响；交互效应是指除了结构效应和波动效应之外的剩余影响部分。以上关于第三产业与经济波动之间的文献主要是从结构效应和波动效应来分析的，下面我们先分析我国第三产业周期波动的特征和事实，然后再从波动效应的角度来分析两者之间的互相作用事实及其机理。

第一节　改革前后我国第三产业波动的特征比较

我们先把1953年以来我国第三产业增长率列于表2.1。图2.1为根据表2.1绘制的波形图。

表 2.1　　**1953～2018 年我国第三产业增长率**　　单位：%

年份	增长率	年份	增长率	年份	增长率
1953	27.3	1975	4.9	1997	10.4
1954	-0.6	1976	0.4	1998	8.4
1955	4.6	1977	9.5	1999	9.2
1956	14.1	1978	13.6	2000	9.8
1957	4.8	1979	7.8	2001	10.3
1958	17.9	1980	6.1	2002	10.5
1959	15.2	1981	9.6	2003	9.5
1960	4.8	1982	12.7	2004	10.1
1961	-25.7	1983	14.6	2005	12.4
1962	-9.2	1984	19.4	2006	14.1
1963	4.4	1985	18.1	2007	16.1
1964	15.5	1986	12.3	2008	10.5
1965	15.8	1987	14.7	2009	9.6
1966	-1.8	1988	13.2	2010	9.7
1967	0.5	1989	5.8	2011	9.5
1968	0.6	1990	2.7	2012	8
1969	13.3	1991	9.2	2013	8.3
1970	7.1	1992	12.6	2014	7.8
1971	5.8	1993	12.2	2015	8.2
1972	5	1994	11.4	2016	7.7
1973	5.5	1995	10.1	2017	7.9
1974	1.6	1996	9.2	2018	7.6

资料来源：《中国统计年鉴 2019》和《中国统计年鉴 1999》。

由图 2.1 可知，自从 1953 年以来，我国第三产业增长率呈现出明显的周期性波动。以 1977 年为界，可以划分为改革之前和改革之后两个阶段。初步来看，改革之前我国第三产业波动的波长明显较短，而改革之后波长要长得多。而且改革之前的波动幅度要大得多，波动位势显著偏低。总而言之，第三产业波动在改革前后的状态和特征以及稳定性方面都呈现出巨大的差距。因此我们将以 1977 年为界，对改革前后我国第三产业波动的状态和特征进行详细的比较，以更加深入地揭示我国第三产业波动的内在特征和机理。

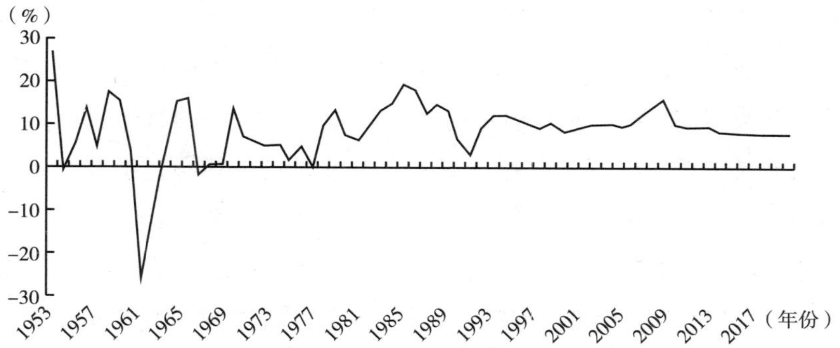

图 2.1　1953～2018 年我国第三产业增长率序列

资料来源：《中国统计年鉴 2019》和《中国统计年鉴 1999》。

一、改革前后横向状态特征比较

我们来看第三产业波动横向的状态特征比较。我们按照“谷—谷”法，对我国第三产业增长率进行划分。划分结果如表 2.2 所示。

表 2.2　　改革前后我国第三产业波动横向特征比较

<table>
<tr><th colspan="2" rowspan="2">波序</th><th rowspan="2">历轮周期起止年份</th><th colspan="2">波长（年）</th><th colspan="2">扩张期（年）</th><th colspan="2">收缩期（年）</th><th rowspan="2">扩张与收缩比</th></tr>
<tr><th>历轮周期波长</th><th>均值</th><th>历轮周期长度</th><th>均值</th><th>历轮周期长度</th><th>均值</th></tr>
<tr><td rowspan="5">改革之前</td><td>1</td><td>1953～1957</td><td>5</td><td rowspan="5">5</td><td>2</td><td rowspan="5">2.4</td><td>3</td><td rowspan="5">2.6</td><td rowspan="5">0.92</td></tr>
<tr><td>2</td><td>1958～1961</td><td>4</td><td>1</td><td>3</td></tr>
<tr><td>3</td><td>1962～1966</td><td>5</td><td>4</td><td>1</td></tr>
<tr><td>4</td><td>1967～1972</td><td>6</td><td>3</td><td>3</td></tr>
<tr><td>5</td><td>1973～1977</td><td>5</td><td>2</td><td>3</td></tr>
<tr><td rowspan="8">改革之后</td><td>6</td><td>1978～1980</td><td>3</td><td rowspan="8">5</td><td>1</td><td rowspan="8">2.63</td><td>2</td><td rowspan="8">2.25</td><td rowspan="8">1.2</td></tr>
<tr><td>7</td><td>1981～1986</td><td>6</td><td>4</td><td>2</td></tr>
<tr><td>8</td><td>1987～1990</td><td>3</td><td>1</td><td>2</td></tr>
<tr><td>9</td><td>1991～1996</td><td>6</td><td>3</td><td>3</td></tr>
<tr><td>10</td><td>1997～2003</td><td>7</td><td>4</td><td>2</td></tr>
<tr><td>11</td><td>2004～2009</td><td>6</td><td>4</td><td>2</td></tr>
<tr><td>12</td><td>2010～2012</td><td>3</td><td>1</td><td>2</td></tr>
<tr><td>13</td><td>2013～2018</td><td>6</td><td>3</td><td>3</td></tr>
</table>

资料来源：《中国统计年鉴 2019》和《中国统计年鉴 1999》。

由表 2.2 可知，1953～2018 年，我国第三产业一共可划分为 13 个周期。其中改革之前 5 个，改革之后 8 个。我们结合周期波动的相关特征，例如扩张期波长、收缩期波长、扩张收缩比等对改革前后波动的状态特征进行详细比较。从波长来看，改革之前和改革之后的波长均值相等，都是 5 年，但改革之后的波长变动更大，从 3 年到 7 年不等。从扩张期的长度来看，改革之后的扩张期明显要长些，比改革之前要长出 9.6%；而收缩期的长度则明显要比改革之前短，平均要短 13%。这说明随着经济体制的改革和完善，以及市场经济体制的建立，改革之后经济的繁荣程度以及扩张的持续程度要显著高于改革之前，宏观经济的抗衰退能力也要明显强于改革之前。从扩张收缩比来看，改革之前是 0.92，改革之后是 1.2，改革之后高出了 30%。

扩张收缩比是否大于 1 是经济波动或行业波动稳定与否的一个临界点，以上比较结果说明改革以来我国第三产业的稳定性得到了大幅度的改善。改革之前我国第三产业的扩张收缩比小于 1，一是与当时的计划经济体制有关，二是与当时的经济指导思想有着重要关系。当时的经济理念是把服务业当成不创造财富和财政收入的非生产部门，并把其看成是代表资本主义寄生性的行业，导致第三产业的发展没有受到足够的重视，并且还遭到歧视。政府和相关部门长期对服务业实行低价格制度。在这种政策引导之下，第三产业的发展被严重扭曲，从而导致其在处于收缩状态时长期得不到引导和调控，扩张状态时也得不到相关部门和政府的支持。改革之后，由于指导思想的纠正，中央政府多次出台促进第三产业发展的相关政策，导致第三产业高速增长，比重迅速提高，2000 年之后随着电子行业和现代服务业的兴起，我国的第三产业更是成为带动经济增长和拉动就业的主要力量。因此其扩张期大幅度延长，收缩期也得到了相关部门的重视，长度相对来说也下降了很多，因此改革之后扩张收缩比上升到了 1.2。

二、改革前后纵向状态特征比较

我们从纵向的角度对改革前后的状态特征进行比较（如表 2.3 所示）。从波幅来看，改革之前的波动幅度远大于改革之后的，最大的波幅达到

43.7%，最小的也有9.1%。而改革之后波动幅度的均值只有6%，可以说是大幅度下降。从峰值来看，改革之前均值为16.8%，改革之后均值为13.2%，虽然比之前下降了一些，但相对于波幅来说下降的幅度并不大。从谷值来看，改革前后分别为-6.9%和7.2%，上升的幅度达到14%。可以说改革前后波动幅度的巨大落差主要是由谷值的变动引发的。改革之前很多周期都属于古典型波动，例如第2轮周期的谷值降到了-25.7%，而改革之后都是增长型波动，最低的谷值也有2.7%。所以改革前后谷位的巨大差异导致了波幅的大幅度下降。从波动位势来看，改革之前是5.8%，改革之后是10.5%，上升了4.8%。这说明第三产业的增长水平也显著提高了，充分证明改革之后的政策导向大幅度促进了第三产业的迅速增长。

表2.3　　改革前后我国第三产业波动纵向特征比较

周期序号		波峰时刻	波谷时刻	峰值（%）	谷值（%）	波动幅度（%）	波动位势（%）
改革之前	1	1953年	1954年	27.3	-0.6	27.9	10.0
	2	1958年	1961年	18.0	-25.7	43.7	3.1
	3	1965年	1962年	15.8	-9.2	25.0	4.9
	4	1969年	1967年	13.3	0.5	12.8	6.4
	5	1977年	1976年	9.5	0.4	9.1	4.4
改革之后	6	1978年	1980年	13.6	6.1	7.5	9.2
	7	1984年	1981年	19.4	9.6	9.8	9.2
	8	1987年	1990年	14.7	2.7	12.0	15.4
	9	1992年	1991年	13.0	9.0	4.0	11.1
	10	2002年	1998年	16.1	9.6	6.5	9.9
	11	2007年	2009年	16.1	9.6	6.5	12.5
	12	2012年	2010年	9.7	8.0	1.7	9.1
	13	2013年	2018年	3.0	3.0	—	7.8
改革之前				16.8	-6.9	23.7	5.8
改革之后				13.2	7.2	6.0	10.5
升降				-3.6	14.1	-17.7	4.8
全时期				15.0	0.1	15.0	8.5

资料来源：《中国统计年鉴2019》和《中国统计年鉴1999》。

综上所述，不论是从横向还是从纵向来比较，我国第三产业的增长水平、稳定性以及抗衰退能力和扩张收缩比都大幅度提高了。而导致这一切变化的关键原因之一是谷位的大幅度上升。改革之前错误的经济政策使得第三产业的发展受到抑制，从而消费需求低下，导致第三产业和经济长期收缩，造成购买力下降产量下降，服务业的投资也长期处于收缩状态。改革之后在正确的经济政策指导下，第三产业的发展促进了市场需求的多样化，个性化的新产品也相继被推向市场。所以第三产业的迅速发展大力培育了消费市场和内需，降低了经济剧烈下降的风险。

第二节　改革前后我国经济波动的特征比较

由于近年来我国宏观经济一直处于调整之中，波动的状态与特征出现了许多新的变化，因此我们再对改革前后我国经济波动特征进行简要的比较和分析。与前面一样，我们先把收集来的 1953～2018 年我国 GDP 增长率列于表 2.4，根据该表绘制的波动曲线如图 2.2 所示。由图 2.2 可知，我国经济波动同样经历了大起大落，尤其是金融危机以来，我国经济波动趋势呈现出与之前较大的不同。下面我们主要从横向的角度计算了我国经济波动的状态特征，如表 2.5 所示。

由表 2.5 可知，1953～2018 年，我国经济波动一共可划分为 12 个周期，比第三产业少一个周期。通过对改革前后波长的比较，我们发现，改革之后的波长上升了。最重要的是，扩张期显著延长了，比改革之前延长了 36.4%。收缩期虽然也延长了，但延长的幅度较小，只有 11.5%，因此最终的扩张收缩比出现了显著的上升，为 1.03，是改革之前的 1.2 倍。这说明改革之后我国经济波动的扩张期和收缩期都上升了，但由于扩张期波长上升的幅度更大，所以一方面导致平均波长大幅度提高，另一方面也导致扩张收缩比提高。因此从纵向的角度来看我国经济波动的稳定性在改革之后也是大幅度提高了。

表 2.4　　1953～2018 年我国 GDP 增长率　　单位：%

年份	增长率	年份	增长率	年份	增长率
1953	15.6	1975	8.7	1997	8.8
1954	4.2	1976	-1.6	1998	7.8
1955	6.8	1977	7.6	1999	8.5
1956	15	1978	11.7	2000	8
1957	5.1	1979	7.6	2001	7.3
1958	21.3	1980	7.8	2002	8
1959	8.8	1981	5.2	2003	9.1
1960	-0.3	1982	9.1	2004	10.1
1961	-27.3	1983	10.9	2005	11.4
1962	-5.6	1984	15.2	2006	12.7
1963	10.2	1985	13.5	2007	14.2
1964	18.3	1986	8.8	2008	9.7
1965	17	1987	11.6	2009	9.4
1966	10.7	1988	11.3	2010	10.6
1967	-5.7	1989	4.1	2011	9.5
1968	-4.1	1990	3.8	2012	7.9
1969	16.9	1991	9.2	2013	7.8
1970	19.4	1992	14.2	2014	7.4
1971	7	1993	13.5	2015	7
1972	3.8	1994	12.6	2016	6.8
1973	7.9	1995	10.5	2017	6.9
1974	2.3	1996	9.6	2018	6.7

资料来源：《中国统计年鉴 2019》和《中国统计年鉴 1999》。

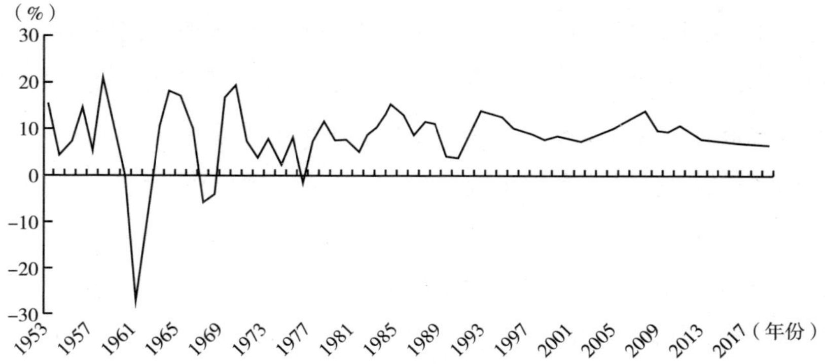

图 2.2　1953～2018 年我国 GDP 增长率序列

资料来源：《中国统计年鉴 2019》和《中国统计年鉴 1999》。

表 2.5　　　　　　　　改革前后我国宏观经济波动特征比较

波序		历轮周期起止年份	波长（年）		扩张期（年）		收缩期（年）	
			历轮周期波长	均值	历轮周期长度	均值	历轮周期长度	均值
改革之前	1	1953～1957	5	4.8	3	2.2	2	2.6
	2	1958～1961	4		1		4	
	3	1962～1968	6		3		3	
	4	1969～1972	4		2		2	
	5	1973～1976	4		2		2	
改革之后	6	1977～1981	5	6	3	3.0	2	2.9
	7	1982～1986	5		4		1	
	8	1987～1990	4		1		3	
	9	1991～1999	9		2		7	
	10	2000～2009	10		8		1	
	11	2010～2016	7		2		5	
	12	2017～2018	2		1		1	

资料来源：《中国统计年鉴 2019》和《中国统计年鉴 1999》。

通过计算改革前后第三产业和宏观经济的扩张收缩比，我们可以认为第三产业比重的大幅度提高是我国经济波动扩张收缩比提高的重要原因。众所周知，改革以来我国第三产业占 GDP 的比重得到了迅速提高，从 1978 年的 23% 上升到 2018 年的 53%①。再由表 2.2 可知，改革之后第三产业的扩张收缩比是 1.2，高于改革之前的 0.92。同时我们还计算了改革之后第二产业的扩张收缩比，仅仅为 0.67。因此改革之后第三产业比重的大幅度提高促进了经济的持续繁荣，改变了改革之前扩张收缩比小于 1 的状况。

我们还从纵向的角度考察了改革前后我国经济波动的状态特征。与第三产业相似，改革之后经济稳定性提高的主要原因是谷位大幅度上升了，从而导致经济波动的幅度大幅下降。波动位势也提高了，说明经济增长水平得到了改善。

---

① 资料来源：《中国统计年鉴 2019》。

综上所述，第三产业波动和经济波动在改革前后都呈现出很大的不同。改革以来两者的稳定性也极大地增强了。首先两者在改革之前的很多轮周期都呈现出古典型波动，改革之后所有的周期都呈现出增长型波动。其次改革之后两者的扩张期和扩张收缩比都提高了，最重要的是它们的比值都大于1。这说明改革之后第三产业比重的提高促进了我国宏观经济的持续繁荣。

第三节　我国第三产业波动与经济波动的相关性分析

第三产业有效地促进了消费，同时也是连接生产与消费的中间环节。尤其是近年来生产性服务业的发展，更是成了工业生产中不可或缺的要素，也是保持工业生产的连续性，促进工业技术进步、工业结构升级的重要支撑。所以第三产业的发展能够促进消费和投资的增长，并且导致价格的增长和波动，最终影响到整个国民经济的发展。反过来，国民经济的发展又会带动第三产业的增长，同时也会影响到第三产业的波动特征，如其波动深度、陡度、偏度等。因此两者将会呈现出一种良性循环或者是恶性循环的态势。它们之间的影响程度跟两者之间的相关性有着密切的关系。本节将对第三产业波动与经济波动的相关性进行分析。由于后续章节同时涉及第二产业波动与经济波动的同步性，因此我们也同时对第二产业波动与经济波动的相关性进行分析。我们分析相关性所用到的指标包括第三产业增长率（ZY_{3t}）、GDP 增长率（ZY_t）和第二产业增长率（ZY_{2t}）。

一、第三产业波动与经济波动的拟合状态分析

我们把二三产业增长率曲线与 GDP 增长率曲线分别绘制于图 2.3 和图 2.4。由图 2.3 可知，两者的峰谷年份基本上是一致的。从具体的周期来看（按照“峰—峰”法来划分）：第一个周期期间第三产业的波谷比 GDP 要早一年，但两者的波峰是同一年。第二个周期和第三个周期期间的峰谷都是在同一年，相当于同时收缩波谷又同时扩张到波峰。第四个周期比较复杂，即经济波动

的这一轮周期波长比较大，从 1993 年一直持续到 2000 年，而第三产业在这个期间已经不止一个周期，先是在 1996 年收缩到波谷，然后在 1997 年到达波峰，随后又于 1998 年到达波谷，之后一直扩张至 2002 年到达波峰。而 GDP 则是在 2001 年到达波谷，然后于 2002 年开始扩张，一直到 2007 年达到波峰。第三产业在金融危机之前的总趋势与 GDP 波动一致，即从 2001 年开始扩张，2003 年出现了轻微的收缩，之后又开始扩张，也是到 2007 年达到波峰，2008 年和 2009 年出现了剧烈的收缩，但波谷仍然高于 GDP。金融危机之后 GDP 于 2010 年达到波峰，之后开始长时间收缩，2017 年出现了轻微的复苏，但由于贸易战以及国际市场等原因于 2018 年又重新陷入了萧条。第三产业在金融危机之后也开始收缩，但收缩的程度要比 GDP 轻得多，重要的是中间又出现了几次复苏，如 2015 年和 2017 年。

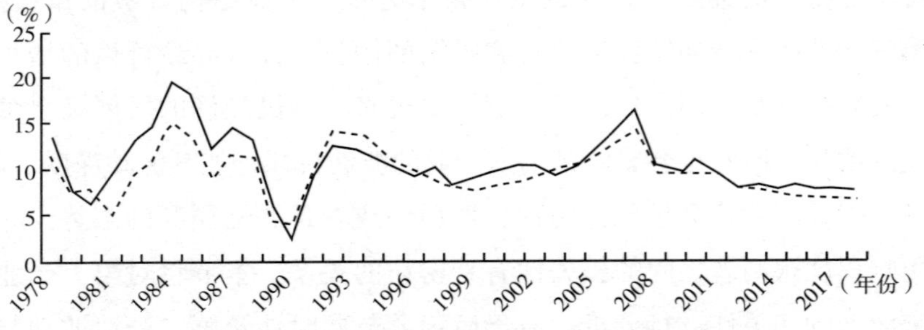

图 2.3　第三产业增长率与 GDP 增长率曲线

注：实线为第三产业增长率，虚线为 GDP 增长率。

资料来源：《中国统计年鉴 2019》和《中国统计年鉴 1999》。

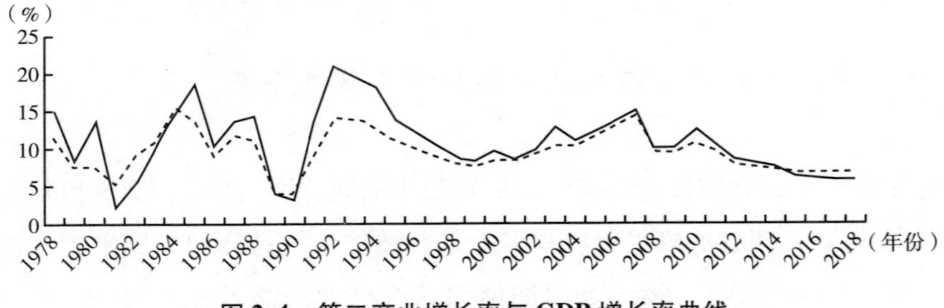

图 2.4　第二产业增长率与 GDP 增长率曲线

注：实线为第二产业增长率，虚线为 GDP 增长率。

资料来源：《中国统计年鉴 2019》和《中国统计年鉴 1999》。

再来看第二产业与GDP波动曲线的拟合曲线（如图2.3所示）。第二产业与GDP的拟合程度比第三产业要高。两者的波峰和波谷都对应得比较好，例如1981年、1990年、1999年、2001年、2008年、2017年两者都同时到达波谷，1992年、2000年、2007年和2010年两者都同时到达波峰。再从曲线来看，两者扩张和收缩的趋势也高度同步。

因此，从曲线拟合的程度来看，两次产业与GDP波动的同步性和相关性还是比较高的，其中第二产业与GDP的拟合程度更高。

二、第三产业波动与经济波动的时差相关性分析

我们把第三产业增长率与GDP增长率的时差相关系数计算结果列于表2.6。由表2.6可知，第三产业增长率与GDP增长率的即时相关系数值达到了0.85，属于高度相关；再看时差相关系数值：滞后一年第三产业增长率与GDP增长率相关系数值为0.5，属于强相关；而滞后二年第三产业增长率与GDP增长率相关系数值仅仅为0.04，说明滞后二年第三产业对GDP的带动效应已经非常弱了；ZY_{t-1}与ZY_{3t}的相关系数值为0.5，也是属于强相关；ZY_{t-2}与ZY_{3t}的相关系数值为-0.03，接近于零，这表明经济增长会带动同期的第三产业增长，但滞后二年GDP对第三产业的带动效应已经很弱了。该时差相关计算结果有着较强的政策含义，即要防范第三产业过热引发通货膨胀，第三产业的这种加剧效应会一直持续到第二年，同样，当预测到经济会出现过热时，要提前一年对服务业进行调控，避免服务业加剧经济过热。

表2.6　第三产业增长率与GDP增长率时差相关系数计算

ZY_{3t-2}与ZY_t	ZY_{3t-1}与ZY_t	ZY_t与ZY_{3t}	ZY_{t-1}与ZY_{3t}	ZY_{t-2}与ZY_{2t}
0.04	0.5	0.85	0.5	-0.03

资料来源：《中国统计年鉴2019》和《中国统计年鉴1999》。

三、基于邹检验划分的时段相关性比较分析

众所周知，自改革开放以来，我国经济体制一直处于不断的改革之中，

最重要的是1992年“十四大”之后开始进行的市场经济体制改革，因此该年份是经济波动与第三产业波动相关性的重要结构转折点。下面我们利用邹检验对上述命题进行证明。

邹检验是用来检验两组不同数据的线性回归系数是否相等的检验方法。它普遍被用来检验结构性转变是否存在，它是由邹至庄于1960年发明的。

首先我们构造回归方程：

$$ZY_t = \alpha + \beta ZY_{3t} \tag{2.1}$$

其次利用EVIEWS软件包估计式（2.2）：

$$ZY_t = \underset{(2.7)}{2.1} + \underset{(10)}{0.7}ZY_{3t} \quad R^2 = 0.72 \tag{2.2}$$

最后将继续利用EVIEWS5.0软件包得到的CHOW检验结果列于表2.7，从检验结果可以看到，F检验值和似然比检验值都大于显著性水平为5%的临界值，因此可以证明1992年是两者相关性变动的一个结构突变年份。以下我们把整个时间段划分成1978～1992年和1992～2018年两个时段进行分析比较。

表2.7　改革之后我国第三产业波动与经济波动稳定性检验结构突变点：1992年

F统计值	对数似然比	概率值
4.7	9.24	0.02

资料来源：《中国统计年鉴2019》和《中国统计年鉴1999》。

我们把1978～1992年、1992～2018年分别称为第一时段和第二时段，然后分别计算了这两个时段的第三产业增长率和GDP增长率的相关系数值，第一时段为0.87，第二时段为0.95，全时期为0.85。因此计算结果都处于高度相关的水平，尤其是第二时段，更是表明了两者的高度同步性。

我们同时还对第二产业增长率与GDP增长率进行了回归，由邹检验可知1992年同样是该回归式的结构转折点，计算相关系数值可得知第一个时段为0.82，第二个时段为0.95，全时期为0.9。

1992年之后，不论是第二产业增长率还是第三产业增长率，都与GDP增长率的相关性更进了一步，相关系数值都大幅度提高了。这说明随着市场经济体制改革的推进，农业在经济增长中的作用下降了，而工业和服务业对GDP的带动作用越来越显著。

我们还计算了二三产业增长率与GDP增长率的滚动相关系数，即分别计算从1978年开始的每个年份到2018年的相关系数值，直到2008年为止，并且把它们绘制到坐标图上，分别如图2.5和图2.6所示。

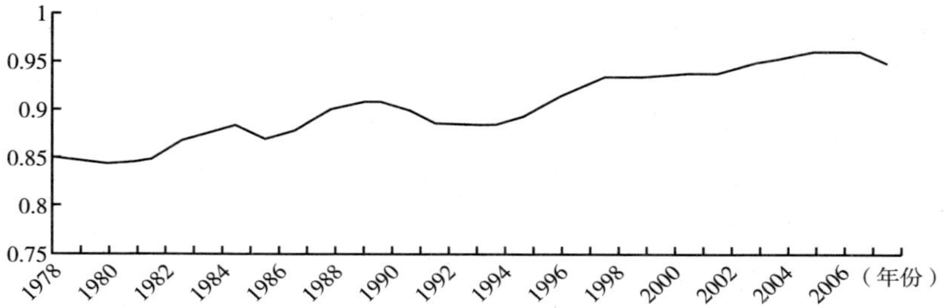

图2.5 第三产业增长率与GDP增长率滚动相关系数变动趋势

注：某个年份的坐标值代表从该年份直到2018年为止的相关系数值。

资料来源：《中国统计年鉴2019》和《中国统计年鉴1999》。

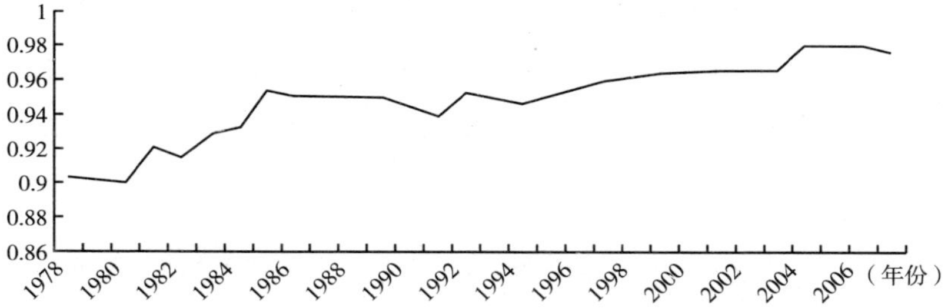

图2.6 第二产业增长率与GDP增长率滚动相关系数变动趋势

注：某个年份的坐标值代表从该年份直到2018年为止的相关系数值。

资料来源：《中国统计年鉴2019》和《中国统计年鉴1999》。

由图2.5和图2.6可知，二三产业与GDP的相关系数都是呈现递增趋势。即随着起始年份距离2018年越来越近，相关系数值呈现出越来越大的特征。这说明随着我国市场经济体制的逐渐完善，居民收入水平越来越高，并且随着国有企业体制改革的推进和民营企业的兴起，国内商品市场日趋繁荣，使得居民消费比例越来越大，并不断推动我国经济增长方式由粗放型向集约型转变，由此工业和服务业日益壮大，对GDP增长的贡献率也越来越大，因此我国二三产业增长率与 GDP 增长率的相关程度和同步性也越来越高。

综上所述，二三产业增长率与 GDP 增长率的相关程度都相当高，尤其是 1992 年以来的相关程度。而且通过滚动相关系数得知，当距离 2018 年越近时相关系数值越大。因此我们后面的分析将分成两种情况进行：当以全国的年度数据或者季度数据为例时，我们将收集 1978 年以来的数据建立模型；当以省际面板数据为例时，由于 1992 年之前的数据较难收集，因此我们将收集 1992 年以来的数据建立模型。

四、基于区域视角的相关性比较分析

我国省份经济发展程度极不平衡，发展水平也参差不齐，分别处于不同的发展阶段，因此导致 GDP 和三次产业在运行过程中表现出不同的波动特征。政府在制定和实施相关政策时，需要对各个省份或区域的具体情况进行具体分析，有时还要对各个省份的特殊情况进行量身定做。各个省份的三次产业波动与经济波动的协同性也无时无刻不在影响着其经济波动的态势。产业波动与经济波动同步性越强的省份和区域，其经济协调的成本就越低，一体化收益也越高。因此我们计算了 30 个省份二三产业增长率与 GDP 增长率的相关系数，如表 2.8 所示。

表 2.8　1992～2018 年期间 30 个省份二三产业增长率与 GDP 增长率相关系数

省份	第二产业增长率与 GDP 增长率相关系数	第三产业增长率与 GDP 增长率相关系数	省份	第二产业增长率与 GDP 增长率相关系数	第三产业增长率与 GDP 增长率相关系数
北京	0.8	0.8	西藏	0.66	0.5
河北	0.98	0.7	广西	0.92	0.8
山西	0.95	0.7	上海	0.87	0.7
湖南	0.9	0.62	广东	0.99	0.93
辽宁	0.99	0.95	天津	0.97	0.8
江苏	0.98	0.91	吉林	0.91	0.72
浙江	0.98	0.84	黑龙江	0.93	0.65
四川	0.94	0.5	安徽	0.89	0.5

续表

省份	第二产业增长率与GDP增长率相关系数	第三产业增长率与GDP增长率相关系数	省份	第二产业增长率与GDP增长率相关系数	第三产业增长率与GDP增长率相关系数
陕西	0.83	0.71	海南	0.8	0.94
云南	0.93	0.52	内蒙古	0.96	0.75
甘肃	0.95	0.52	福建	0.97	0.8
宁夏	0.88	0.1	山东	0.94	0.87
贵州	0.52	0.54	湖北	0.97	0.7
青海	0.94	0.6	江西	0.97	0.67
新疆	0.87	0.7	河南	0.9	0.78

资料来源：相关省份历年统计年鉴。

从表2.8可知，总体来看，无论是第二产业还是第三产业，两者的增长率与GDP增长率的相关系数都较高。先看第二产业，其与GDP相关程度较低的是贵州和西藏，但也达到了0.5以上，最高的是辽宁，相关系数值达到了0.99；再看第三产业，相关程度最低的是宁夏，只有0.1，但除了宁夏之外，其余省份的相关系数值都在0.5以上，且大部分省份的相关系数值都在0.8~0.9之间。从相关系数的平均值来看，第二产业增长率与GDP增长率的相关系数达到了0.9，第三产业也达到了0.7。这说明二三产业增长与波动和GDP有着高度的相关性，或者说是高度同步的。①

接下来我们从三大地带的角度来分析它们的相关系数变动趋势，即从东部、中部和西部的角度来分析。我们分别按省份计算出东部、中部和西部相关系数的平均值，计算结果列于表2.9。

表2.9 三大地带二三产业增长率与GDP增长率相关系数均值比较

变量	东部	中部	西部
第二产业增长率与GDP增长率	0.91	0.93	0.84
第三产业增长率与GDP增长率	0.84	0.7	0.6

资料来源：《中国统计年鉴2019》和《中国统计年鉴1999》。

① 刘树成．新中国经济增长60年曲线的回顾与展望——兼论新一轮经济周期［J］．经济学动态，2009（10）：3－10.

由表2.9可知，三大地带中二三产业增长率与GDP增长率的相关系数都较高，处于高度相关的水平。最低的计算结果是西部第三产业增长率与GDP增长率的相关系数，为0.6，其余的都在0.7以上。首先将二三产业对比来看，第二产业增长率与GDP增长率的相关系数更高，最低的也在0.84（西部），而东部是0.91，中部更是达到了0.93；第三产业增长率与GDP增长率的相关系数略低，但也达到了强相关的水平，例如东部甚至达到了0.84。比较结果表明，第二产业与三大地带经济波动的同步性要更高，这与我国服务业发展相对滞后、大部分地区经济增长仍然是依靠工业驱动的现状是一致的。其次我们发现，其中第二产业增长率与GDP增长率的相关系数中并不是东部最高，而是中部最高，西部虽然是0.84，但仍然是三大地带中最低的。这说明随着东部产业向中部转移，中部工业对经济增长的带动效应已经超过了东部。西部工业的经济带动效应相对来说仍然不足。而东部和中部的相关系数值高说明第二产业垂直化分工明显，规模化优势也更加突出，因此与GDP波动的同步性也越高。最后来看第三产业增长率与GDP增长率的相关系数值，东部系数值最大，西部最小，中部居中。这与第二产业有着显著的区别。这也说明经济发展水平越高相关系数值越大。结果与配第—克拉克定理是一致的，即随着经济发展水平的不断提高，服务业最终将成为主导经济增长的重要力量。我国三大地带经济增长的不平衡性较严重，东部地区一直领先于中部和西部，是我国经济增长的“引擎”，由于其发展阶段已经进入到工业化后期，因此服务业已经成为其经济增长的重要“发动机”。相比之下，西部的服务业发展则一直滞后于东部，由于西部的工业化发展阶段还处在工业化初期和中期阶段，导致其服务业占GDP的比重还较低。相对于东部来说，西部的第三产业处于低水平稳态均衡的水平，增长缓慢，其与GDP的相关程度也低于东部。

因此，总的来说，三大地带的第二产业增长率和第三产业增长率与GDP增长率的相关程度都是属于强相关甚至是高度相关。前者与GDP的相关程度比后者的更高。

第四节 基于VAR模型的第三产业与GDP波动的协动性分析

第三产业与GDP波动的联动性不仅与其自身有关，而且还与第二产业增长率、第一产业增长率有着密切关系。因此我们以三次产业增长率和GDP增长率作为内生变量，建立向量自回归（VAR）模型，并通过脉冲反应函数着重分析第三产业增长率与GDP增长率的协动性关系，同时运用协整检验、误差修正模型考察三次产业增长率对GDP增长率的影响和冲击作用。

一、VAR模型和协整检验

VAR模型是把系统中每一个内生变量作为系统中所有内生变量的滞后值作为函数的自变量的模型。VAR(p) 模型的表达式为：

$$Y_t = \alpha + A_1 Y_{t-1} + A_2 Y_{t-2} + \cdots + A_p Y_{t-p} + Hx_t + \varepsilon_t \quad t = 1,2,3,\cdots,T \tag{2.3}$$

假设 Y_t 是由 n 个内生变量组成的向量，即 $Y_t = (Y_{1t}, Y_{2t}, Y_{3t}, \cdots, Y_{nt})$，$x_t$ 是 d 维扰动列向量，p 是滞后阶数，T 是样本个数，ε_t 是 n 维扰动列向量，它们相互之间可以同期相关，但不与自己的滞后值相关且不与等式右边的变量相关。

我们以 1978～2018 年的第一产业增长率（ZY_1）、第二产业增长率（ZY_2）、第三产业增长率（ZY_3）和 GDP 增长率（ZY）作为内生变量建立VAR模型。VAR模型的内生变量即为（ZY_t，ZY_{1t}，ZY_{2t}，ZY_{3t}）。

我们先来确定VAR模型的滞后阶数，综合考虑样本数量和其他因素，选择最大滞后长度为5。依靠EVIEWS软件，得到各个准则下最优滞后期的选择结果，如表2.10所示。

表 2.10　　VAR 模型最优滞后阶数确定标准

滞后阶数 Lag	似然函数值（LogL）	似然比统计值（LR）	最小最终预测误差准则（FPE）	赤池信息准则（AIC）	施瓦茨准则（SC）	汉南－奎因信息准则（HQ）
0	-279.9428	NA	83.35815	15.77460	15.95054	15.83601
1	-208.3965	123.2186	3.835932	12.68869	13.56842*	12.99574
2	-198.2122	15.27641	5.493593	13.01179	14.59531	13.56448
3	-182.6126	19.93283	6.165318	13.03403	15.32134	13.83236
4	-155.1043	29.03650*	3.930671	12.39468	15.38578	13.43866
5	-126.6659	23.69866	2.788467*	11.70366*	15.39854	12.99327*

注：“*”表示从每一列标准中选的滞后数。
资料来源：《中国统计年鉴 2019》和《中国统计年鉴 1999》。

基于表 2.10 的结果，根据 FPE 准则、AIC 准则和 HQ 准则，我们建立的 VAR 模型最优滞后阶数为 5，因此我们选择 VAR 模型的滞后长度为 5。

依靠 EVIEWS 软件，建立以上 4 个内生变量的 VAR 模型表达式如下：

$$\begin{bmatrix} ZY_t \\ ZY_{1t} \\ ZY_{2t} \\ ZY_{3t} \end{bmatrix} = \begin{bmatrix} C_1 \\ C_2 \\ C_3 \\ C_4 \end{bmatrix} + A_1 \times \begin{bmatrix} ZY_{t-1} \\ ZY_{1t-1} \\ ZY_{2t-1} \\ ZY_{3t-1} \end{bmatrix} + A_2 \times \begin{bmatrix} ZY_{t-2} \\ ZY_{1t-2} \\ ZY_{2t-2} \\ ZY_{3t-2} \end{bmatrix} + A_3 \times \begin{bmatrix} ZY_{t-3} \\ ZY_{1t-3} \\ ZY_{2t-3} \\ ZY_{3t-3} \end{bmatrix} + A_4$$

$$\times \begin{bmatrix} ZY_{t-4} \\ ZY_{1t-4} \\ ZY_{2t-4} \\ ZY_{3t-4} \end{bmatrix} + A_5 \times \begin{bmatrix} ZY_{t-5} \\ ZY_{1t-5} \\ ZY_{2t-5} \\ ZY_{3t-5} \end{bmatrix}$$

$$R^2 = \begin{bmatrix} 0.84 \\ 0.7 \\ 0.84 \\ 0.5 \end{bmatrix}$$

A_1、A_2、A_3、A_4 和 A_5 是 5×5 的矩阵。

接下来我们对 GDP 增长率与三次产业增长率的协整关系进行检验。协整关系是指同阶单整序列的变量之间存在某种平稳的线性组合，它反映了变量之间长期稳定的比例关系。我们用线性组合解释如下。

设 $X_t = (x_{1t}, x_{2t}, \cdots, x_{nt})'$为 N 维的向量单位根过程，它的某个分量 x_{it} $(i = 1, 2, 3, \cdots, n)$ 为单一变量单位根过程，即 x_{it}是一阶单整序列。如果存在一个非零的 n 维向量，使得 X_t 的线性组合：

$$Y_t = \alpha' X_t = (\alpha_1, \alpha_2, \cdots, \alpha_n) = \begin{bmatrix} x_{1t} \\ x_{2t} \\ \cdots \\ x_{nt} \end{bmatrix}$$

成为一个平稳过程，则称向量 X_t 是协整的，$(\alpha_1, \alpha_2, \cdots, \alpha_n)$ 是协整向量。

我们首先运用约翰逊（Johnson，1995）协整检验法，然后再运用 E－G 两步法进行检验。

约翰逊（1995）协整检验是基于 VAR 模型的一种协整检验方法，可直接用于多变量间的协整检验。Johnson 协整似然比（LR）检验的基本假设如下：

H0：有 0 个协整关系；

H1：有 M 个协整关系。

检验迹统计量如下：

$$LR_M = -n \sum_{i=M-1}^{N} \log(1 - \lambda_i)$$

其中，M 是协整向量的个数，λ 是按大小排列的第 i 个特征值，n 是样本容量。

协整检验要求各变量是同阶单整序列，因此我们先对以上 4 个内生变量进行单位根检验。检验结果如表 2.11 所示。

表 2.11　　GDP 增长率及三次产业增长率 ADF 检验

变量	5% 临界值	ADF 统计值	概率值	结论
GDP 增长率	－3	－3.3	0.02	平稳
第一产业增长率	－3	－3.02	0.04	平稳

续表

变量	5%临界值	ADF 统计值	概率值	结论
第二产业增长率	-3	-3.2	0.03	平稳
第三产业增长率	-3	-3.8	0	平稳

资料来源:《中国统计年鉴 2019》和《中国统计年鉴 1999》。

由表 2.11 可知，以上 4 个变量都属于零阶单整序列，符合协整检验的条件。因此在以上 VAR 模型的基础上，我们对 GDP 增长率与三次产业增长率进行 Johnson 协整检验的结果如表 2.12 所示。

表 2.12　序列协整检验结果

原假设	特征根	迹统计量	5%临界值	概率值	λ - max 统计量	5%临界值	概率值
存在 0 个协整向量	0.59	57.73	47.86	0	33.75	27.58	0
存在 1 个协整向量	0.28	23.98	29.80	0.20	12.60	21.13	0.48
存在 2 个协整向量	0.23	11.37	15.50	0.19	10.04	14.26	0.20
存在 3 个协整向量	0.03	1.34	3.84	0.25	1.34	3.84	0.24

资料来源:《中国统计年鉴 2019》和《中国统计年鉴 1999》。

由表 2.12 可知，无论是从迹统计量还是从 λ - max 统计量来看，GDP 增长率和三次产业增长率之间都存在一个协整向量。

为了进一步确定它们之间的长期稳定关系，我们再运用 E - G 两步法来进行检验。E - G 两步法即对因变量（GDP 增长率）和自变量（这里是指三次产业增长率）进行回归，然后检验回归方程的残差，如果残差序列是平稳序列，则说明自变量和因变量之间存在显著的协整关系，否则不存在协整关系。

由于 GDP 增长率和三次产业增长率都是零阶单整序列，因此符合 E - G 两步法的前提条件。通过 EVIEWS 软件我们可得回归方程如下式所示:

$$ZY_t = \underset{(3.1)}{0.91} + \underset{(4.6)}{0.18} \times ZY_{1t} + \underset{(16.3)}{0.44} \times ZY_{2t} + \underset{(7.9)}{0.30} \times ZY_{3t} \quad R^2 = 0.97$$

接下来我们再对其残差序列进行单位根检验，检验结果如表 2.13 所示。

表 2.13　GDP 增长率和三次产业增长率回归残差序列单位根检验结果

ADF 统计值	1% 临界值	5% 临界值	10% 临界值	概率值	结论
-3.3	-4.2	-3.5	-3.2	0.07	平稳

资料来源：《中国统计年鉴 2019》和《中国统计年鉴 1999》。

由表 2.13 可知，回归结果的残差序列是平稳序列，因此再一次证明以上变量之间存在显著的协整关系，即长期稳定关系。

我们利用 E-G 两步法再对 GDP 增长率和第三产业增长率之间的关系进行协整检验，先对这两个变量进行回归，可得：

$$ZY_t = \underset{(2.7)}{2.1} + \underset{(10)}{0.71} \times ZY_{3t} \quad R^2 = 0.72$$

对以上回归式的残差序列进行 ADF 检验可知（如表 2.14 所示），该残差序列为平稳序列。因此 GDP 增长率和第三产业增长率同样存在显著的协整关系。

表 2.14　GDP 增长率和第三产业增长率回归残差序列单位根检验结果

ADF 统计值	1% 临界值	5% 临界值	10% 临界值	概率值	结论
-2.9	-3.6	-3.0	-2.6	0.05	平稳

资料来源：《中国统计年鉴 2019》和《中国统计年鉴 1999》。

通过以上的协整检验，我们发现三次产业增长率与 GDP 增长率之间，以及第三产业增长率与 GDP 增长率之间都存在显著的长期稳定关系。这表明，所选的三次产业增长率与 GDP 增长率之间在短期内可能会由于随机干扰偏离均衡值，但这种偏离是暂时的，最终会回到均衡状态。

二、脉冲反应模型

脉冲响应函数是指在扰动项上加一个一次性的冲击对于 VAR 模型中内生变量的即时影响以及未来值的影响。由 VAR 模型方程可得到向量移动平均模型即 VMA 模型为：

$$Y_t = \beta_0 \varepsilon_t + \beta_1 \varepsilon_{t-1} + \beta_2 \varepsilon_{t-2} + \cdots - \beta_p \varepsilon_{t-p} + \cdots$$

其中，$\beta_p=(\beta_{p,ij})$ 为系数矩阵，p=0，1，2，…，s。因此对于某一项内生变量 Y_i 的脉冲引起的反应函数为 $\beta_{1,ij}$，$\beta_{2,ij}$，$\beta_{3,ij}$，…，$\beta_{p,ij}$，…。我们这里使用不依赖于VAR模型中的变量次序的扰动项正交矩阵的脉冲反应方法。

该部分我们对以上VAR模型中的4个内生变量进行脉冲反应函数检验。我们将分别给每个内生变量一个单位大小的冲击，从而对各个内生变量的反应进行分析。由于脉冲反应函数要求每个单位根模的倒数小于1，即要求模型满足稳定性条件，因此在进行脉冲反应函数之前，我们先检验模型的稳定性。模型的稳定性一般用AR根图表来检验，即如果VAR模型中所有单位根模的倒数小于1，那么该VAR模型就是稳定的。依靠EVIEWS6.0软件，我们可得特征根模的倒数如表2.15所示。

表2.15　　AR特征根多项式根的倒数

根	模
0.936986	0.936986
-0.860488	0.860488
0.812228 -0.276215i	0.857909
0.812228 +0.276215i	0.857909
-0.114120 -0.845090i	0.852761
-0.114120 +0.845090i	0.852761
0.566356 -0.596306i	0.822399
0.566356 +0.596306i	0.822399
0.327382 -0.693565i	0.766950
0.327382 +0.693565i	0.766950
0.623667 -0.441947i	0.764380
0.623667 +0.441947i	0.764380
-0.452989 -0.590407i	0.744164
-0.452989 +0.590407i	0.744164
-0.468659 -0.214816i	0.515546
-0.468659 +0.214816i	0.515546

资料来源：《中国统计年鉴2019》和《中国统计年鉴1999》。

由表2.15可知，16个单位根模的倒数都小于1，因此我们所建立的VAR模型的滞后结构满足模型的稳定条件，也满足脉冲反应函数的前提条件。

接下来我们对以上建立的 VAR 模型进行估计。由于第一产业在 GDP 中所占的比例较低，因此我们这里只列出第二产业增长率、第三产业增长率与 GDP 增长率之间的互相作用系数值，结果如表 2. 16 所示。

表 2. 16　　GDP 增长率和第二产业、第三产业增长率脉冲反应函数值

反应变量　冲击变量	期数	ZY_t	ZY_{2t}	ZY_{3t}
ZY_t	1	1. 67	0	0
	2	1. 78	0. 34	0. 67
	3	0. 53	0. 88	0. 85
ZY_{2t}	1	2. 17	0. 78	0
	2	2. 89	0. 93	0. 73
	3	1. 11	1. 53	0. 6
ZY_{3t}	1	1. 56	-0. 7	0. 42
	2	1. 76	-0. 22	0. 90
	3	0. 44	0. 25	1. 13

资料来源：《中国统计年鉴 2019》和《中国统计年鉴 1999》。

从表 2. 16 的结果可知，总的来看，二三产业增长率与 GDP 增长率的互相冲击作用还是比较显著的。最重要的是，它们之间作用方向是一致的，即二三产业波动与 GDP 波动是同步的。例如当冲击变量为 ZY 时，ZY_{2t}和 ZY_{3t}的反应值都是大于零的，即 GDP 的增长和波动引发了第二产业和第三产业同方向的增长和波动。对于第二产业来说，对于一个单位的 GDP 的正向冲击后，ZY_{2t}和 ZY_{3t}的反应值都呈现出先升后降的特征。它们都是先在第一期开始上升，在第二期达到最大值，在第三期又出现了下降，这表明当 GDP 本期出现扩张时，会给二三产业带来显著的促进作用，并且这一促进作用会至少持续到第三期。相对来说，第二产业增长率对 GDP 冲击的反应比第三产业更大。再从 GDP 对 ZY_{2t}和 ZY_{3t}冲击的反应来看，ZY_t 的反应也是相似的，即第一期的反应值都是 0，第二期开始上升，暂时在第三期达到最大。这表明 GDP 受到二三产业的冲击后反应的规律同样是呈现出同步的特征。不论是第二产业扩张还是第三产业扩张，对 GDP 的冲击虽然第一期是零，但从第二期开始都会导致经济的同步扩张，并且效果至少会一直递增到第三期。

因此第二产业和第三产业是经济增长和波动的主要来源。从表 2. 16 可知，我国第三产业一个单位的增长会带动 GDP 增长 0.5%，而第二产业对 GDP 增长的带动作用是 0.4%（一期、二期和三期冲击值均值）。这表明我国第三产业对 GDP 的带动作用显著增强，第三产业的持续增长有效地带动了我国经济的增长，也是有效地减缓收缩、促进我国宏观经济复苏的重要驱动力。

第五节 小 结

本章通过比较改革前后第三产业波动的特征，得知第三产业在改革前后的特征出现了显著的变化，改革之后的波动幅度下降，波长延长，稳定性也大幅度提高；然后通过相关性分析、协整检验、VAR 模型检验等方法，得知第三产业波动和 GDP 波动存在着显著的协动关系，它们的波动是高度同步的。具体结论如下：

第一，改革以来我国第三产业的稳定性得到了大幅度的改善。改革之前我国第三产业的扩张收缩比小于 1，改革之后，由于指导思想的纠正，中央多次出台促进第三产业发展的相关政策，促使第三产业高速增长，比重迅速提高，其扩张期大幅度延长，改革之后扩张收缩比上升到了 1.2。

第二，通过对改革前后的状态特征进行比较，得知改革之后第三产业谷位得到了大幅提高，波幅也大幅度下降了。因此不论是从横向还是从纵向来比较，我国第三产业的增长水平和稳定性以及抗衰退能力和扩张收缩比都大幅度提高了。改革之后第三产业的发展促进了市场需求的多样化，个性化的新产品也相继被推向市场，经济下滑时很容易使第三产业结束衰退转向复苏。因此第三产业的迅速发展大力培育了消费市场和内需，降低了经济收缩的风险。第三产业的发展大幅度提高了宏观经济的稳定性。

第三，通过邹检验得知，1992 年是改革之后第三产业波动的结构突变点，我们分别计算了 1992 年前后两个时段的第三产业增长率和 GDP 增长率的相关系数值，得知第一时段为 0.87，第二时段为 0.95，都处于高度相关水平，尤其是第二时段，表明了两者存在高度相关性。

第四，我们还从区域的角度计算了二三产业与经济波动的相关系数，得知无论是第二产业还是第三产业，两者的增长率与GDP增长率的相关系数都较高。第二产业中与GDP相关程度较低的是贵州和西藏，但也达到了0.5以上；第三产业中除了宁夏之外，其余省份相关系数值都在0.5以上，大部分省份的相关系数值都在0.8~0.9之间。从相关系数的平均值来看，第二产业增长率与GDP增长率的相关系数达到了0.9，第三产业达到了0.7。

第五，通过建立VAR模型并进行协整检验得知，三次产业增长率与GDP增长率之间都存在协整关系，即存在显著的长期稳定关系。这表明所选的三次产业增长率与GDP增长率之间在短期内可能会由于随机干扰偏离均衡值，但这种偏离是暂时的，最终会回到均衡状态。

第六，通过建立VAR模型并进行脉冲反应分析得知，二三产业增长率与GDP增长率的互相冲击作用较显著，而且它们之间作用方向是一致的，即二三产业波动与GDP波动是同步的。这表明GDP受到二三产业的冲击后反应的规律呈现出同步的特征。不论是第二产业扩张还是第三产业扩张，对GDP的冲击虽然第一期是零，但从第二期开始都会导致经济的同步扩张，并且效果至少会一直递增到第三期。

第三章 基于 BK 模型和非对称 ARCH 模型的非对称效应检验
——以年度数据为例

第一节 引 言

ARCH（Autoregressive conditional heteroskedasticity model）模型即自回归条件异方差模型。它由美国加州大学圣迭哥分校恩格尔教授于 1982 年提出（Engle，1982），此后被迅速应用于时间序列的分析过程中，并得到了迅速发展。ARCH 模型的理论基础是：对于某个时间序列而言，在不同时刻该序列可利用的信息不同，而相应的条件方差也会出现差异，即某个时间序列在 t 时刻的误差项 u_t 服从正态分布，该正态分布的均值为零，方差随时间变化并且是过去有限项误差平方的线性组合。该模型采用某种自回归形式从动态的角度来刻画方差的变化和差异。因此从预测的角度来说，ARCH 模型收集了过去的误差信息来进行预测，即如果时间序列的方差随着时间变化，该模型可以精确地估计参数，从而提高预测精度，因此它被广泛应用于具有集群性和方差波动性特点的金融时间序列数据的分析和预测。自回归条件异方差模型的提出表明，经济时间序列中的变化是可以预测的，并且这种变化是来自某一特定类型的非线性依赖性，而不是方差的外生结构变化。但随着 ARCH 模型的广泛应用，其缺陷也越来越显著，因此后来又不断地被扩展为 GARCH 模型、EGARCH 模型和 TARCH 模型等。例如针对 ARCH 模型中假如阶数过高的时候约束条件会变得更加复杂的问题，博勒斯莱文（Bollerslev，1986）

提出了广义的自回归条件异方差模型即 GARCH 模型。又例如扎卡兰（Zakaran，1990），格罗斯顿、杰格泰和朗克尔（Glosten、Jaganthan & Runkle，1994）分别独立提出了 TARCH 模型（threshold ARCH model），即在 GARCH 均值方程的基础上对其条件方差进行了改进，因此 TARCH 模型可以方便地检验股票市场是否存在杠杆效应和非对称效应等。再接下来纳尔逊（Nelson，1991）又在 GARCH 模型的基础上提出了 EGARCH 模型（exponential ARCH model），同样能够较好地刻画股市的非对称性，最重要的是由于该模型的条件方差被表示为指数形式，因此对模型中的参数不需要施加任何约束，适用范围更广。

众多文献使用 GARCH 模型、TARCH 模型以及 EGARCH 模型等对现实经济时间序列的非对称情况进行了检验，都得到了理想的结果，因此这几个模型被统称为非对称 ARCH 模型。刘金泉、刘兆波（2003）分别运用 TARCH 模型、EGARCH 模型和 CARCH 模型对我国货币政策作用效果的非对称性进行了检验，结果发现，在我国经济运行当中，紧缩性货币政策对于经济的减速作用大于扩张性货币政策对于宏观经济的加速作用，从而证实了货币政策效应的非对称性。朱信凯、韩磊等（2012）等运用 EGARCH 模型，探讨了信息对不同竞争属性的农产品价格波动的影响。结果表明，不同属性的信息对农产品价格波动的影响呈现显著的非对称性，负向信息对农产品价格波动的影响更大。王少芬、赵昕东（2015）通过利用非对称成分 ARCH 模型研究中国农产品价格波动的特征，得知我国农产品价格波动有着显著的非对称性；其检验结果表明：棉花、玉米、大豆等价格波动都有着显著的集群特征和非对称性特征，即价格上涨发出的信息会比价格下降引发它们更大的价格波动。唐衍伟等（2004）和罗万纯（2010）都运用非对称 ARCH 模型对我国各种农产品价格的市场收益率及其波动性进行了研究，证明了我国的粮食价格波动具有集群特征和非对称性特征。

因此本章我们将分别运用 TARCH 模型和 EGARCH 模型对我国第三产业波动的非对称性特征进行检验。具体步骤如下：我们先运用 BK 模型和 TARCH 模型对我国第三产业波动是否存在非对称性特征及其类型进行检验；如果检验的结果为存在非对称性特征，接下来我们再运用 TARCH 模型和 EGARCH 模型检验第三产业对经济波动的非对称效应。

第二节 基于 BK 模型和 TARCH 模型的第三产业非对称性的估计及检验

一、基于 BK 模型的第三产业非对称性的估计及检验

首先，由第一章可知，第三产业波动曲线的周期性波动特征还是比较显著的，粗略地看，在 1992 年市场化改革之前，它呈现出较大幅度的波动，峰位高而谷位低，但在市场化改革之后，其波动幅度大幅度减小，稳定性显著增强。其次，我们还发现，通过计算其峰度值和偏度值得知，其峰度值大于 3，表明它与正态分布相比，波峰凸起的程度较显著。这说明我国的第三产业可能存在着右拖尾的特征，下面我们用 BK 模型和 TARCH 模型对此进行检验。

首先我们来介绍一下 BK 模型。BK 模型由赫斯和瓦特（Hess & Iwata, 1997）提出，实际上是一个比 ARMA 模型多了一个外生变量的回归模型。假如 z_t 是需要检验的序列增长率，而 m_t 是由序列增长率 z_t 生成的衰退变量，$\Phi(t)$ 是滞后 p 阶的滞后算子，那么 BK 模型表达式如下：

$$z_t = c + \alpha_1 \times z_{t-1} + \alpha_2 \times z_{t-2} + \alpha_3 \times z_{t-3} + \cdots + \alpha_k \times z_{t-k} + \beta_1 m_{t-1} + \beta_2 m_{t-1} + \cdots + \beta_k m_{t-k} + \Phi(L) \times \varepsilon_t \tag{3.1}$$

在式（3.1）中，假如其中有某个 β_i 值显著不为零，即其 T 统计值大于 2，那么说明正向冲击和负向冲击对增长率序列有着不同程度的影响，即可以认为增长率序列当中出现了非对称特征。关于衰退变量，我们这里选择门限衰退变量，门限衰退变量的公式为：$m_t = k_t - z_t$，其中 k_t 表示各个门限内的峰值，我们取门限为各个周期的阶段，所得到的各个周期的峰值如表 3.1 所示，根据其得到的门限衰退变量的曲线图如图 3.1 所示。

由表 3.1 和图 3.1 可知，图 3.1 能够较显著地区分扩张和收缩阶段，也能够较清楚地区分各个阶段，因此接下来我们以该衰退变量为例，构建我国第三产业的 BK 模型，从而对其是否具有非对称性特征进行检验。

表3.1　　历轮第三产业周期波动中的门限峰值

波序	1	2	3	4	5	7	8	9
起止年份	1978～1984	1985～1987	1988～1992	1993～1997	1998～2002	2002～2007	2008～2010	2011～2018
门限峰值（%）	19.4	18.1	13.2	12.2	10.5	16.1	10.5	0.5

资料来源：《中国统计年鉴2019》。

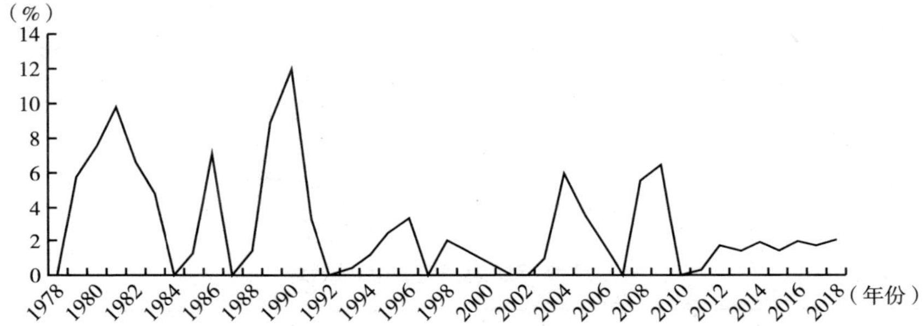

图3.1　1978～2012年我国第三产业门限衰退变量

资料来源：《中国统计年鉴2019》。

运用EVIEWS6.0软件，我们设定ARMA(p，q）参数为ARMA(4，4)，门限衰退变量（设为m）的滞后值为4，其BK模型如式（3.2）所示：

$$
\begin{aligned}
z_t = & \underset{(-0.5)}{-0.13} \times z_{t-1} + \underset{(1.4)}{0.24} \times z_{t-2} + \underset{(4)}{0.78} \times z_{t-3} - \underset{(-1.8)}{0.4} \times z_{t-4} + \underset{(0.9)}{0.16} \times m_{t-1} \\
& + \underset{(4)}{0.75} \times m_{t-2} + \underset{(3.3)}{0.66} \times m_{t-3} + \underset{(0.03)}{0.01} \times m_{t-4} + \underset{(4.8)}{1.43} \times ma_{t-1} \\
& + \underset{(2.2)}{1.09} \times ma_{t-2} + \underset{(0.3)}{0.15} \times ma_{t-3} + \underset{(0.4)}{0.12} \times ma_{t-4} \qquad (3.2) \\
& R^2 = 0.85
\end{aligned}
$$

由式（3.2）可知，首先，三个门限衰退变量的系数T统计值都显著不为零，这说明门限衰退变量能够在相当程度上证明我国改革以来第三产业是存在非对称性特征的。其次，我们发现，式（3.2）的门限衰退变量的三个系数值都大于零，这说明第三产业受到的正向冲击显著大于负向冲击，即存在显著的陡升缓降效应，故经BK模型初步检验可以认为第三产业波动是非对称的。

在本部分的最后，我们对门限衰退变量与第三产业增长率序列的因果关系进行检验，由第一章可知前者为平稳序列，现在我们再对后者进行单位根检验，结果如表 3.2 所示。

表 3.2　　　　第三产业波动门限衰退变量 m 单位根检验结果

变量	临界值		T 统计值	概率值	结论
门限衰退变量	1% 临界值	-3.6	-4.2	0	平稳
	5% 临界值	-2.9			
	10% 临界值	-2.6			

资料来源：《中国统计年鉴 2019》。

由表 3.2 检验结果可知，门限衰退变量符合因果检验的条件，我们把通过 EVIEWS 软件所得的因果检验结果列于表 3.3。

表 3.3　　　　第三产业与衰退变量的因果检验

原假设	样本数	F 统计值	概率值
m_t 不是 z_t 格兰杰原因	39	6	0
Z_t 不是 m_t 格兰杰原因		3.1	0.06

资料来源：《中国统计年鉴 2019》。

由表 3.3 可知，衰退变量对增长率序列有着显著的格兰杰单向影响，这再一次证明了第三产业的非对称性特征。

二、基于 TARCH 模型的第三产业非对称性模型估计与检验

本部分我们将利用 TARCH 模型对第三产业的非对称性进行分析，首先对该模型进行简单的介绍，然后再结合数据进行实证检验。

经济时间序列中会出现预测误差的条件方差与其存在某种相关性的假设，为了刻画这种相关性，1982 年恩格尔（Engle，1982）提出自回归条件异方差模型（autoregressive conditional heteroskedasticity model），1990 年扎科安（Zakoian，1990）、格洛斯顿和杰格泰（Glosten & Ravi Jaganathan，1993）又引入了门限 ARCH（threshold ARCH）模型，即门限自回归条件异方差模型，简称 TARCH 模型，该模型包括均值方程和条件方差方程，具体如下：

均值方程：

$$Y_t = b_0 + b_1 X_{1,t} + b_2 X_{2,t} + \cdots + b_k X_{k,t} + \varepsilon_t \tag{3.3}$$

条件方差方程：

$$\sigma_t^2 = \omega + \alpha \times u^2 t - 1 + \gamma \times u_{t-1}^2 d_{t-1} + \beta \times \sigma_{t-1}^2 \tag{3.4}$$

式（3.4）中的 d_{t-1} 是一个虚拟变量，当 $u_{t-1} < 0$ 时，$d_{t-1} = 1$；否则，$d_{t-1} = 0$。只要 γ 不等于零，就存在非对称效应。

条件方差方程即式（3.4）中的 $\gamma \times u_{t-1}^2 d_{t-1}$ 项被称为非对称效应项，或TARCH项。条件方差方程表明 σ_t^2 依赖于前期的残差平方 u_{t-1} 和 σ_{t-1}^2 的大小。好消息即 $u_{t-1} > 0$（对应着第三产业的扩张，即第三产业对GDP增长率的向上冲击）和坏消息即 $u_{t-1} < 0$（对应着第三产业的收缩，即第三产业对GDP增长率的向下冲击）对条件方差有不同的影响，$u_{t-1} > 0$ 时，$d_{t-1} = 0$，式（3.4）中的非对称项不存在，因此，$u_{t-1} > 0$ 只有一个 α 倍的冲击；而 $u_{t-1} < 0$ 时，$d_{t-1} = 1$，式（3.4）中的非对称项出现，故会带来一个 $\alpha + \gamma$ 倍的冲击。

以上述数据为基础，我们可建立我国第三产业的TARCH模型，如式（3.5）和式（3.6）所示（分别表示均值方程和条件方差方程）。

均值方程：

$$z_t = \underset{(2.1)}{2.45} + \underset{(5.2)}{0.69} \times z_{t-1} \tag{3.5}$$

条件方差方程：

$$\sigma_t^2 = \underset{(0.07)}{0.02} + \underset{(3.3)}{0.98} \times u_{t-1}^2 - \underset{(-1.7)}{0.74} \times u_{t-1}^2 \times d_{t-1} + \underset{(3.6)}{0.4} \times \sigma_{t-1} \tag{3.6}$$

$R^2 = 0.4$，对数似然值 $= -82$，$AIC = 4.4$，$SC = 4.6$

以上均值方程与条件方差方程的T统计值都较显著（括号中的数字为T统计值，下同），γ 值为 -0.74，且其T统计值显著不为零，说明第三产业有着显著的非对称性特征，当第三产业扩张时，$u_{t-1} > 0$，$d_{t-1} = 0$，因此该冲击会给第三产业增长率带来一个 $\alpha = 0.98$ 倍的冲击；当第三产业收缩时，$u_{t-1} < 0$，$d_{t-1} = 1$，故该冲击会给第三产业增长率带来一个 $\alpha + \gamma = 0.98 -$

0.74 = 0.22 倍的冲击，因此该结论与本节第一部分 BK 模型的检验结果是一致的，即当第三产业扩张时比其收缩时要陡峭。

第三节 基于 TARCH 模型和 EGARCH 模型的非对称效应检验

我们在第二节检验了第三产业波动呈现陡升缓降的非对称性特征之后，在该小节继续从非对称性的角度来对第三产业对宏观经济的冲击作用进行分析。

一、改革以来我国第三产业波动的偏度系数分析

第二节我们证明了第三产业有着陡升缓降的特征，但是无论是 BK 模型还是 TARCH 模型，都无法对不同时间序列的非对称性程度进行比较，因此本节从偏度系数的角度对第三产业、第二产业和 GDP 波动的偏度系数进行计算，以便比较三者的非对称性特征及其程度。为此我们先把 1978 ~ 2018 年的第三产业增长率、GDP 增长率和第二产业增长率数据绘制于图 3.2。通过该图可知，在 20 世纪 90 年代初期及之前，两个变量之间的波动幅度较大，在那之后，两者的波动幅度逐渐趋于缩小。这其中变化更大的是第三产业波动，在这之前，比 GDP 的波动幅度更大，尤其是波峰远高于 GDP 的波峰，在这之后，该变量的波动幅度明显变小了，而且似乎还比 GDP 的波动更加平缓一些。笔者根据邹检验对两个变量的回归方程进行了分析，得知 1992 年是两者的结构转折点，由于 1992 年之后我国开始进行市场经济体制改革，使得供求矛盾得到了极大的缓解，因此两变量的波动幅度变得比之前要平缓得多。故我们以 1992 年为分界点对两者在这前后的波动特征进行比较和分析。我们先对它们的周期进行划分，根据“峰—峰”划分方法，对两个变量于 1978 ~ 2010 年的增长率序列进行了划分，并对 GDP 波动与第三产业波动的峰值、谷值及其波动幅度分别进行了计算，结果如表 3.4 所示。

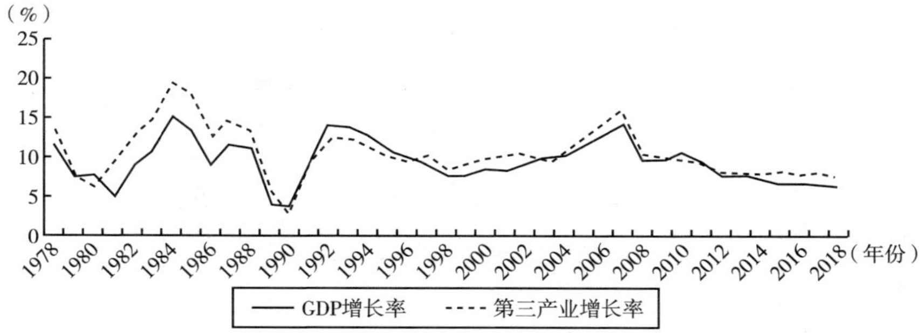

图 3.2 1978 年以来我国第三产业波动与 GDP 波动曲线

资料来源:《中国统计年鉴 2019》。

表 3.4 **第三产业波动与 GDP 波动特征比较** 单位:%

第三产业					GDP				
波序	起止年份	峰值	谷值	波幅	波序	起止年份	峰值	谷值	波幅
1	1978~1984	19.4	6.1	13.3	1	1978~1984	15.2	5.2	10
2	1985~1987	18.1	12.3	5.8	2	1985~1987	13.5	8.8	4.7
3	1988~1992	13.2	2.7	10.5	3	1988~1992	14.2	3.8	10.4
4	1993~2000	12.2	8.4	3.8	4	1993~2000	13.5	7.8	5.7
5	2001~2007	16.1	9.5	6.6	5	2001~2007	14.2	7.3	6.9
6	2008~2010	10.7	9.6	0.9	6	2008~2010	10.6	9.4	1.2
7	2011~2018	9.7	7.6	1.9		2011~2018	9.5	6.7	2.8
均值	1978~1992	17	7	10	均值	1978~1992	14	5.9	8.4
	1993~2018	12.1	8.8	3.3		1993~2018	11.9	7.3	4.2
	1978~2018	14.2	8.02	6.0		1978~2018	13.0	6.6	6.0

注:为了方便起见,我们把第三产业部分周期进行了合并,以与 GDP 周期波动的起止年份一致,便于比较。

资料来源:《中国统计年鉴 2019》。

由表 3.4 可知,两个变量的波幅都是呈现出不断下降的趋势,不论是第三产业还是 GDP 波动,在 1992 年之后的波动幅度都要远小于之前的。而且在这之前,第三产业波动的平均波幅要大于 GDP 波动,而在这之后,第三产业波动的平均波幅却要小于后者。

另外,我们发现不论是在 1992 年之前还是之后,第三产业波动的峰谷与

GDP 波动相比都存在一个显著的特点，即除了第三轮周期的波谷之外，其余周期的谷值都要大于 GDP 波动，而波峰值也相似，除了第三轮和第四轮周期之外，第三产业的波峰值都要大于或等于 GDP。笔者还计算了第二产业波动特征，结果如表 3.5 所示，我们发现第二产业的谷值比第三产业的谷值要低，而且第二产业不论是在 1992 年之前还是之后，其波动幅度都要大于 GDP 的波动幅度。

表 3.5 **第二产业波动特征计算结果** 单位:%

波序	起止年份	峰值	谷值	波幅
1	1978 ~ 1984	15	1.9	16.7
2	1986 ~ 1988	14.3	10.2	4.3
3	1989 ~ 1992	21.2	3.2	18
4	1993 ~ 2000	19.9	8.1	11.8
5	2001 ~ 2007	15.1	8.4	6.7
6	2008 ~ 2010	12.4	9.9	2.5
7	2011 ~ 2018	10.7	5.8	4.9
均值	1978 ~ 1992	16.8	5.1	12
均值	1993 ~ 2010	15.0	8.05	6.5
均值	1978 ~ 2010	16.00	6.95	8.8

资料来源：《中国统计年鉴 2019》。

接着，我们来计算第三产业的峰度与偏度，并与 GDP 和第二产业两个指标相比较。峰度 K 的计算公式为：

$$K = \frac{E(X - \mu_X)^4}{\sigma^4} \tag{3.7}$$

偏度 S 的计算公式为：

$$S = \frac{E(X - \mu_X)^3}{\sigma^3} \tag{3.8}$$

正态分布的 K 值是 3，如果某个变量的 K 值大于 3，就说明该变量分布的凸起程度大于标准正态分布，如果 K 值小于 3，就说明该变量分布相对于标准正态分布是平坦的。而 S 值的正负一般反映了变量围绕其均值的非对称性，例如正偏度反映了分布在右方向的尾部比分布在左方向的尾部有拉长的趋势，负偏度则相反。

根据以上计算公式，我们可求得这三个变量的峰度和偏度，如表 3.6 所示。

表 3.6　　第三产业、第二产业与 GDP 波动的峰度及偏度计算

变量	第三产业	第二产业	GDP
峰度 K 值	3.8	2.8	2.6
偏度 S 值	0.6	0.24	0.13

资料来源：《中国统计年鉴 2019》。

由表 3.6 可知，首先与另外两个变量相比，第三产业的峰度 K 值明显偏大，达到了 3.8，表明其波峰凸起的程度较大，属于尖峰厚尾型；而第二产业的 K 值与正态分布值相差不大，表明其峰谷比较对称；GDP 的 K 值相对较低，表明其波峰相对于波谷来说较平缓。其次从偏度来看，三个变量的 S 值都为正值，这说明三者的波动都有着右拖长的特征，上升较急，而下降的时候则相对平缓，属于陡升缓降型（或者说是尖峰厚尾型），再从偏度系数值的大小来看，第二产业和 GDP 的偏度值较小，而第三产业的偏度系数值较大，这说明在以上三个变量中，第三产业陡升缓降的非对称特征最明显。

综上所述，通过对上述三个变量波动形态的峰谷、波幅及其峰度、偏度的计算，我们得知第三产业与第二产业和 GDP 波动相比，其波动的非对称特征最突出，从纵向来看，峰值明显偏高，而从横向来看，第三产业右拖尾的特征也最显著，表明第三产业收缩时较缓慢，收缩的程度也最轻，这与表 3.4 中第三产业大部分周期中的谷位值最大是一致的。因此我们进一步猜测第三产业对 GDP 的冲击是不是也存在着一定的非对称性或者说对 GDP 的非对称效应是最显著的呢？下面我们用条件异方差模型对该猜测进行实证检验。

二、第三产业对宏观经济非对称效应的实证检验：基于 TARCH 模型和 EGARCH 模型的分析

前面我们运用 TARCH 模型对第三产业的非对称性进行了检验，本部分

我们将利用TARCH模型和指数条件异方差（EGARCH）模型对第三产业对宏观经济的冲击效应进行检验和分析，先对这两个模型进行简单的介绍，然后再结合数据进行实证检验。

（一）方法介绍

1. TARCH模型。TARCH模型我们前面已经介绍过，这里再补充一下。

式（3.6）中的γ值代表非对称参数，假如γ值显著则说明存在非对称效应。$\gamma>0$说明存在着杠杆效应，非对称效应的作用是使得波动越来越大，而$\gamma<0$则非对称效应的作用是使得波动越来越小[①]。

2. EGARCH模型。1991年，纳尔逊提出了EGARCH模型，其均值方程与条件方差方程如下。

均值方程：

$$Y_t = a_0 + a_1 X_{1,i} + a_2 X_{2,i} + \cdots + a_k X_{k,i} + \varepsilon_i \tag{3.9}$$

条件方差方程：

$$\ln(\sigma_i^2) = \omega + \alpha \times \left| \frac{u_{i-1}}{\sigma_{i-1}} - \sqrt{\frac{2}{\pi}} \right| + \gamma \times \frac{u_{i-1}}{\sigma_{i-1}} + \beta \times \ln(\sigma_{i-1}^2) \tag{3.10}$$

条件方差方程即式（3.10）的左边是条件方差的对数，非对称性由γ来反映，只要γ不等于零，冲击的影响就存在着非对称性，γ大于零时，X_t序列的上升对Y_t序列的冲击要大于其下降造成的冲击，γ小于零时则刚好相反。

（二）估计结果

接下来我们以第三产业增长率与GDP增长率为例，对第三产业对宏观经济的冲击效应进行非对称性检验。

1. TARCH模型估计结果。利用EVIEWS软件，我们可建立第三产业增长率与GDP增长率的均值方程和条件方差方程如下（gdpz和serz分别表示

---

① Cuadrado, Alvaro. Business Cycle and Service Industries: General Trends and the Spanish Case [J]. The Service Industries Journal, 2001 (21): 11-17.

GDP增长率和第三产业增长率)。

均值方程:

$$\underset{}{Gdpz_t}=\underset{(0.56)}{0.54}+\underset{(1.7)}{1.48}\times\log(\sigma_i^2)+\underset{(8.6)}{0.67}\times serz_i \tag{3.11}$$

条件方差方程:

$$\sigma_i^2=\underset{(1.6)}{0.68}+\underset{(1.6)}{0.56}\times u_{i-1}^2-\underset{(-2.04)}{0.64}\times u_{t-1}^2\times d_{t-1}+\underset{(0.75)}{0.24}\times\sigma_{i-1} \tag{3.12}$$

$R^2=0.74$,对数似然值 = -52,AIC = 4.5,SC = 4,DW = 1.7

以上均值方程与条件方差方程的T统计值都较显著(括号中的数字为T统计值,下同),γ值显著不为零,说明回归方程的非对称效应较显著,即第三产业扩张时,$u_{t-1}>0$,$d_{t-1}=0$,因此该冲击会给GDP带来一个$\alpha=0.56$倍的冲击;当第三产业收缩时,$u_{t-1}<0$,$d_{t-1}=1$,故该冲击会给GDP带来一个$\alpha+\gamma=0.56-0.64=-0.08$倍的冲击,即当第三产业与GDP同步收缩时,由于前者收缩得更慢,因此不仅不会加剧后者的收缩,而且还会减缓其收缩。另外由于非对称效应的系数γ是负值,所以第三产业对宏观经济的非对称效应是减少GDP的波动。

2. EGARCH模型估计结果。我们采用与TARCH模型相似的均值方程进行分析,同样利用EVIEWS软件,可得第三产业增长率与GDP增长率的EGARCH模型的估计结果如下。

均值方程为:

$$Gdpz_t=\underset{(6.3)}{1.2}\times @SQRT(GARCH)+\underset{(8.9)}{1.18}+\underset{(27)}{0.68}\times serz_i-\underset{(-0.23)}{0.007}GDPZ_{i-1} \tag{3.13}$$

条件方差方程为:

$$\ln(\sigma_i^2)=\underset{(-4.4)}{-0.95}+\underset{(3.02)}{1.1}\times\left|\frac{u_{i-1}}{\sigma_{i-1}}-\sqrt{\frac{2}{\pi}}\right|+\underset{(3.4)}{1.35}\times\frac{u_{i-1}}{\sigma_{i-1}}+\underset{(5.9)}{0.87}\times\ln(\sigma_{i-1}^2) \tag{3.14}$$

$R^2=0.7$,对数似然值 = -51,AIC = 2.1,SC = 3.3

在式(3.13)、式(3.14)中,均值方程与条件方差方程的T统计值都较显著，拟合度也较高，尤其是条件方差方程中的 γ 值也显著大于零，再次说明第三产业对 GDP 的冲击有着非对称效应，模型中的 α 估计值为 1.1，非对称项 γ 的估计值为 1.35，当 $u_{t-1}>0$，即第三产业扩张时，它对条件方差的对数有一个 $\alpha+\gamma=2.45$ 倍的冲击，当 $u_{t-1}<0$，即第三产业收缩时，它对条件方差的对数有一个 $\alpha+\gamma\times(-1)=-0.25$ 倍的冲击，该估计结果与 TARCH 模型的估计结果是一致的，从而这里再次验证了第二节的猜测是成立的。

根据以上 EGARCH 模型估计的结果，可以绘制出相应的信息冲击曲线，如图 3.3 所示。

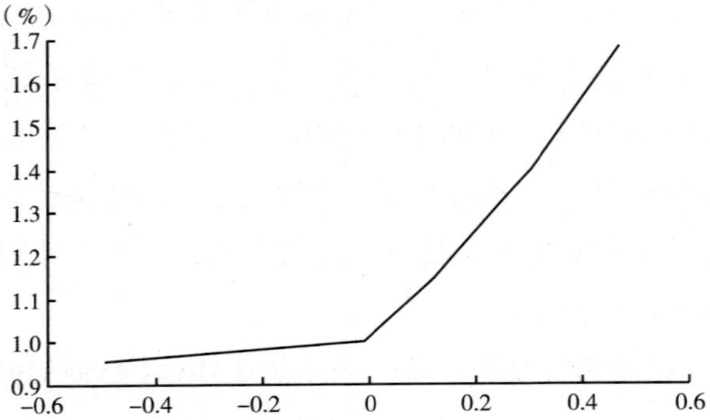

图 3.3　第三产业波动对 GDP 的信息冲击曲线

注：图中横轴是信息 u_t，纵轴是指波动率。

资料来源：《中国统计年鉴 2019》。

由图 3.3 可知，当信息冲击小于零时（即经济形势看跌时），第三产业对 GDP 有着相对较轻的拉伸作用，反之则对其有着较强烈的冲击作用。

我们可得第二产业增长率与 GDP 增长率的 GEARCH 模型的估计结果如下。

均值方程：

$$Gdpz_t = \underset{(1.7)}{0.42} \times @SQRT(GARCH) + \underset{(16)}{3.55} + \underset{(19.5)}{0.51} \times indus_i \tag{3.15}$$

条件方差方程：

$$\ln(\sigma_i^2) = \underset{(-5.5)}{-0.91} + \underset{(3.02)}{1.1} \times \left| \frac{u_{i-1}}{\sigma_{i-1}} - \sqrt{\frac{2}{\pi}} \right| + \underset{(1.6)}{0.41} \times \frac{u_{i-1}}{\sigma_{i-1}} + \underset{(11.1)}{0.94} \times \ln(\sigma_{i-1}^2) \tag{3.16}$$

$R^2 = 0.84$，对数似然值 $= -47$，AIC $= 2.1$，SC $= 3.0$，DW $= 1.5$

在式（3.19）、式（3.20）中，均值方程与条件方差方程的T统计值都较显著，拟合度也较高，尤其是条件方差方程中的 γ 值也显著大于零，再次说明第二产业对GDP的冲击有着非对称效应，模型中的 α 估计值为1.1，非对称项 γ 的估计值为0.41，当 $u_{t-1} > 0$，即第二产业扩张时，它对条件方差的对数有一个 $\alpha + \gamma = 1.51$ 倍的冲击，当 $u_{t-1} < 0$，即第二产业收缩时，它对条件方差的对数的一个 $\alpha + \gamma \times (-1) = 0.7$ 倍的冲击，证明第二产业对经济波动同样有着显著的非对称效应，但由于第二产业的谷位过低，因此当其收缩时对宏观经济的冲击是正向的，即会加剧宏观经济的收缩。

综上所述，第三产业收缩时对与其同步收缩的宏观经济有减缓的作用，而当第三产业扩张时则对宏观经济有至少1倍的冲击作用，由于第三产业的大部分波峰值本来就高于GDP，因此第三产业对宏观经济周期的波峰有抬高的趋势。下面我们依靠情景模拟的方法来对这个结论进行进一步的分析和验证。

第四节　基于情景模拟法的非对称效应检验

该部分将使用情景模拟的分析方法，对第三产业对GDP波动的非对称效应进行进一步验证，具体方法即是对不同情景下的经济体进行模拟，例如为了突出第三产业对宏观经济波动的影响，将从GDP总值中剔除第三产业的总值，即令该产业在经济体中的比重为0，然后再求出这个虚拟经济体的增长率，并且分析其方差和峰谷特征①。

首先我们从GDP中剔除第三产业，令其比重为0，然后求出第一产业和

① 刘丹鹭．服务业发展能烫平宏观经济波动吗？——基于中国数据的研究［J］．当代财经，2011（6）：90－107.

第二产业之和的增长率，并计算出其标准差、峰谷平均值等，结果如表3.7所示。由该表可知，虚拟经济体的波峰平均值比正常经济体稍低，而波谷平均值都是显著低于正常经济体，这说明去除第三产业后经济体的波峰值稍有下降，而波谷值却下降较多。再从标准差来看，去除第三产业后经济体的标准差明显上升了，表明第三产业比例的增大确实有利于熨平经济波动。

表3.7　　剔除第三产业后虚拟经济体与正常经济体波动特征比较

时间	虚拟经济体			正常经济体		
	波峰平均值（%）	波谷平均值（%）	标准差	波峰平均值（%）	波谷平均值（%）	标准差
1978~1991年	11.2	5.1	3.4	11.5	5.9	3.4
1992~2018年	12	7.8	2.5	12	8.4	2
1978~2018年	12.1	6.7	3.4	12.2	7.2	2.8

资料来源：《中国统计年鉴2019》。

其次我们还计算了去除第二产业后经济体的波动特征，如表3.8所示，与表3.7的计算结果刚好相反，该虚拟经济体的波峰平均值下降了，波谷平均值上升了，标准差也下降了，这与前面分析的结论也是一致的，即第二产业比例的增大将会加剧经济波动。

表3.8　　剔除第二产业后虚拟经济体与正常经济体波动特征比较

时间	虚拟经济体			正常经济体		
	波峰平均值（%）	波谷平均值（%）	标准差	波峰平均值（%）	波谷平均值（%）	标准差
1978~2018年	11.7	7.7	2.6	12.2	7.2	2.8

资料来源：《中国统计年鉴2019》。

以上分析的都是均值，最后我们再以1993~2018年两个经济体的经济增长率为例（如表3.9所示，它们的增长率曲线如图3.4所示），对第三产业对GDP波谷的熨平效应进行具体分析。

我们先对表3.9中两个经济体的历轮周期（根据“峰—峰”法划分）进行分析，第一轮周期正常经济体从1993年开始收缩，一直到1999年为止，2000年开始出现转折点，并且随后开始上升，而虚拟经济体则从1993年开始收缩，一直收缩到2000年为止，而且这一轮周期的谷值为6.9%，低于正常经济体的谷值；第二轮周期正常经济体出现短暂的收缩后从2002年开始上升，而虚拟经济体则从2003年才开始上升；第三轮周期正常经济体从2008年开始收缩，2009年到达波谷，然后2010年又开始上升，2012年开始下降，虚拟经济体的谷值也低于正常经济体的谷值。这说明虚拟经济体的收缩程度要比正常经济体更加严重，第三产业比例的扩大不仅有利于减缓衰退，而且会使由收缩向扩张的转折点提前。

表3.9　　1992~2010年剔除第三产业后虚拟经济体与正常经济体的增长率比较

单位:%

年份	虚拟经济体增长率	正常经济体增长率	年份	虚拟经济体增长率	正常经济体增长率	年份	虚拟经济体增长率	正常经济体增长率
1993	15.0	14.0	2004	10.3	10.1	2015	6.27	6.9
1994	14.7	13.1	2005	10.1	11.3	2016	6.21	6.7
1995	13.9	10.9	2006	11	12.7	2017	6.25	6.8
1996	11.4	10.0	2007	12.0	14.2	2018	6.09	6.6
1997	10.2	9.3	2008	13.3	9.6			
1998	8.7	7.8	2009	9.3	9.2			
1999	7.6	7.6	2010	9.0	10.4			
2000	6.9	8.4	2011	9.7	9.6			
2001	7.9	8.3	2012	7.9	7.9			
2002	7.5	9.1	2013	7.6	7.8			
2003	8.5	10.0	2014	7.1	7.3			

资料来源：《中国统计年鉴2019》。

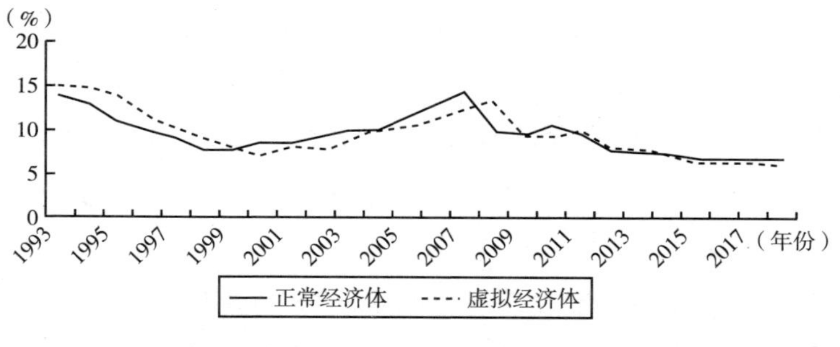

图3.4　1992~2010年剔除第三产业后虚拟经济体与正常经济体的增长曲线比较

资料来源：《中国统计年鉴2019》。

通过该部分的分析，我们进一步验证了前面的结论，即第三产业比例的扩大不仅对经济波动有着以提高谷位为主的非对称缓和效应，而且可以缩短宏观经济的收缩期，增强其持续性。

第五节　传统服务业和现代服务业的非对称效应比较

我们对传统服务业和现代服务业的非对称效应进行检验，即把第三产业产值（以 1977 年为基年的总产值）按传统服务业和现代服务业进行划分，并求出两者的增长率，然后再把两者的增长率序列与 GDP 增长率序列进行回归，检验是否存在非对称效应。

传统服务业是指为人们日常生活和日常出行提供服务的各种行业，典型的如餐饮、住宿、交通等；现代服务业是指在工业社会发展到一定阶段之后，主要依托于信息技术和现代管理理念发展起来的行业，如房地产业、软件开发、金融业、咨询业等，主要包括公共服务业和生产服务业，现代服务业是信息技术与服务产业结合的产物，它既包括随着技术进步而产生的新兴服务业态，也包括运用现代科技对传统服务业进行改造的服务业。

划分传统服务业和现代服务业的难点在于没有现成的数据，我们按照大多数文献使用的方法，即把《中国统计年鉴》中第三产业的六个细分行业进行组合：我们把批发零售业、交通运输和仓储及邮政业、住宿和餐饮业三个细分行业归类为传统服务业，把剩余的其他三个细分行业归类为现代服务业，以 1977 年为基年，收集齐该年份六个第三产业细分行业的总产值，再根据统计年鉴中这六个细分行业历年的增长率计算出各自的总产值（以 1977 年价格为基准价格），最后分别计算出传统服务业和现代服务业的历年总产值和增长率。我们把计算结果列于表 3. 10。

我们再把传统服务业增长率（CSERZ）、现代服务业增长率（XSERZ）以及 GDP 增长率（GDPZ）一起绘制于图 3. 5。

表 3.10　　传统服务业和现代服务业历年增长率　　单位：%

年份	传统服务业	现代服务业	年份	传统服务业	现代服务业	年份	传统服务业	现代服务业
1978	20	10	1992	12.48	12.58	2006	14.86	14.52
1979	8.8	6.8	1993	9.87	13.81	2007	15.47	17.14
1980	0.98	12.36	1994	11.01	11.59	2008	12	9.63
1981	17.64	5.27	1995	9.48	10.27	2009	7.88	11.18
1982	6.54	17.74	1996	8.64	9.51	2010	12.05	8.18
1983	16.88	14.09	1997	9.28	11.56	2011	10.55	8.7
1984	19.42	20.29	1998	8.7	7.97	2012	8.51	7.94
1985	24.22	14.6	1999	9.78	8.74	2013	8.45	8.35
1986	11.3	13.06	2000	9.09	10.41	2014	8.27	7.93
1987	12.69	16.82	2001	8.74	11.04	2015	5.55	10.44
1988	13.3	13.11	2002	8.72	11.49	2016	7	7.75
1989	-4.22	13.51	2003	8.96	9.81	2017	8	7.72
1990	0.02	3.6	2004	10.35	9.66	2018	6.77	7.92
1991	7.4	10.32	2005	12.22	12.51			

资料来源：《中国统计年鉴2019》。

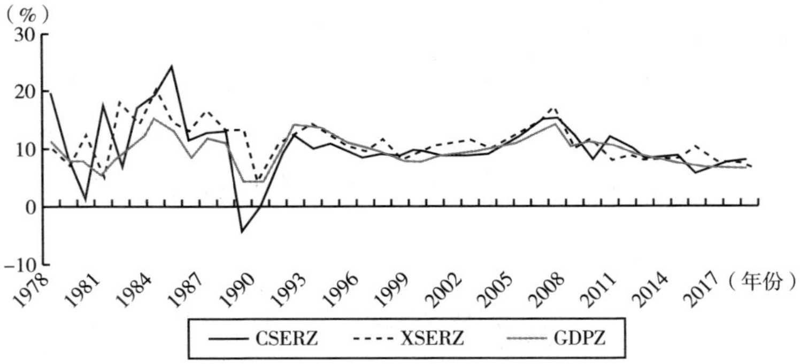

图 3.5　1978～2018年我国传统服务业波动和现代服务业波动曲线

资料来源：《中国统计年鉴2019》。

由图3.8可知，传统服务业对GDP波动的作用可以分成两个阶段，即1992年之前和1992年之后（由邹检验可知，1992年为CSERZ和GDPZ的结构突变年份），在此之前，CSERZ的波峰和波谷明显比GDPZ更高和更低；在此之后，CSERZ才对GDPZ产生了非对称效应，即扩张更剧烈，收缩更缓慢。再来看现代服务业，从图 3.8 可知，其结果与 CSERZ 相反，在整个样本期，XSERZ 的波谷和波峰都要高于 GDPZ，因此从曲线图来看，现代服务业对宏观经济波动的非对称效应更显著。这一点我们可以依靠 EGARCH 模型来证明，我们建立 XSERZ 与 GDPZ 的 EGARCH 模型如下。

均值方程为：

$$Gdpz_t = \underset{(8)}{1.65} + \underset{(32)}{0.671} \times xserz_i \tag{3.17}$$

条件方差方程为：

$$\ln(\sigma_i^2) = \underset{(3.1)}{1.79} - \underset{(-2.1)}{1.1} \times \left| \frac{u_{i-1}}{\sigma_{i-1}} - \sqrt{\frac{2}{\pi}} \right| + \underset{(4.2)}{1.3} \times \frac{u_{i-1}}{\sigma_{i-1}} - \underset{(-1.03)}{0.2} \times \ln(\sigma_{i-1}^2) \tag{3.18}$$

$R^2 = 0.74$，对数似然值 = -51，AIC = 2.1，SC = 3.3，DW = 1.72

在现代服务业的 EGARCH 模型中，均值方程与条件方差方程的 T 统计值都较显著，拟合度也较高，条件方差方程中的 γ 值也较显著，说明现代服务业对 GDP 的冲击同样有着显著的非对称效应，模型中的 α 估计值为 -1.1，非对称项 γ 的估计值为 1.3，当 $u_{t-1} > 0$，即 XSERZ 上升时，它对条件方差的对数有一个 $\alpha + \gamma = 0.2$ 倍的冲击，当 $u_{t-1} < 0$，即 XSERZ 下降时，它对条件方差的对数有一个 $\alpha + \gamma \times (-1) = -2.4$ 倍的冲击，证明现代服务业对宏观经济不仅有着非对称效应，而且对其收缩的减缓效应尤其显著。

第六节 小　　结

本章通过综合运用 BK 模型、TARCH 模型和 EGARCH 模型，首先对我国第三产业的非对称性波动特征进行了检验，得知它存在着显著的陡升缓降型非对称特征；其次对第三产业对宏观经济波动的效应进行了检验，得知也是非对称的，即第三产业扩张时会加剧宏观经济的扩张，收缩时则会减缓宏观经济的收缩。具体结论如下：

1. 以改革以来的数据为基础，对我国第三产业的增长率序列进行了实证检验。通过BK模型可知，四个门限衰退变量的系数都较显著，而且门限衰退变量的四个系数值都大于零，衰退变量对增长率序列有着显著的格兰杰单向影响，这说明第三产业不仅存在显著的非对称性，而且其受到的正向冲击显著大于负向冲击，即第三产业属于显著的陡升缓降型非对称。

2. 我们通过TARCH模型对第三产业增长率序列进行进一步的实证检验，得知非对称项的 γ 值为 -1.22，且其T统计值的绝对值大于2，显著小于零，说明当第三产业扩张时，外部冲击给第三产业增长率带来的冲击比其收缩时受到的冲击要强烈，因此两个模型所得出的结论是一致的。

3. 运用邹检验对第三产业增长率和GDP增长率的回归方程进行了检验，得知1992年是两者的结构转折点，在这之前，第三产业波动的平均波幅要大于GDP波动，而在这之后，第三产业波动的平均波幅却要小于后者，与此同时，我国第三产业占GDP的比例却不断上升，因此我们可以认为1992年以来我国GDP波动幅度的下降在很大程度上是由第三产业波幅的下降，以及其占GDP比例的不断提高所致。

4. 我们发现不论是在1992年之前还是之后，第三产业波动的峰谷与GDP波动相比都存在一个显著的特点，绝大多数周期中其谷值都要大于GDP波动的谷值，而波峰的值也与此相似。而且我们发现第三产业的谷值也比第二产业的谷值要高。

5. 通过比较第三产业波动、第二产业波动和GDP波动，我们发现第三产业的波峰凸起程度较大，属于尖峰厚尾型，再从偏度系数来看，三个变量的偏度值都为正值，这说明三者都有着右拖长的特征，再比较偏度系数值的大小，我们发现第二产业和GDP的偏度系数值较小，而第三产业的偏度系数值较大，这说明第三产业陡升缓降的非对称特征最明显。

6. 通过运用TARCH模型进行检验得知，当第三产业扩张时，它会给GDP带来一个 $\alpha=0.56$ 倍的冲击；当第三产业收缩时，它会给GDP带来一个 $\alpha+\gamma=-0.08$ 倍的冲击，即当第三产业与GDP同步收缩时，其对GDP会有着反向拉伸的效应，而且在TARCH模型的模拟中，非对称效应的系数 γ 是负值，所以第三产业对宏观经济的非对称效应作用是减缓其波动。

7. 通过EGARCH模型的模拟，我们再次证明了第三产业对GDP的冲击有着非对称效应，而第二产业无论是扩张还是收缩，对GDP产生的都是正向冲击，因此第二产业会加剧宏观经济的波动。

8. 通过情景模拟法得知（即把从GDP总值中减掉第三产业产值之后的产值作为虚拟经济体，然后再与之前的正常经济体进行比较），虚拟经济体的收缩程度要比正常经济体更加严重，这说明第三产业比例的扩大不仅有利于减缓衰退，而且还会使由收缩向扩张的转折点提前。

9. 最后本章还对现代服务业与传统服务业对经济波动的非对称效应进行了比较，发现现代服务业对宏观经济的非对称效应呈现出以下特征：扩张时冲击不太剧烈，但对宏观经济收缩的减缓效应尤其显著。

第四章　基于弗里德曼牵拉模型的非对称效应检验
——以季度数据为例

第一节　引　　言

经济周期扩张和萧条的非对称性是现代宏观经济学中经济周期特征之一。自从伯恩斯和米切尔（Burns & Mitchell，1946）提出经济周期阶段的具体度量方法之后，关于经济周期阶段的研究越来越深入。在经典的经济周期分析方法中，由于古典型经济周期的广泛存在，经济周期的分析方法主要是根据经济增长率的高低来进行。但随着增长型周期越来越广泛，经济周期的研究方法出现了重要变化。例如弗里德曼于1964年前提出了“牵拉（plucking）模式”。与凯恩斯的观察一致，弗里德曼（Friedman，1964、1993）也发现经济周期不对称现象，即萧条的规模极大地影响了接下来扩张的规模，扩张跟随着萧条，而不是相反。这启发了弗里德曼，在此基础上他建立了经济周期的牵拉模型。在弗里德曼的模型中，实际产出有一个重要的上限效应（天花板效应），增长率一般在产出上限之下变动，但是在离开上限之后又会反弹回来。金和纳尔逊（Kim & Nelson，1999）认为，牵拉模型的特征在于，它预测负冲击基本上是暂时性的，而正冲击基本上是持续性的。加布里埃尔和罗德里格斯（Gabriel & Rodríguez，2010）认为牵拉模型的另一个重要特征是输出存在一个上限，即所谓的潜在输出，这是由经济中可用的资源决定的。然而，古德温和斯威尼（Goodwin & Sweeney，1993）关于牵拉模型的证据是有限的，因为这些证据并不是以能够捕获经济周期非对称特征的完整的计量模型为基础的。因此之后金和纳尔逊（1999a）先提出一个完整和规范的计量方法，他们发展了一个能估计向下冲击对趋势和循环两者的重要性的模型，并且检验了牵拉效应假设，以质疑克拉克（Clark，1987）提出的对称趋势加循环理论。该模型的特征是它把经济处于萧条和正常态势时期的远离趋势时的非对称波动和非对称冲击持续性合并了。他们的研究表明美国季节 GDP 的随机行为表现出了典型的弗里德曼牵拉模型的特征，也就是说，产出偶尔被萧条向下拉伸并且短期波动成分表现出非对称行为。德西蒙娜和克拉珂（De Simone & Clarke，2007）将金和纳尔逊（1999）的方法应用于 G7 国家和 12 个工业国家，他们的结果在一定程度上再次支持了这样一个事实：牵拉模型是分析经济周期非对称性的有效方法。最近，辛克莱（Sinclair，2009）进一步提出了一个非对称 UC - UR 模型，它是莫利、纳尔逊和齐沃（Morley，Nelson & Zivot，2003）的相关未观测分量模型的推广，考虑了非对称性。

郑挺国、滕玉娟和宋涛（Tingguo Zheng，Yujuan Teng & Tao Song，2009）通过收集 1978 ~2009 年我国 GDP 实际季度数据，运用牵拉模型对我国的经济波动进行了检验，发现确实存在着实际产出的天花板效应，并且负的非对称冲击显著地影响了短期波动成分，所以它捕捉到了弗里德曼模型中在衰退期间的下行行为。研究还表明，KN99（该方法于 1999 年创立）中的基本非对称不可观测分量模型不适合我国实际产出的建模，但设定了 1992 年 2 季度结构突变之后，该非对称不可观测分量模型能够准确地描述我国的经济波动非对称特征。

弗里德曼（1993）再一次对牵拉模型的理论进行了进一步的解释和修订，并进行了恰当的类比。弗里德曼假设一根弹性弦的两头粘在刚性水平板上。用随机变化的力在随机选择的一些点上拨动绳子，然后在到达的最低点处压下。其结果是在绳索中产生一系列明显的周期，其振幅取决于拨动绳索所用的力。这些循环围绕着它们的波谷对称；每一次收缩的幅度与随后扩张的幅度相关，但膨胀的振幅和随后收缩的振幅之间没有必然的联系。为了完成这个类比，弗里德曼假设板倾斜以允许趋势，板的底部不规则以产生峰值的变化，在这个类比中，刚性板的不规则底面对应于产出上限，而产出上限依赖于该经济体的可用资源和组织方式。产出被视为沿着最大可行产出的上限波动，只是偶尔会被周期性收缩拉低。由于价格的制度刚性，收缩在相当程度上会采取产出下降的形式。当随后的复苏开始时，它往往会将产出恢复到无法超越的上限，因此产出有一个上限，而膨胀的幅度往往与收缩的幅度相关。

假如在经济周期波动或者在某个行业波动中存在着显著的“牵拉”效应，那么说明经济或者行业的收缩是暂时的，而扩张才是持续的。也就是说扩张是长期趋势，收缩是短期的冲击，而短期的冲击导致的收缩是不能改变扩张的总趋势的。这正好与我国服务业的特征一致，众所周知，服务业是宏观经济的稳定器，在三次产业中，其内生扩张能力以及抗衰退能力都是最强的。因此下面我们以牵拉模型来对我国服务业的波动进行检验，并与我国GDP的牵拉模型进行简要的比较，提出有针对性的政策和建议。

第二节 基于牵拉视角的改革以来我国服务业周期波动概述

由第二章的分析可知，自1953年以来，我国的服务业波动也经历了多个大起大落的过程，尤其是改革以前。改革之后由于市场化改革的推进，缓解了供需矛盾，波动幅度明显减缓，最低谷位为2.7%，全部为增长型周期。

因此，总的来说，改革之后，我国的服务业波动已经由改革之前的大起大落以及巨大的峰谷落差，转变成了改革之后的小起小落和“软扩张”以及“软着陆”，呈现出“微波化”以及“高增长率—低波动”的特征。尤其是1996年GDP和第三产业都出现了“软着陆”的特征，之后第三产业增长的波动性显著降低，出现了类似于牵拉过程中向下拉伸的特征，随后2003～2008年翘升的态势类似于牵拉过程的回弹，这都预示着短期波动对长期趋势的偏离和“反弹”或者“回弹”迹象。

前面已经计算过第三产业的偏度系数值，为了进一步分析第三产业波动的特征，我们进一步求得分时段的我国服务业波动的峰度和偏度值，如表4.1所示。

表4.1　　　　我国服务业波动的峰度及偏度计算

时段（年）	1953～1976	1977～2000	2001～2018	1977～2018
峰度K值	-0.9	0.2	1.5	0.58
偏度S值	5.3	3.3	4.6	4

资料来源：《中国统计年鉴2019》。

由表4.1可知，改革之前我国服务业的偏度系数值小于零，而改革之后我们将其分成了三个时段，分别进行偏度系数值计算，结果都是大于零。这说明改革之前服务业处于辅助位置，没有得到应有的发展，波动时下降较剧烈上升较缓慢，衰退较剧烈；而改革之后由于市场化的推进和产业结构的调整，服务业得到了前所未有的重视，发展的潜力被极大地释放出来，波动特征转变成了缓慢下降剧烈上升的特征。服务业的峰度系数值都大于3，这说明服务业的增长势头比较强劲，凸起程度大于标准正态分布。

综上所述，改革前后我国服务业波动特征差异较大。改革以来我国服务业的波动特征与牵拉模型相似，即衰退时较缓慢，类似于牵拉模型中的细绳偶尔被向下拉伸，扩张时较剧烈，类似于牵拉模型中的细绳剧烈反弹。

第三节　状态转移模型简介及其空间表示

本节我们将运用参数化方法来介绍牵拉效应中所用到的状态转移方程。在弗里德曼的牵拉模型中，其参数化方法主要是通过状态空间模型来实现的，它主要是利用不可观测成分模型（unobserved component model，以下简称UC模型）对产出趋势和周期成分进行分解，然后再运用参数化方法描述周期成分的非对称机制。

金和纳尔逊（1999a）结合汉密尔顿（Hamilton，1989）的非线性时间序列建模方法，构建了弗里德曼牵拉理论的方程，金和纳尔逊方程的主要优势是它允许将产出分解成一个长期趋势成分和一个短期波动成分，然后两者都引入一个马尔科夫离散变量，以至于它能够捕获沿着上限产出中向下牵拉的行为和非对称周期。考虑下面实际产出 y_t 的对数值的 UC 模型，y_t 可以分解成趋势项 τ_t 和循环项 c_t：

$$y_t = \tau_t + c_t \tag{4.1}$$

为了把区制转换和 y_t 对趋势的非对称偏离考虑进去，我们假设短期波动成分（即循环成分）的冲击是由两种不同类型的冲击所组成：

$$\begin{gathered} c_t = \phi_1 c_{t-1} + \phi_2 c_{t-2} + \pi_{S_t} + u_t \\ \pi_{S_t} = \pi \times S_t, \pi \neq 0, u_t \sim N(0, \sigma^2_{u,S_t}) \\ \sigma^2_{u,St} = \sigma^2_{u0}(1 - S_t) + \sigma^2_{u1} S, S_t = 0 \text{ or } 1 \end{gathered} \tag{4.2}$$

这里的 π_{S_t} 是一个非对称离散冲击变量，它依赖于一个未观测变量 S_t。而 u_t 是普通的对称冲击变量。S_t 是根据一阶马尔科夫（Markov）转换过程演化而来的一个指示变量，如汉密尔顿（1989）一样：

$$P[S_t = 1 \mid S_{t-1} = 1] = q \quad P[S_t = 0 \mid S_{t-1} = 1] = 1 - q$$
$$P[S_t = 0 \mid S_{t-1} = 0] = p \quad P[S_t = 1 \mid S_{t-1} = 0] = 1 - p$$

当宏观经济增长速度处于正常态势时，或者是当经济增长速度接近潜在或者是趋势产出时，$S_t = 0$，当经济处于萧条阶段时，$S_t = 1$，这时经济面临一个瞬时冲击，正好如同一个向下的拉伸，这时 $\pi < 0$。如果事实如此，那么总需求或其他干扰正在“拉低”产出。方程（4.2）考虑了两种情况下冲击的方差不同的可能性。在没有这种冲击的情况下，c_t 演化为一个二阶自回归过程，因此能够体现出经济的持续性和伪周期行为。另外，自回归的系数之和 $\phi_1 + \phi_2$ 如果越接近于零，经济恢复得就越快①。

方程（4.1）中趋势分量的方程与弗里德曼（1993）的观点一致，即潜在产出可近似看作为一个随机游走过程，同时伴随着各种类型的随机冲击：

---

① Tingguo Zheng, Yujuan Teng, Tao Song. Business Cycle Asymmetry in China: Evidence from Friedman's Plucking Model [J]. China & World Economy, 2010 (4): 103 - 120.

$$\tau_t = g_{t-1} + \tau_{t-1} + v_t,$$
$$g_t = g_{t-1} + w_t$$
$$v_t \sim N(0, \sigma_{0,S_t}^2), w_t \sim N(0, \sigma_u^2),$$
$$\sigma_v^2(S_t) = \sigma_{v,0}^2(1 - S_t) + \sigma_{v,1}^2 S_t \tag{4.3}$$

因此，随机趋势 τ_t 受到两种冲击：一是通过 ν_t 使其受到来自水平方向的冲击；二是通过 w_t 使其增长率受到冲击。将趋势增长率（g_t）指定为随机增长即允许生产率存在下降的可能性。上述方程再次考虑了水平冲击在不同区制存在差异的可能性。另外，g_t 的方差假定在不同的区制下不存在系统性差异。

在瞬时成分中，π_{S_t} 被用来解释潜在的非对称行为。此外，假如 $\sigma_v(S_t) = 0$ 并且 $\pi < 0$，这意味着存在趋势上限和最大可行性产出，同时也证实了弗里德曼牵拉模型理论的正确性。因此，以 $S_t = 1$ 和 $\pi < 0$ 为特征的经济区制将被解释为经济被拉低至低于其趋势上限水平的时期。

状态转移模型的状态空间转移方程可以表示如下。

观察方程为：

$$y_t = [1 \quad 1 \quad 0 \quad 0]\begin{bmatrix} \tau_t \\ c_t \\ c_{t-1} \\ g_t \end{bmatrix} = H\xi_i$$

状态方程为：

$$\xi = \begin{bmatrix} \tau_t \\ c_t \\ c_{t-1} \\ \mu \end{bmatrix} = \overline{\mu}_{S_t} + F\xi_{t-1} + V_t = \begin{bmatrix} 0 \\ \pi_{S_t} \\ 0 \\ 0 \end{bmatrix} + \begin{bmatrix} 1 & 0 & 0 & 1 \\ 0 & \phi_1 & \phi_2 & 0 \\ 0 & 1 & 0 & 0 \\ 0 & 0 & 0 & 1 \end{bmatrix}\xi_{t-1} + \begin{bmatrix} v_t \\ u_t \\ 0 \\ 0 \end{bmatrix}$$

$$E(V_t V_t') = Q_{S_t} = \begin{bmatrix} \sigma_{v,S_t}^2 & 0 & 0 & 0 \\ 0 & \sigma_{u,S_t}^2 & 0 & 0 \\ 0 & 0 & 0 & 0 \\ 0 & 0 & 0 & 0 \end{bmatrix}$$

金和纳尔逊（1999a）提出了不同阶段持续期的概率计算公式，即经济处于正常增长状态或者是萧条增长状态时期的稳定状态概率，例如正常状态的持续期计算公式是 $1/(1-p)$，正常阶段稳定状态概率的计算公式是 $(1-q)/(2-p-q)$；萧条状态的持续期计算公式是 $1/(1-q)$，萧条阶段稳定状态概率的计算公式是 $(1-p)/(2-p-q)$。

当经济衰退接近尾声时，在没有进一步负面冲击的情况下，衰退的负面冲击导致第三个高速复苏阶段的出现，使经济再次回到趋势上限附近。因此，西奇尔（Sichel，1994）提出了商业周期动态的三个不同阶段：正常、衰退和高增长（或者称复苏）阶段，分别对应于牵拉模型的向下拉伸、反弹和正常增长三个过程。

第四节 数据来源及其基于陈－刘法的分解处理

在对牵拉模型的方程进行介绍之后，本节我们将收集数据进行实证检验。我们收集了 1978～2018 年我国第三产业的实际产值。从官方数据库及《中国人民银行统计季报》中我们只能够获得 1992 年以来的第三产业季度同比增长率和当年价格的季度总值。既然无法从官方提供的数据库和相关资料中获得 1992 年之前的季度数据和季度同比增长率，我们只能对 1978～1991 年的年度数据进行分解，具体分解方法可参照阿贝辛哈和古拉塞卡兰（Abeysinghe & Gulasekaran，2004）提供的陈－刘（Chen-Liu）分解方法并借助 EVIEWS 软件进行。根据赵进文、薛艳（2009）的观点可知，如果在分解之前采用扣除物价变动因素之后的实际值数据，那么分解之后数据也是实际值数据。如同阿贝辛哈和古拉塞卡兰运用实际 GDP 进行分解，得到季度实际 GDP 增长率一样。因此首先我们选定以 1977 年价格为基期价格的第三产业实际年度产值数据进行分解，从而得到以 1977 年四个季度价格作为基期价格的 1977～1991 年季度实际产值数据序列。通过该实际产出序列可得到 1978～1991 年服务业季度同比增长率数据序列，如图 4.1 所示。

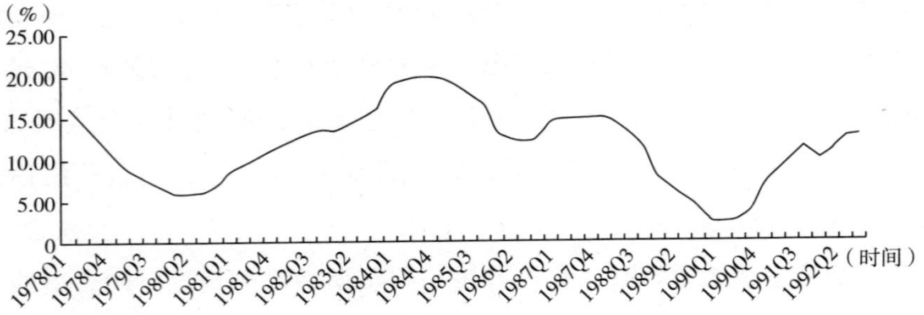

图 4.1　1978 ~ 1991 年服务业季度同比增长率估算值曲线

资料来源:《中国人民银行统计季报》以及《中国统计年鉴 2019》。

其次我们还收集了同期的服务业年度增长率数据，如图 4.2 所示，与图 4.1 相比较，我们发现大致趋势还是比较一致的。

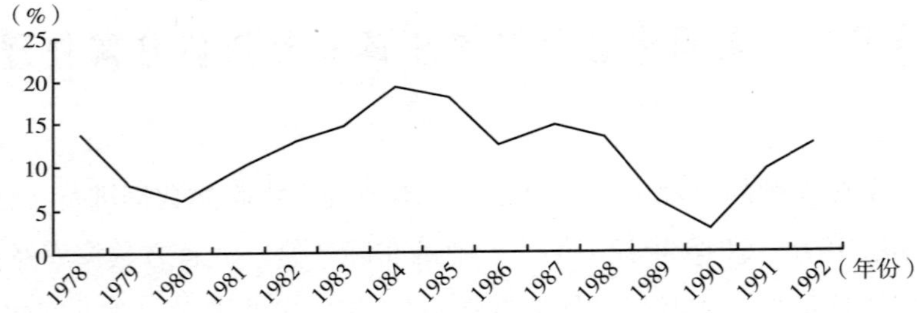

图 4.2　1978 ~ 1992 年我国服务业增长率曲线

资料来源:《中国人民银行统计季报》以及《中国统计年鉴 2019》。

再其次我们还以上面估算的季度数据（1978 ~ 1992 年）和收集到的季度数据（指 1993 ~ 2018 年的以 1993 年为基年的数据）为基础，并计算出同比增长率，进而计算出各个时段的偏度系数值，如表 4.2 所示。

表 4.2　　分时段季度同比增长率偏度系数值计算结果

时段（年）	1978 ~ 2018	1978 ~ 1992	1993 ~ 2018	1993 ~ 2008	2009 ~ 2018
偏度系数值	0.4	-0.2	0.96	0.94	1.2

资料来源:《中国人民银行统计季报》以及《中国统计年鉴 2019》。

由表 4.2 可知，从改革以来的整个时段来看，偏度系数值为 0.4，属于陡升缓降类型。分时段来看，1978 ~ 1992 年的偏度系数值为 -0.2，属于缓升陡降类型，而我们再以金融危机爆发年份为分界点，得知 1993 ~ 2018 年的偏度系数值为 0.96，1993 ~ 2008 年为 0.94，2009 ~ 2018 年为 1.2。计算结果表明：距离现在越近偏度系数越大，即陡升缓降程度越显著。

最后我们再把分解之后的数据进行季节调整，并把季节调整之后的数据取对数并乘以 100：

$$y_{ti} = 100 \times \log GDP_{ti}, \quad t = 1978, 1979, 1980, \cdots, 2018; i = 1, 2, 3, 4$$

下面我们以此为基础进行实证检验。

第五节　第三产业牵拉效应的估计与检验

在本节内容中，我们将考虑一个非对称 UC 模型，并把第三产业的实际产出序列分解成趋势成分和循环成分，建立牵拉模型，重点检验产生牵拉效应的参数 π 是否显著并且小于零，最后再检验是否与我国的实际经济波动状况一致。我们重点检验牵拉模型是否与 20 世纪 90 年代以来的中国经济波动特征一致，例如 20 世纪 90 年代以来的“软着陆”和“软扩张”，还有金融危机以来的持续衰退等。

一、参数估计与模型选择

非对称 UC 模型的参数估计结果如表 4.3 所示。为了找到更合适的牵拉模型，我们估计了两个模型的参数值，把两个模型的估计结果一起列于表 4.3（即模型 1 和模型 2）。模型 1 类似于金和纳尔逊（1999a）的方程，即不论是持久成分还是瞬时扰动成分，它们的方差都依赖于各自的状态（$S_t = 0$ 或者 $S_t = 1$）：$\sigma_{v0} = \sigma_{v1}$，$\sigma_{u0} \neq \sigma_{u1}$；模型 2 类似于辛克莱（2009）的方程，与模型 1 不同，它假定两个方差值跟状态无关，即假定它们两个是相等的：$\sigma_{v0} = \sigma_{v1}$，$\sigma_{u0} = \sigma_{u1}$。

表 4.3　　　　　　　　第三产业牵拉模型的参数估计

参数		模型 1	模型 2
AR（1）系数	ϕ_1	0.497 （1.85）*	1.78 （42.6）***
AR（2）系数	ϕ_2	0.193 （0.92）	−0.83 （−20.9）***
趋势成分扰动项的标准差	σ_{v0}	1.299 （9.34）***	0.48 （14）***
	σ_{v1}	0.412 （9.93）***	
瞬时成分扰动项的标准差	σ_{u0}	0（0）	0.12（2.7）***
	σ_{u1}	0（0）	
漂移项	μ	2.27 （44.3）***	2.43 （99）***
非对称参数	π	−0.97 （−2.75）***	−0.49 （−7.8）***
$P[S_i=0 \mid S_i=0]$	P	0.966 （45.7）***	0.96 （31）***
$P[S_i=1 \mid S_i=1]$	q	0.943 （25.4）***	0.97 （72）***
对数似然值		−176.519	−148.575

注：括号中给出了各个参数值的 T 统计值。*** 表示在 1% 的显著性水平上拒绝原假设，** 表示在 5% 的显著性水平上拒绝原假设，* 表示在 10% 的显著性水平上拒绝原假设。

资料来源：《中国人民银行统计季报》以及《中国统计年鉴 2019》。

由表 4.3 中的结果可知，模型 2 比模型 1 更理想，一是模型 1 中瞬时成分扰动项的标准差 σ_{u0} 和 σ_{u1} 不显著，而模型 2 中的所有参数值都是显著的；二是模型 2 中的对数似然值更大；三是经过模型本身与实际波动状态拟合之后，模型 2 更加贴合实际。因此我们将选择模型 2 作为建立非对称 UC 模型的基准。

由表 4.3 中模型 2 的参数估计结果可知，非对称冲击参数 π 显著小于零，因此我们可以得出以下结论：在第三产业波动的循环成分中存在显著的非对称特征。在负冲击向下拉伸的过程中，在萧条结束时，假如没有更加严重的负冲击，由于正冲击和负冲击的耦合，经济恢复将形成。一旦所有的负冲击消失，经济将回到产出上限。

以上述具有区制转移的状态空间模型为基础，我们估计了具有区制转移的状态空间模型（或者说是非对称 UC 模型）的相关参数，包括产出趋势成分（$n_{t|t}$）和短期波动成分（$c_{t|t}$）的参数，并在此基础上给出了各个时期经济处于萧条阶段的概率值（如图 4.3 所示），即状态变量 $S_i=1$ 时的概率值。

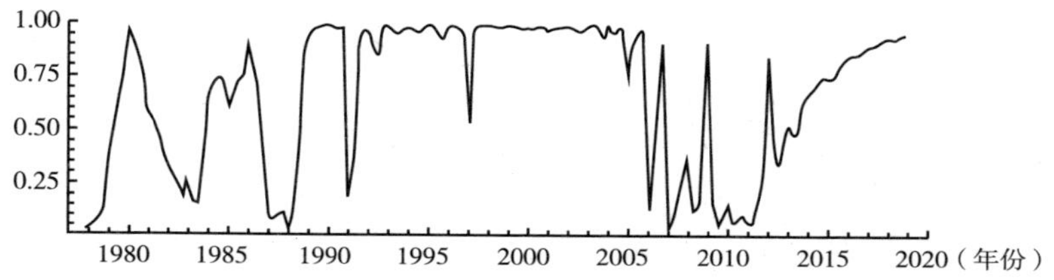

图 4.3　第三产业实际产值收缩状态平滑概率值

资料来源：《中国人民银行统计季报》以及《中国统计年鉴 2019》。

二、第三产业牵拉模型的有效性检验及牵拉过程统计

根据表 4.3 和图 4.3，我们可以获得以下相关结论：

第一，萧条概率与我国经济波动的实际情况较一致。一般来说，当萧条概率大于 0.5 时，可以认为经济处于萧条阶段，而且该概率值越大，经济处于萧条和收缩阶段的可能性就越大。因此我们在图 4.3 的基础上，根据其概率值的大小把历次萧条标示出来，结果如图 4.4 所示。根据图 4.4 显示的结

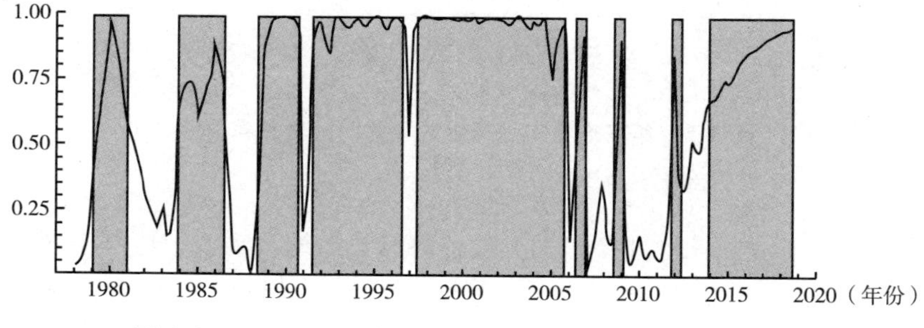

图 4.4　1978～2018 年我国第三产业波动萧条期捕捉结果

资料来源：《中国人民银行统计季报》以及《中国统计年鉴 2019》。

果可知，1978～2018 年我们总共捕获了九次萧条。其中经济处于萧条阶段的起止年份和季度分别如表 4.4 所示。

表 4.4　　1978～2018 年第三产业波动历次萧条统计

频数	起止年份和季节
第 1 次	1978 年一季度至 1980 年二季度
第 2 次	1985 年一季度至 1986 年三季度
第 3 次	1988 年三季度至 1990 年二季度
第 4 次	1991 年四季度至 1996 年二季度
第 5 次	1997 年二季度至 2005 年一季度
第 6 次	2005 年二季度
第 7 次	2008 年一季度至 2009 年一季度
第 8 次	2011 年二季度至 2012 年三季度
第 9 次	2015 年二季度至 2018 年四季度

资料来源：《中国人民银行统计季报》以及《中国统计年鉴 2019》。

同时我们把样本期间第三产业季度同比增长率曲线绘制于图 4.5，由图 4.5 可知，表 4.4 中的萧条期都对应着图 4.5 中第三产业的收缩期，与图 4.5 呈现出一一对应的关系，说明牵拉模型捕捉的结果与实际一致。

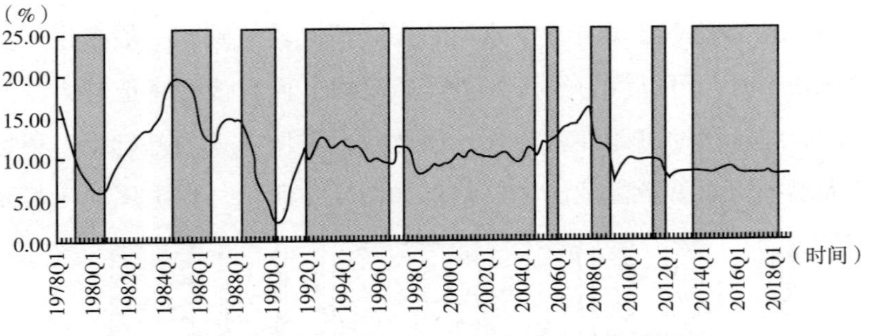

图 4.5　第三产业实际产出的季度同比增长率曲线

资料来源：《中国人民银行统计季报》以及《中国统计年鉴 2019》。

第二，我们把第三产业产出的上限趋势以及短期波动成分绘制于图 4.6 和图 4.7，从图 4.7 中可以看出，第三产业波动存在一个显著的产出趋势上限，其产值波动和模型的模拟也很好地解释和刻画了牵拉行为，从图 4.7 可知，样本期间共捕捉到了四次主要的牵拉行为，起止年份和季节如表 4.5 所示。

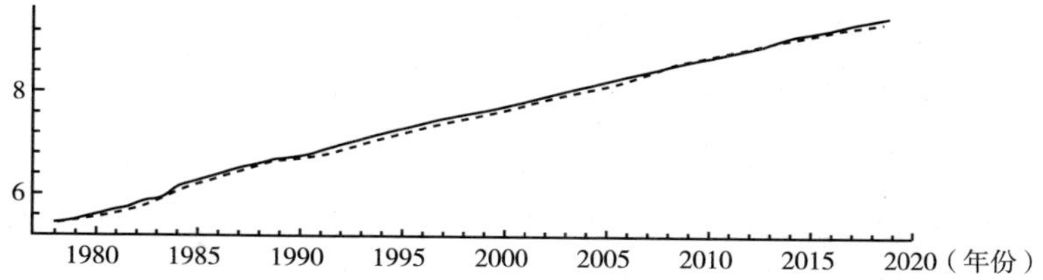

图 4.6 第三产业产出的趋势上限

资料来源：《中国人民银行统计季报》以及《中国统计年鉴 2019》。

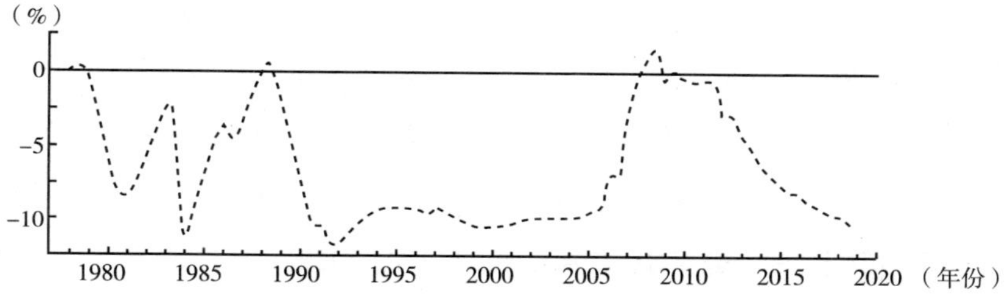

图 4.7 第三产业产出的短期波动成分

资料来源：《中国人民银行统计季报》以及《中国统计年鉴 2019》。

表 4.5 1978～2018 年第三产业波动四次主要牵拉行为统计

频数	起止年份和季节
第 1 次	1978 年一季度至 1984 年三季度
第 2 次	1984 年四季度至 1987 年三季度
第 3 次	1988 年二季度至 2007 年四季度
第 4 次	2008 年一季度至今

三、基于牵拉模型的我国第三产业历次牵拉效应回顾

下面我们从牵拉模型的角度把改革以来我国第三产业的历次向下牵拉和随后的回弹进行回顾。

第一次牵拉效应：1978 年一季度～1984 年三季度。1978 年我国大量引进了国外成套技术设备，用来提高企业技术水平，如辽阳化纤总厂、燕山石化总厂、天津化纤厂等，工业和制造业的大力兴起也拉动了服务业的发展，

使得服务业产值在1978年达到波峰。但大量引进国外设备和制造业的“洋跃进”导致了1979年的经济过热，因此1979年3月国务院转而出台了“调整、改革、整顿、提高”的八字方针，压缩制造业规模，从而导致服务业景气波动向下，开始了牵拉效应的第一个过程：向下拉伸。不过由于1979年之后我国陆续对国民经济进行调整，并转向重视发展轻工业和消费品生产，带动了城乡市场的繁荣和交通运输以及商贸流通业的发展，因此牵拉的细绳在1980年到达谷底，相当于在1980年二季度时把牵拉的细绳按下，之后牵拉的细绳开始反弹。加上1981年6月十一届六中全会提出“大力发展社会主义的商品生产和商品交换”，中共中央大力鼓励恢复发展集体和个体商业、大力恢复和发展城乡集贸市场等，都为服务业的反弹创造了条件，使得服务业产出的上限大幅提高，这一次牵拉效应中服务业的反弹力度前所未有，到达波峰时服务业产值的增长率达到了19.7%（1984年三季度）。

第二次牵拉效应：1984年四季度～1988年一季度。1986年的宽松政策带动了GDP和服务业的高速增长，但是导致投资和消费需求出现了失控。在此背景之下，党的十二届三中全会通过了《中共中央关于经济体制改革的决定》，明确指出实行财政政策和货币政策“双紧”的方针，导致服务业产出受到负冲击，牵拉的细绳也在1984年四季度开始向下拉伸，并在1986年三季度被按下（触底）。到1986年一季度，工业生产和GDP的增长速度显著下降，给很多地方政府和企业造成了较大的压力，为此，1986年二季度中国人民银行重新开始实行宽松的货币政策。牵拉的细绳也在1986年四季度开始反弹。同时1987年3月底国务院发布《关于放宽固定资产投资审批权限和简化手续的通知》，意在刺激固定资产投资，由此引发的滞后效应在这一轮反弹中极大地加剧了制造业和服务业产值的扩张，直到1988年一季度服务业增长率达到产出上限为止。

第三次牵拉效应：1988年二季度～1992年四季度。由于上一轮反弹过程中经济增长与对外开放形成的良性循环，这轮扩张政策的结果是全国经济快速增长的同时物价也高涨，造成经济秩序混乱。1988年9月中共十三届三中全会提出了治理经济环境、整顿经济秩序、全面深化改革的指导方针，重点采取压缩基建规模、紧缩银根等政策，当年下半年同时实行从紧的财政政策，大力压缩社会总需求，控制全社会固定资产投资规模，这些紧缩措施的推行对服务业也形成了强烈的冲击，使得服务业增长又开始了一轮牵拉效应，“急刹车”政策导致牵拉的细绳被急剧地向下拉伸，直到1990年二季度细绳才被按下，造成了服务业的“硬着陆”和1989年之后的市场疲软。为了启动低迷中的经济，中共中央开始实行宽松的货币政策，1992年初邓小平在南方谈话中提出了进一步解放思想、加快发展的进程，当年10月召开的十四大确立了社会主义市场经济体制的改革目标，这一切都极大地促进了服务业的发展，使得服务业在1990年三季度开始止跌回升，进入反弹过程，并且一直持续到1992年四季度到达产出上限为止。

第四次和第五次牵拉效应：1991年四季度~2007年四季度（为了方便起见，我们把第四次牵拉和第五次牵拉进行合并）。为了加强对通货膨胀的控制，1993年7月中共中央出台了宏观调控16条措施，采取适度从紧的财政政策和货币政策，压缩银根，控制货币发行量，清理固定资产在建项目等“软着陆”政策，对服务业产生了很大的影响，再加上20世纪90年代中期之后的一段时间，城镇居民收入增长明显放缓，在相当程度上影响到服务业的需求，抑制了服务业的扩张。进入21世纪之后，由于“非典”疫情的暴发还有产能过剩等问题的不断累积，服务业仍然长期处于萧条状态，难以反弹和复苏，在这一轮牵拉过程中长期处于向下拉伸的状态。进入2005年之后，由于整体宏观经济的扩张，终于带动了服务业的恢复式增长。从2005年四季度细绳被按下之后，服务业开始了“补偿性反弹式增长”，再加上2007年3月国务院出台了《关于加快发展服务业的若干意见》，提出加强规划和产业政策引导是加快服务业发展的重中之重，进一步促进了服务业的反弹，因此，服务业在2007年四季度时达到了产出高峰，增长率为16.1%。①

第六次牵拉效应：2008年一季度~2011年一季度。次贷危机爆发之后，对全球经济的影响逐渐升级，对服务业也造成了严重的冲击。首先次贷危机致使全球经济下滑导致我国外部需求严重萎缩，出口大幅度下降，消费对经济的贡献率也随之下降，对我国的就业和城乡居民收入造成巨大的冲击，进

① 中国人民银行调查统计司编．中国人民银行统计季报［M］．北京：中国金融出版社，2008.

而传导到服务业；其次次贷危机对我国服务业企业吸引外资的数量造成了巨大冲击，尤其是传统服务业的外资数量更是大幅度减少。因此第三产业从2007年四季度开始被向下牵拉，增长率从该季度的16%下降到2008年一季度的11%。这一轮收缩一直持续到2009年一季度才触底（被按下）。随后中共中央出台了一揽子刺激经济复苏的政策，受这一揽子政策的影响，服务业景气指数开始复苏，即开始回弹，从2009年一季度开始了新一轮的短期扩张，一直到2011年二季度开始到达上限。但随着消费品价格上涨、房地产市场泡沫加重、产能过剩等问题的出现，服务业在2010年三季度又开始了新一轮的牵拉过程。

第七次牵拉效应：2013年1季度至今。2012年以来，我国服务业增长率虽然高于农业和第二产业，但其相对于历史增长率来说明显下降，一个重要原因是：经济发展进入新常态，从高速增长转向中高速增长，抑制了产业发展对生产性服务业的带动效应。城镇化增长速度开始下降，进入了拐点期（城镇化率在2011年为51%，2017年为58%）。

实际产出的周期性成分有效地揭示了不同时期衰退的深度和长度，其中深度指的是负的非对称冲击的累积值，长度指的是衰退的持续时间。随着负的非对称冲击持续时间的延长，衰退变得更深。图4.8也有效地描述了每个周期实际输出与上限输出的偏差。所以第三产业非对称UC模型估计结果与其实际波动状况还是比较一致的。

第六节　第二产业波动“牵拉效应”的估计与检验

在检验完第三产业的牵拉模型之后，我们再对第二产业的牵拉模型进行检验。与第三产业一样，1977年一季度~1991年四季度的第二产业季度数据同样需要估算，因此我们依靠EVIEWS软件进行估算之后，结合1992年一季度~2018年四季度的数据，可得第二产业的牵拉模型估计结果如表4.6所示。

表 4.6　　第二产业线性非对称 UC 模型的参数估计

参数		模型 1	模型 2
AR（1）系数	ϕ_1	1.92 (95.2)***	1.80 (7.96)***
AR（2）系数	ϕ_2	-0.934 (-45)***	-0.80 (-3.8)***
趋势成分扰动项的标准差	σ_{v0}	1.19 (3.76)***	0.68 (5.6)***
	σ_{v1}	0.24 (8.99)***	
瞬时成分扰动项的标准差	σ_{u0}	0.88 (3.09)***	0.31 (1.07)
	σ_{v1}	0 (0)	
漂移项	μ	2.24 (18.33)***	2.65 (34.32)***
非对称参数	π	0 (0)	-0.76 (-2.7)***
$P[S_i=0 \mid S_i=0]$	P	0.6 (2.82)***	0.96 (37.93)***
$P[S_i=1 \mid S_i=1]$	q	0.84 (17.7)***	0.90 (7.62)***
对数似然值		-160	-209

注：*** 表示在 1% 的显著性水平上拒绝原假设。
资料来源：《中国人民银行统计季报》以及《中国统计年鉴 2019》。

从表 4.6 可知，模型 1 的对数似然估计值虽然更大，但是其关键参数 π 的估计值为零，而且也不显著。相比之下，模型 2 的估计结果则合理得多。因此我们将以模型 2 的估计结果作为分析依据。从模型 2 的估计结果可知，第二产业的负冲击的幅度为 -0.76，T 统计值也较显著。其余的参数除了 σ_u 之外，估计结果也较理想。参数值 ϕ_1 和 ϕ_2 也较显著，$\phi_1+\phi_2$ 为 1，比第三产业的 0.95 要明显大些，说明第二产业收缩之后的反弹力度要比第三产业小。

我们这里同样把第二产业实际产值收缩状态的平滑概率值绘制于图 4.8，同时我们也把样本期间第二产业的季度同比增长率曲线绘制于图 4.9，比较两个图可知，图的 4.8 中的萧条期与图 4.9 中的收缩期的概率值基本上呈现出一一对应的关系，这也表明第二产业牵拉模型的估计结果还是比较贴合实际的。

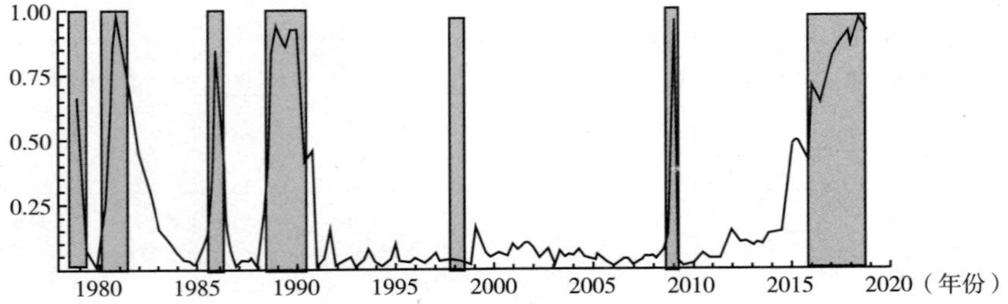

图 4.8 第二产业实际产值收缩状态平滑概率值

资料来源：《中国人民银行统计季报》以及《中国统计年鉴 2019》。

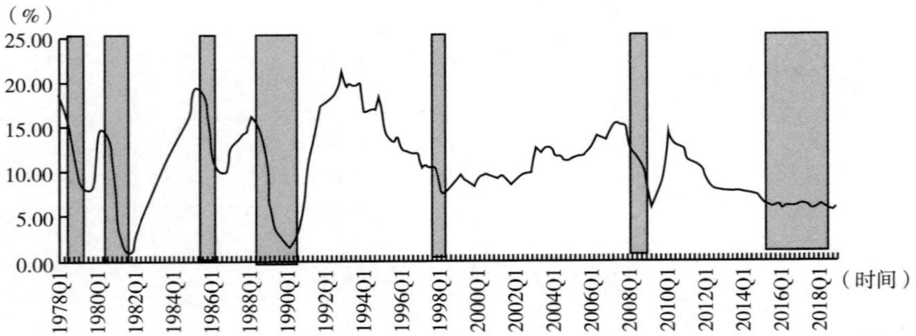

图 4.9 第二产业实际产出的季度同比增长率曲线

资料来源：《中国人民银行统计季报》以及《中国统计年鉴 2019》。

第七节 基于牵拉过程的非对称效应分析

一、二三次产业非对称 UC 模型估计结果比较

我们还对相同样本期内我国 GDP 波动的牵拉模型进行了估计（过程略），

得知其 π 值为 -0.7，$\phi_1+\phi_2=0.98$（系数的 T 统计值都较显著）。因此下面我们将第三产业、第二产业和 GDP 波动牵拉模型的 π、ϕ_1、ϕ_2 三个参数估计结果列于表 4.7，便于对三者进行比较，以充分揭示牵拉视角下我国第三产业非对称波动的特征。

表 4.7　第三产业、第二产业和 GDP 波动牵拉模型估计结果的相关参数比较

参数	第三产业	第二产业	GDP
π	-0.49	-0.76	-0.7
ϕ_1	1.78	1.8	1.92
ϕ_2	-0.83	-0.8	-0.94
$\phi_1+\phi_2$	0.95	1.0	0.98

资料来源：《中国人民银行统计季报》以及《中国统计年鉴 2019》。

由表 4.7 可知，首先第三产业非对称参数 π 的绝对值是最小的，其次是 GDP，而第二产业的 π 绝对值最大。这表明这三个序列受到负冲击时，第三产业向下拉伸的幅度最小，即收缩力度最小，而第二产业受到负冲击时向下拉伸的力度最大，GDP 则介于两者之间。其次从反弹的速度来看，第三产业的 $\phi_1+\phi_2$ 值最小，第二产业最大，GDP 同样还是居于中间。这说明相对于第二产业来说，我国第三产业反弹时更加剧烈。这些特征符合第三产业的一贯特点。这表明第三产业持续扩张的能力更强，也更有韧性，能够更加有效地抵抗衰退，同时也证明第三产业对经济波动有着显著的缓和效应。GDP 的估计结果表明，不论是向下拉伸还是回弹，它都是介于二三产业之间，但 π 值更接近于第二产业，这说明样本期间我国的经济衰退主要还是由第二产业引发的。

二、基于牵拉过程的第三产业非对称效应机理分析

通过前面的分析可知，牵拉模型很好地刻画了我国第三产业向下拉伸和高速回弹的非对称特征，准确地捕捉到了样本期间第三产业的每一次衰退。同时还说明第三产业是一把“双刃剑”，其比例的增大虽然可以减缓宏观经济的收缩，但也会加剧经济过热，导致物价上涨过快。但总的来说第三产业

还是能够减缓宏观经济的波动。

由于第三产业在牵拉过程中的快速回弹，使其在经济波动过程中形成了陡升特征。因此在第三产业比重扩大时，虽然可以减缓经济收缩和衰退，但是也会引发经济过热和通货膨胀。张志文和白钦先（2011）认为，无论是用消费者物价指数（CPI）还是生产者物价指数（PPI）来衡量，通货膨胀主要原因都是以下两个：一是上一期或是几期的通货膨胀的惯性，二是GDP的快速增长，第三产业的回弹速度快于第二产业，其对GDP的向上冲击也大于后者，导致费用迅速传递至成本与价格，形成恶性循环，从而造成物价快速增长。

第三产业比重的提升是需求和供给共同作用的结果，也是经济发展过程中产业结构转换的必然趋势。第三产业比重的提高，不但有利于促进就业，保护环境，还将推动我国经济结构升级以及经济增长方式的转变。随着人均GDP的不断提高，人们对休闲消费和奢侈消费的需求不断上升，导致服务业占GDP的比重也会越来越大。例如，1947年美国第三产业比重大概为60%，2019年已经达到81%；1955年日本第三产业比重为42%，2019年达到70%。2012年，世界各国第三产业发展状况为：最不发达国家为46%，低收入国家为48%，中等偏下收入国家为51%，高收入国家为74%。因此，我们可以认为：收入水平和第三产业比重存在着正向相关关系①。当人均GDP达到3000~4000美元时，服务业消费就会出现拐点。伴随着人均GDP的上升，工资也会逐渐提高，导致经济结构不断调整，反过来也会促进消费需求不断提高。第三产业比重的提高与消费需求的提升是一个互相作用的过程，第三产业比重的提高是大势所趋，由此会对经济波动的形态产生重要影响。下面我们分经济周期的扩张阶段和收缩阶段来分析。

当宏观经济位于扩张阶段时，即牵拉过程的回弹过程，随着经济发展和收入水平的不断提高，居民的消费偏好会发生变化，进而促进产业结构调整和第三产业比重的提高。2019年我国的人均GDP刚刚突破1000美元大关，由此居民对生活质量的要求会更上一层楼，对服务业的需求质量会相对更高，

---

① 张鹏．我国服务业比重提高的趋势及影响［J］．宏观经济管理，2014（1）：30－33．

因此全社会自然会对服务业比重和质量的提升提出要求。随着收入水平的提高，无论是城镇还是农村，医疗保健、交通通信、教育文化培训、旅游等服务类消费在总支出中比例逐渐上升。该类型的消费我们一般称之为服务消费。服务消费在我国居民总支出中份额增长的原因是该类型的服务产品有着较高的需求收入弹性。例如 2015 年医疗保健、交通通信和教育文化娱乐的需求收入弹性分别为 2.2、2.22 和 1.5①。这表明随着收入的提高，该类型商品的消费支出会迅速增长，并且快于收入的增长速度。这正是第三产业扩张阶段时陡升的原因，由第一章可知，第三产业波动与经济波动是高度同步的，因此当经济扩张并且收入提高时，第三产业会呈现出陡升的特征，即牵拉过程中往“天花板”剧烈回弹的这个过程。

再从经济周期的收缩阶段来看，即牵拉过程的向下拉伸阶段。由于第三产业的发展有助于促进市场经济发育、提高全社会的市场化程度，从而有效地缓解供需矛盾，因此能够在相当程度上避免宏观经济的大落。第三产业比重的提高导致整个经济的抗衰退能力也大幅度提高，表现在牵拉模型里就是由于第二产业比重的下降使得 GDP 的向下牵拉力度减小，或者是收缩程度减小。牵拉模型形象地说明了第三产业减缓经济波动幅度、稳定宏观经济的原因和机理。在牵拉过程中，波动程度的大小关键是取决于某个经济变量偏离上限的程度。在运行过程中，当受到冲击时，相对于第二产业来说，第三产业向下拉伸的力度更小，即偏离“天花板”的距离更小，因此，它有效地防范了整个经济的大落，使得经济体系不要偏离“天花板”太远，从而有效地增强了宏观经济的韧性。我们从牵拉过程还可以看出，虽然第三产业回弹的力度比第二产业更大，但由于其减轻了经济收缩的力度，即减轻了经济偏离“天花板”的程度，因此可以认为第三产业主要是依靠减缓收缩来促进宏观经济的稳定，即相对于其会导致经济过热来说，减缓经济收缩对稳定经济的意义更大。所以两相抵消，第三产业最终对经济产生了稳定效应。

因此，第三产业比例扩大既会减缓经济收缩的力度，也可能会加剧经济过热和通货膨胀。牵拉模型还形象地模拟了服务业的韧性效应，即由于第三

① 祁京梅，肖晓程．消费模式的新常态［J］．金融博览，2015（2）：20－21.

产业在牵拉过程中向下偏离的幅度比第二产业要小，在GDP偏离上限的时候可以对其产生抑制效应，减轻GDP对上限的偏离。当第三产业比重扩大时，便会形成一股强大的力量，成为我国经济结构调整的根本动力，直至成为我国宏观经济发展拐点形成的重要标志，即大幅度增强GDP的韧性，促进宏观经济向上限回弹的能力，减轻其收缩的幅度等。

第八节　小　　结

尽管金和纳尔逊（1999a）的实证方法可以用来检验基于弗里德曼模型下经济周期的非对称性，并且也有一些文献运用该方法对我国的经济波动进行检验，但它是否适用于我国的行业波动仍然存在未知。本章通过收集1992年一季度~2018年四季度第三产业产值季度同比增长率，并按照Chen-Liu分解方法对1977~1991年第三产业的季度数据进行估算，以此为基础，我们使用金和纳尔逊（1999a）的方法对我国第三产业波动进行了实证分析。我们发现第三产业波动同样存在显著的“天花板”效应，并且运用牵拉模型捕获了萧条期间的向下牵拉行为。我们得出的具体结论如下：

第一，由于无法收集到1992年之前的季度数据，因此我们模拟阿贝辛哈和古拉塞卡兰的季度数据估算法对实际GDP进行了分解，从而得到了以1977年四个季度作为基期的1977年一季度~1991年四季度第三产业季度数据序列，并通过与同时期的年度数据同比增长率比较得知，两者的增长趋势是一致的。

第二，我们通过比较得知辛克莱（2009）的方程更加适合于我国的服务业牵拉模型建模。通过该模型的参数估计可知，非对称冲击参数π值为-0.49，并且显著小于零，估计的其他参数也较显著。所以可以认为：在第三产业波动的循环成分中存在显著的牵拉过程，即第三产业波动存在显著的产出上限，在受到外生的负冲击时其波动成分会产生向下拉伸的现象，在负冲击结束时，经济恢复将形成，经济将回到产出上限。

第三，在参数估计的基础上，我们通过OX软件包给出了服务业波动各个时期经济处于萧条状态的概率值，由概率值得知：1978～2018 年我国出现了九次波动。它们与实际增长率的收缩基本上做到了一一对应。最后，通过短期波动成分序列可知，该牵拉模型一共捕获了四次主要的牵拉行为，与实际也较一致。

第四，通过对我国第二产业和 GDP 波动的牵拉模型估计并与第三产业比较，得知第三产业的非对称参数 π 绝对值是最小的，其次是 GDP，而第二产业的 π 绝对值最大。这表明这三个序列受到负冲击时，第三产业向下拉伸的幅度最小，即收缩力度最小。从反弹的速度来看，第三产业的 $\phi_1+\phi_2$ 值最小，第二产业最大，GDP 同样还是居于中间。这说明第三产业回弹也是最剧烈的，因此其非对称波动特征最显著。我们可以认为我国第三产业波动呈现出以下三种形式的非对称：一是其产值是在产出上限之下收缩和回弹，而不是围绕一个趋势的对称波动，这跟德龙和萨默斯（1988）的观点是一致的；二是其收缩时较回弹时的力度要小，即存在缓慢下降和剧烈上升的陡峭型非对称；三是其与第二产业相比时，收缩力度要比它小，而回弹力度却要比它大。

第五，本章最后从第三产业比例扩大的必然性等几个方面对非对称效应进行了分析。我们认为随着第三产业比例扩大，第三产业的发展既会减缓经济收缩的力度，也可能会加剧经济过热和通货膨胀。我们还从第三产业的韧性效应的角度对非对称效应进行了分析，即由于第三产业的自身特性，使得第三产业在牵拉过程中收缩的程度比第二产业要小，可以减轻 GDP 对上限的偏离，即大幅度增强 GDP 的韧性，减轻其收缩的幅度等。

第五章　基于空间计量的非对称效应检验
——以省际面板数据为例

第一节　引　　言

随着第三产业的逐渐发展和深化，尤其是生产性服务业的发展，其聚集趋势越来越显著，服务业集聚的强大效应必将使得各个相邻地区之间的溢出效应越来越显著。经济活动的空间溢出效应是指不同地理单元之间经济活动的相互影响、相互作用关系。所以特定地区的经济单元在地理空间上并不是孤立的，必然与相邻的区域产生重要的关联，它们之间的经济活动必然会互相作用，这都将对经济增长与波动产生显著的影响。因此在分析影响因素时，还应当考虑各个互相作用的地区之间的空间相关性。而这种空间相关性的存在会使得传统最小二乘法回归得出有偏或无效的结果，必须使用空间结构参数化方法即空间计量经济学方法进行分析。空间计量经济学为从实证角度检验第三产业对经济波动的作用和机理提供了一种全新的方法，也提供了一种更加合适的工具。因此本章将立足产业研究的最新进展，遵循宏观经济学的分析范式，同时引入第一产业和第二产业，并运用空间面板方法，分析第三产业对经济波动的扩张效应和收缩效应，同时与第二产业对经济波动的效应进行比较，从空间计量的角度检验我国第三产业对经济波动是否存在非对称效应，从而为产业政策和宏观经济政策的制定提供新的理论视角。

空间滞后模型、空间误差模型和空间杜宾模型是常用的三种空间计量经济学模型。为了简便起见，下面我们使用空间滞后模型即空间自回归模型

（SAR 模型）来进行分析。下面的内容大致如下：第一我们对各个省份二三产业的偏度系数值和峰度系数值进行检验和比较，第二我们将使用虚拟变量把二三产业增长率分解成扩张序列和收缩序列，第三我们将对二三产业的扩张和收缩序列进行面板协整检验和面板格兰杰因果检验，第四我们将建立空间面板模型进行回归分析，第五再对回归结果进行总体分析。

本章将以剔除重庆之后我国 30 个省份 1992 ~ 2017 年的数据为例，从扩张和收缩的角度来对此进行实证分析。

第二节 30 个省份第三产业波动陡峭型非对称特征检验

本节我们首先来计算各省份陡峭型经济周期非对称的类型。对称的经济周期类型即一个完整的周期沿其对称轴折叠后是重合的。但是陡峭型非对称类型则会出现以下特征：扩张期和收缩期的陡度不同。由第三章可知，可用偏度系数来描述陡峭型经济周期非对称类型，因此我们计算了我国 30 个省份的第二产业、第三产业和 GDP 增长率的偏度和峰度系数，如表 5.1 所示。

表 5.1 30 个省份第二产业、第三产业及其 GDP 增长率偏度和峰度

省份	第二产业		第三产业		GDP	
	偏度	峰度	偏度	峰度	偏度	峰度
北京	0	2.57	0.7	3.9	-0.13	1.9
河北	0.4	3.5	1.4	4.6	0.2	2.6
山西	-0.6	2.6	0.2	2.3	-0.5	2.3
湖南	-0.1	2	1.25	3.5	0.35	1.94
辽宁	-1.2	5	-0.8	3.6	-1.2	4.5
江苏	1.5	6	1.9	6.6	1.5	5.9
浙江	1.35	4.5	1.1	4.4	0.9	3.1
四川	0.14	1.7	0.63	2.8	0.03	2
陕西	-0.5	2.6	0.4	2.3	0.22	2.2
云南	-0.1	2.1	0.4	2.7	-0.12	1.8
甘肃	-1.2	6.4	-0.5	3.7	-1.6	1.8

续表

省份	第二产业		第三产业		GDP	
	偏度	峰度	偏度	峰度	偏度	峰度
宁夏	-0.1	1.8	0.3	2.8	0.1	1.8
贵州	-0.1	3.4	0.4	2.8	0.6	2.4
青海	-0.1	2	0.5	2.9	0.3	1.9
新疆	0.3	2.7	0.6	2.5	0.1	2.2
西藏	2	11	2	6.7	0.4	4.5
广西	1.7	6	0.6	3.1	0.6	2.5
上海	-0.2	2	0.23	2.6	-0.04	1.8
广东	1.46	4.7	1	3.4	1.1	3.5
天津	-0.8	3.8	-0.4	3.3	-0.9	3.9
吉林	-0.3	2.4	0.24	2.5	-0.3	2.8
黑龙江	-0.9	2.8	0.4	2.7	-0.2	1.8
安徽	0.4	2.4	1.9	7.1	0.53	2.6
海南	1.52	6.1	4.3	20.9	3.1	13.9
内蒙古	0.72	3.1	-0.3	3	0.45	2.6
福建	1.57	5.3	1	3.2	1.2	4
山东	1.26	4.8	1	3.3	0.64	3.15
湖北	-0.1	1.7	1.23	4.1	-0.06	1.5
江西	-0.01	1.7	1.3	4.3	-0.03	1.5
河南	0.5	2.5	0.5	2.1	0.2	1.6
均值		3.64		4.12		3.00

资料来源：相关省份历年统计年鉴。

由表5.1可知，对于第三产业来说，大部分省份的偏度系数值都为正，只有辽宁、甘肃、天津和内蒙古四个省份的偏度系数值为负，说明绝大部分省份的第三产业波动呈现陡升缓降类型的非对称特征。而第二产业则表现得较为复杂，除了北京的第二产业偏度系数值为零之外，共有15个省份的偏度系数值为负，其余的偏度系数值大于零，小于零的省份呈现微弱优势。可见，两者的波动特征表现出了明显的异质性。再来看GDP的偏度，共有19个省份的偏度系数值大于零，其余11个省份的偏度系数值小于零，而且除了北京之外，这10个省份第二产业的偏度系数值也是小于零的，这说明这些省份的第二产业波动特征主导了GDP的波动。最后我们来看峰度系数值，第二产业峰度系数值大于3的共有13个省份，其中东部地区占8个，第三产业峰度系数值大于3的共有16个省份，其中东部地区占10个。这说明经济发达地区的扩张能力普遍较强。从峰度系数的均值来看第三产业也是最大的，达到了4.1，表明30个省份第三产业波峰凸起的程度较大，尖峰厚尾的特征也较明显，也表明第三产业的内生扩张能力较强。

第三节 研究设计和样本说明

前面我们分析了30个省份第二产业和第三产业波动特征的异质性，为下面的分析打下了基础。那么，该异质性会对GDP波动产生什么效应呢？影响程度及方向如何？这需要进一步建立回归方程进行定量分析，以分析第三产业对经济波动的效应到底是对称的还是非对称的。

由于空间计量需要建立平衡面板，因此考虑到数据的可获得性和完整性，我们收集了1992～2017年剔除重庆之后30个省份的面板数据，主要包括各个省份的GDP增长率和三次产业增长率数据，数据主要来源于各个省份历年的统计年鉴、《中国统计年鉴》和《新中国六十年统计资料汇编》。

由于本节需要对经济周期的不同阶段（我们这里把经济周期分解成扩张和收缩阶段）进行实证分析，因此需要构造虚拟变量。通过虚拟变量来划分经济周期阶段是众多文献最常使用的方法。较多文献使用虚拟变量对经济周期的不同阶段进行了分析，得出了更加深入的结论。张屹山、田依民（2015）为了研究经济波动率对经济增长是否能产生非对称效应，先后运用了马尔科夫区制转移模型和广义ARCH模型进行了检验和分析。首先是利用马尔科夫区制转移模型划分出了经济扩张期和收缩期，其次又建立了表示经济周期不同阶段虚拟变量的GARCH(1，1)－M模型，通过实证分析表明，经济扩张阶段经济波动率会对经济增长率产生正向影响，经济收缩阶段则会产生负向影响。张海燕、刘金全（2008）使用虚拟变量把经济周期划分为扩张阶段和收缩阶段，并运用核密度估计和周期阶段划分方法对我国经济周期的扩张与收缩模式进行对比，通过回归分析度量了政策变量分别在扩张期和收缩期的增长效应，检验了在经济周期扩张阶段和收缩阶段的有效性和强度，认为扩张期经济增长相对较稳定，基本上以趋势水平运行，而收缩期经济大部分情况下是高于趋势水平运行的，但稳定性较扩张期差。成凤（2012）从经济周期的角度研究了房地产价格对居民消费的影响。笔者从不同的经济周期阶段出发，分析了房价变化对居民消费的不同影响。先使用虚拟变量对经济周期的扩张阶段和收缩阶段进行了划分，并建立了误差修正模型。通过根据含虚拟变量的 VECM 模型分析认为不同经济周期阶段房地产的财富效应存在非对称性。

因此参照以往文献的方法，我们把各省份 GDP 增长率作为因变量，再设计三个虚拟变量，分别以三次产业增长率的扩张和收缩为标准进行划分，具体如下：

$$m_{i1}=\begin{cases}1,\text{当 i 地区第一产业扩张时}\\0,\text{当 i 地区第一产业收缩时}\end{cases}$$

$$m_{i2}=\begin{cases}1,\text{当 i 地区第二产业扩张时}\\0,\text{当 i 地区第二产业收缩时}\end{cases}$$

$$m_{i3}=\begin{cases}1,\text{当 i 地区第三产业扩张时}\\0,\text{当 i 地区第三产业收缩时}\end{cases}$$

扩张和收缩以该变量的增长率序列是处于上升阶段还是下降阶段为准，即当该变量的增长率序列递增时则为扩张阶段，当其递减时则为收缩阶段，如果相等定义其为扩张阶段。1992 年的增长率所处阶段以 1991 年的数据为参照。

设 y_i、y_{i1}、y_{i2}、y_{i3}分别为 i 地区 GDP、第一产业、第二产业和第三产业产值增长率，把以上三个虚拟变量与三次产业增长率结合起来，我们可得出以下六个自变量：

$ky_{i1}=y_{i1}\times m_{i1}$：i 地区第一产业扩张阶段增长率序列

$sy_{i1}=y_{i1}\times(1-m_{i1})$：i 地区第一产业收缩阶段增长率序列

$ky_{i2}=y_{i2}\times m_{i2}$：i 地区第二产业扩张阶段增长率序列

$sy_{i2} = y_{i2} \times (1 - m_{i2})$：i 地区第二产业收缩阶段增长率序列

$ky_{i3} = y_{i3} \times m_{i3}$：i 地区第三产业扩张阶段增长率序列

$sy_{i3} = y_{i3} \times (1 - m_{i3})$：i 地区第三产业收缩阶段增长率序列

所以我们把回归式设计如下：

$$
\begin{aligned}
y_{it} = \rho \sum_{j=1}^{N} W_{ij} y_{it} + \beta_1 + ky_{i1} + \beta_2 \times sy_{i1} + \beta_3 \times sy_{i2} + \beta_4 \\
\times sy_{i2} + \beta_5 \times sy_{i3} + \beta_6 \times sy_{i3} + u_{it} + \varepsilon_{it}
\end{aligned}
$$

其中，y_{it}为被解释变量，下标 i 和 t 分别表示地区与年度，ρ 为空间自回归系数，W_{ij}为 $N \times N$ 维标准化非负空间权重矩阵 W 的 i 行 j 列元素。如果不考虑空间滞后项 $\rho \sum_{i=1}^{N} W_{ij} y_{it}$ 或者变量 ρ 等于零，则上式为标准的静态面板模型。进一步地，如果 u_{it}与自变量相关，则为固定效应模型；反之，则为随机效应模型。

第四节　面板协整和因果检验及其描述性统计分析

本节我们对以上 GDP 增长率和三次产业的扩张、收缩序列进行面板协整与格兰杰因果关系检验，并在此基础上对它们进行描述性统计，为后面的分析打下基础。目前，在面板数据分析的研究中，面板协整检验是较受关注的热点问题，格兰杰和纽伯德（Granger & Newbold，1974）发现以前的研究没有关注回归结果的残差的自相关性。由于实际中很多时间序列都是非平稳的，如果采用平稳时间序列的方法来对它们进行分析，就可能会出现错误的结果；还有些时间序列虽然短期内不相关，但是长期内却有着稳定的关系，传统的方法就会失效。而协整检验却能够有效地解决这个问题，先对相关变量进行面板协整检验，对于结果存在协整关系的变量，就可以进一步建立回归方程对它们进行相关性或者是趋势分析。

一、面板单位根检验

面板单位根检验是进行面板协整检验的前提，也是进行面板回归和格兰杰因果检验的前提。面板单位根检验和面板协整检验通过加入截面数据和时间序列数据的统计特性，能够更加直接、更加精确地推断序列协整关系的存在，更加深入地揭示各个个体之间的内在关系。

变量平稳性是决定方程科学性和合理性的前提，这里我们采用以下四种检验方法对各个变量进行单位根检验：LLC 检验法、IPS 检验法、Fisher ADF 检验法以及 Fisher PP 检验法。使用 EVIEWS 软件，我们可得 y_{it}、ky_{1it}、sy_{1it}、ky_{2it}、sy_{2it}、ky_{3it}、sy_{3it}的面板单位根检验结果，如表 5.2 所示。从表 5.2 可知，对于以上七个变量，使用四种面板单位根检验结果都是拒绝原假设，即四种检验方法一致认为这七个变量属于平稳序列，满足面板协整检验的前提条件。

表 5.2　　面板单位根检验结果

变量	Levin, Lin & Chu t *		Im, Pesaran and Shin W - stat		ADF-Fisher Chi - square		PP-Fisher Chi - square	
	统计值	概率值	统计值	概率值	统计值	概率值	统计值	概率值
y_{it}	-6.0 ***	0	-6.2 ***	0	154 ***	0	92.9 ***	0
ky_{1it}	-15.8 ***	0	-16.5 ***	0	364.2 ***	0	432.3 ***	0
sy_{1it}	-11.7 ***	0	-12.4 ***	0	265.8 ***	0	297.9 ***	0
ky_{2it}	-14.3 ***	0	-13.2 ***	0	288.7 ***	0	356.8 ***	0
sy_{2it}	-16.0 ***	0	-16.0 ***	0	342.7 ***	0	365.5 ***	0
ky_{3it}	-14.6 ***	0	-14.5 ***	0	310.4 ***	0	378.1 ***	0
sy_{3it}	-15.6 ***	0	-15.0 ***	0	325 ***	0	379.2 ***	0

注：*** 表示在 1% 的显著性水平下通过检验。
资料来源：相关省份历年统计年鉴。

二、面板协整检验

面板协整检验一般分成两类：第一类是在恩格尔—格兰杰两步法（E - G 两步法）的基础上进行的拓展。即先对需要检验的变量建立回归方程，然后再对该回归方程得到的残差进行检验，如果该残差序列属于平稳序列，则回归方程的变量存在协整关系，第二类是基于 Johnson 迹检验的方法，其优点是可以检验多个变量之间的协整关系，最重要的是允许面板数据存在空间相关性，因此适合在建立空间面板回归方程之前进行。

面板协整原假设是“不存在协整关系”，即因变量与自变量之间不存在长期稳定的关系。假如检验结果是拒绝原假设，说明变量之间存在长期稳定的协整关系。下面我们分别使用 E－G 两步法和 JOHNSON 迹检验法对两者进行协整检验。

（一）E－G 两步法

由面板单位根检验结果可知，y_{it}、ky_{1it}、sy_{1it}、ky_{2it}、sy_{2it}、ky_{3it}、sy_{3it}都是平稳序列，即都属于零阶单整序列，满足协整检验的条件。为了检验三次产业扩张、收缩序列不是 GDP 增长和波动的原因，我们先建立以下方程：

$$y_{it} = a_1 \times ky_{1it} + a_2 \times sy_{1it} + a_3 \times sy_{3it} + a_4 \times sy_{3it} + a_5 \times sy_{3it} + a_6 \times sy_{3it}$$

我们使用 EVIEWS 软件进行面板回归，可得残差序列 E_{it}，然后建立残差序列的自回归方程：

$$E_{it} = \rho_i E_{it-1} + \varepsilon_{it}$$

我们现在对上式进行面板单位根检验，即对残差序列 E_{it}进行平稳性检验，如果残差序列 E_{it}是平稳的，则说明长期协整关系成立。我们得到 E_{it}的面板单位根检验结果如表 5.3 所示。

表 5.3　残差序列 E_{it}的平稳性检验

变量	Levin, Lin & Chu t *	概率值	Im, Pesaran and Shin W－stat	概率值	ADF-Fisher Chi－square	概率值	PP-Fisher Chi－square	概率值
E_{it}	－8.22***	0	－7.77***	0	170.29***	0	219.72***	0

注：*** 表示在 1% 的显著性水平下通过检验。
资料来源：相关省份历年统计年鉴。

表 5.3 的结果表明，四种单位根检验结果都证明残差序列 E_{it}在 1% 的显著性水平下是平稳的。

（二）Johnson 迹检验法

使用 Johnson 迹检验法对以上 GDP 增长率和六个自变量进行第二次面板协整检验。检验结果如表 5.4 所示。

表 5.4　　GDP 波动与三次产业的 Johnson 面板协整检验结果

原假设	Fisher Stat. *		Fisher Stat. *	
存在协整向量的个数	基于最大迹检验值	Prob.	基于最大特征值	Prob.
不存在	1414 ***	0	1197 ***	0
最多 1 个	779 ***	0	465 ***	0
最多 2 个	391 ***	0	222 ***	0
最多 3 个	211 ***	0	146 ***	0
最多 4 个	108 ***	0	83 ***	0.03
最多 5 个	70	0.2	46	0.9

注：*** 表示在 1% 的显著性水平下通过检验。
资料来源：相关省份历年统计年鉴。

由表 5.4 可知，检验结果对于原假设中从“不存在协整向量”到“最多存在 4 个协整向量”都是处于拒绝状态，无论是从迹检验值还是从最大特征值的计算结果来看，都是在 1% 的显著性水平下拒绝原假设，即应该存在 5 个协整向量。为了进一步检验 GDP 波动与第二产业和第三产业扩张和收缩的关系，我们再对它们进行单独的 Johnson 面板协整检验，结果如表 5.5 和表 5.6 所示。

表 5.5　　GDP 波动与第二产业的 Johnson 面板协整检验结果

原假设	Fisher Stat. *		Fisher Stat. *	
存在协整向量的个数	基于最大迹检验值	Prob.	基于最大特征值	Prob.
不存在	401 ***	0	289 ***	0
最多 1 个	190 ***	0	138 ***	0
最多 2 个	168 ***		168 ***	

注：*** 表示在 1% 的显著性水平下通过检验。
资料来源：相关省份历年统计年鉴。

表 5.6　　GDP 波动与第三产业的 Johnson 面板协整检验结果

原假设	Fisher Stat. *		Fisher Stat. *	
存在协整向量的个数	基于最大迹检验值	Prob.	基于最大特征值	Prob.
不存在	352 ***	0	258 ***	0
最多 1 个	165 ***	0	112 ***	0
最多 2 个	167 ***	0	167 ***	0

注：*** 表示在 1% 的显著性水平下通过检验。
资料来源：相关省份历年统计年鉴。

由表 5.5 和表 5.6 可知，不论是最大迹检验值还是最大特征值都在 1% 的显著性水平下拒绝原假设，因此从检验结果可知，GDP 波动不论是与第二产业还是与第三产业的扩张、收缩序列，都至少存在 3 个协整向量。

通过检验，我们可以认为 GDP 波动与三次产业的扩张和收缩变量都存在长期稳定的关系。我们还进一步检验了 GDP 波动分别与第二产业和第三产业的扩张和收缩序列的协整关系，结果也表明两者都存在长期稳定的协整关系。因此，综合来看，第三产业波动与 GDP 波动的协整关系还是较显著的。

三、面板格兰杰因果检验

协整检验结果表明因变量和自变量之间存在显著的长期均衡关系，但是两者的因果关系和因果方向仍然不明确，需要进一步运用面板格兰杰因果检验加以确定。所以该部分我们主要采用面板格兰杰因果检验的方法考察 GDP 波动与三次产业波动之间的关系。格兰杰因果检验是克莱夫·格兰杰于 2003 年创立的，用于分析时间序列之间的因果关系。

格兰杰（1980）对因果性的定义进行了抽象，他运用信息集的概念并从事件发生的先后顺序方面给出了因果检验的一般性定义。

设有两个时间序列 x_i 和 y_i，在以下方程中：

$$x_t = \sum_{i=1}^{\infty} \alpha_i x_{t-i} + \sum_{i=1}^{\infty} \beta_i y_{t-i} + \varepsilon_t$$

如果 y 的过去值 y_{t-i} 有助于预测 x，即至少存在一个 i_0，使得 $\beta_{i_0} \neq 0$，则

可以认为变量 y 是变量 x 的格兰杰原因。进行格兰杰因果检验的一个前提是时间序列必须是平稳的，否则可能会出现伪回归，而前面我们已经检验了各个变量的平稳性，因此满足这个前提条件。

为了简便起见，我们统一选择滞后期为 1、2 和 3，通过 STATA 软件，可得因变量 y_{it} 与各个自变量 ky_{1it}、sy_{1it}、ky_{2it}、sy_{2it}、ky_{3it}、sy_{3it} 的格兰杰因果检验结果，我们把它们列于表 5.7。

表 5.7　　　　格兰杰因果检验的检验结果

原假设	滞后期	F 统计值	T 统计值	概率值	结论
ky_{1it} 不是 y_{it} 的格兰杰原因	1	1.43	1.6	0.09	拒绝
	2	2.8	2.3	0.02	拒绝
	3	5.5	5.5	0	拒绝
y_{it} 不是 ky_{1it} 的格兰杰原因	1	1.4	1.6	0.11	接受
	2	3.5	4.1	0	拒绝
	3	5.3	5.2	0	拒绝
sy_{1it} 不是 y_{it} 的格兰杰原因	1	2.6	6.1	0	拒绝
	2	2.6	1.6	0.1	拒绝
	3	6.4	7.6	0	拒绝
y_{it} 不是 sy_{1it} 的格兰杰原因	1	4.2	13	0	拒绝
	2	7.8	15.8	0	拒绝
	3	8.9	13.2	0	拒绝
ky_{2it} 不是 y_{it} 的格兰杰原因	1	2.1	4.3	0	拒绝
	2	2	-0.05	0.96	接受
	3	7	8.7	0	拒绝
y_{it} 不是 ky_{2it} 的格兰杰原因	1	0.8	-0.6	0.6	接受
	2	2.5	1.4	0.2	接受
	3	5.8	6.2	0	拒绝
sy_{2it} 不是 y_{it} 的格兰杰原因	1	1.6	2.3	0.02	拒绝
	2	2	-0.3	0.78	接受
	3	7	8.5	0	拒绝
y_{it} 不是 sy_{2it} 的格兰杰原因	1	10	34	0	拒绝
	2	10	22	0	拒绝
	3	11	18	0	拒绝

续表

原假设	滞后期	F 统计值	T 统计值	概率值	结论
ky_{3it}不是 y_{it}的格兰杰原因	1	2.1	4.1	0	拒绝
	2	2.3	0.95	0.34	接受
	3	7	8.3	0	拒绝
y_{it}不是 ky_{3it}的格兰杰原因	1	1.4	1.4	0.16	接受
	2	2.9	2.5	0.01	拒绝
	3	5.2	4.8	0	拒绝
sy_{3it}不是 y_{it}的格兰杰原因	1	1.7	3.03	0	拒绝
	2	2.1	0.3	0.8	接受
	3	6.2	7.2	0	拒绝
y_{it}不是 sy_{3it}的格兰杰原因	1	4	11.8	0	拒绝
	2	6.6	12.5	0	拒绝
	3	8.1	11.5	0	拒绝

资料来源：相关省份历年统计年鉴。

由表 5.7 可知，大多情景下原假设都被强烈拒绝，虽然少数检验结果是接受原假设。因此检验结果表明 y_{it} 与各个自变量 ky_{1it}、sy_{1it}、ky_{2it}、sy_{2it}、ky_{3it}、sy_{3it}之间存在显著的格兰杰因果双向关系，三次产业的扩张和收缩与 GDP 增长是一种相辅相成的关系。三次产业的扩张序列上升越快，其对 GDP 的冲击就越大，导致 GDP 快速扩张，相反，三次产业收缩越快，越会加剧 GDP 的收缩和下滑，同样 GDP 的扩张和收缩也会同步作用于三次产业。

四、描述性统计结果分析

通过 EVIEWS 软件，我们可得各时间序列变量的描述性统计结果，如表 5.8 所示。我们通过表 5.8 来分析各个指标。

表 5.8　　各变量描述性统计结果

变量	y_{it}	ky_{1it}	sy_{1it}	ky_{2it}	sy_{2it}	ky_{3it}	sy_{3it}
均值（%）	11.21	2.31	2.22	6.91	6.00	5.89	6.02
最大值（%）	41.50	21.40	17.40	67.50	50.10	79.40	34.90

续表

变量	y_{it}	ky_{1it}	sy_{1it}	ky_{2it}	sy_{2it}	ky_{3it}	sy_{3it}
最小值（%）	-2.50	-9.50	-16.70	0.00	-9.20	0	0
标准差（%）	3.25	3.405	3.21	8.54	6.77	7.03	6.05
偏度值	1.50	1.31	0.17	1.26	0.89	1.81	0.33
峰度值	13.64	5.59	6.52	6.09	4.50	16.71	2.15
Jarque-Bera 值	3972.95	441.12	406.32	513.41	176.05	6533.16	38.05
概率值	0	0	0	0	0	0	0
总值（%）	3	1800.09	1732.612	5390.67	4679.74	4598.7	4696.3
平方和（%）	8227.24	9023.88	8006.692	56870.90	35689.87	38461.73	28470.20
样本量	780	780	780	780	780	780	780
横截面个数	30	30	30	30	30	30	30

资料来源：相关省份历年统计年鉴。

第一，均值。计算结果大致在2%～11%之间。其中ky_{1it}和sy_{1it}的均值是最低的，分别为2.31%和2.22%。均值最大的是y_{it}，达到了11.21%，其次是ky_{2it}。与第二产业相比，第三产业的扩张序列的均值要略小于它，而收缩序列的均值要略大于它。均值计算结果最特别的是y_{it}(11.2%)，要大于三次产业的任何一个扩张收缩序列的均值，这表明三次产业的加总有效地增强了GDP的稳定性，提高了GDP增长率的均值。

第二，最大值和最小值。各变量中最大值的峰值为ky_{3it}，它的最大值达到了79.4%，接下来依次为ky_{2it}(67.5%)，sy_{2it}(50%)，y_{it}(42%)，sy_{3it}(35%)。最小值的谷值是sy_{2it}(-9.2%)，峰值是ky_{2it}、ky_{3it}、sy_{3it}，这三个变量的最小值都是0。而y_{it}、ky_{1it}、sy_{1it}和sy_{2it}的最小值都小于零。因此结果初步表明：第一产业的抗衰退能力是最差的，而第三产业的抗衰退能力是最强的，它的收缩变量最小值是0（而第一产业和第二产业收缩变量最小值分别是-16.7和-9.2）。

第三，标准差值。从标准差来看，y_{it}、ky_{1it}、sy_{1it}三个序列的标准差值最小。GDP波动的标准差最小是因为其是三次产业的和，在加总的过程中会有着一定程度的抵消效应。第一产业的标准差小，与农业本身的特征分不开。由于农业的需求弹性和供给弹性都较小，导致其增长水平低、波动幅度小，因此其扩张和收缩序列的标准差也随之变小。第三产业的扩张和收缩序列要小于第二产业，这说明第三产业不论是扩张还是收缩都比第二产业要更加稳定，即跟第二产业相比，第三产业收缩时会一直保持缓降的趋势，扩张时又会一直保持陡升的态势，这将会对 GDP 波动产生重要影响（这将在实证分析之后的进一步分析中详细阐述）。

因此我们可以认为我国 30 个省份 1992 ~ 2017 年 y_{it} 作为因变量，ky_{1it}、sy_{1it}、ky_{2it}、sy_{2it}、ky_{3it}、sy_{3it} 作为自变量时，它们之间存在长期协整关系和双向面板格兰杰因果关系，下面我们建立空间自回归模型进行分析。

第五节　计量分析结果与讨论

一、普通面板回归

在进行空间回归之前，我们先进行普通面板回归，其回归结果如表 5.9 所示。

表 5.9　　普通面板模型回归结果

变量	系数值	T 统计值	概率值
ky_{1i}	0. 18	15. 00	0
sy_{1i}	0. 19	12. 80	0
ky_{2i}	0. 35	52. 64	0
sy_{2i}	0. 38	45. 29	0
ky_{3i}	0. 35	33. 76	0
sy_{3i}	0. 34	26. 52	0
const	1. 58	11. 91	0
OBS	980		
F 统计值	1284. 3		
$Adj \cdot R^2$	0. 90		
Log_L	-1043		

资料来源：相关省份历年统计年鉴。

由表5.9可知，所有的系数值都在1%的水平下显著。第一产业不论是扩张还是收缩，对GDP波动的作用都比较弱，而第二产业扩张时对GDP的作用系数是0.35，收缩时的作用系数是0.38，远大于其扩张时的效应，这说明偏度系数值为负的15个地区主导了整个第二产业对经济波动的效应。再来看第三产业，其扩张时对GDP的作用系数是0.35，收缩时是0.34，前者比后者要剧烈大约3%，这说明26个地区陡升缓降的波动特征主导了整个第三产业对经济波动的非对称效应。我们再对第二产业和第三产业的作用系数进行比较，扩张阶段的作用系数相等，说明两者都有可能导致经济过热和通货膨胀；从收缩阶段的作用系数来看，第二产业对GDP的冲击效应更加剧烈，比第三产业要剧烈12%。

二、空间面板回归

空间面板必须设置空间权重矩阵，我们准备设置三种权重矩阵来进行空间面板回归，即相邻权重矩阵、地理距离权重矩阵和经济距离权重矩阵。

（一）研究方法介绍

由于各个地区之间的经济联系已经越来越紧密，而经典的线性回归模型已经无法将空间的相关性考虑进去，因此空间计量经济学的应用变得越来越广泛和必要。空间自回归模型（spatial autoregression，SAR）是一种常见的空间计量模型。SAR模型既可以帮助我们理解空间距离的影响，也可以帮助我们理解如下问题：某个空间单位的自变量X的变化如何影响其他空间单位的因变量Y。众多文献运用SAR模型进行计量分析都取得了较好的效果，如邓明和郭鹏辉（2011）运用SAR PROBIT模型对货币危机的“交叉传染”和传染途径进行了分析，分别对货币危机的贸易途径和政治关系途径等进行了检验，得知货币危机主要是通过贸易途径进行“交叉传染”，并且基于出口途径的传染比基于进口途径的传染更显著，翁鸣和王念（2018）用SAR模型分析了专利规模对我国产业结构高端化的影响，得出了专利规模的扩大不仅可以提升本地产业结构，促进产业结构高端化，还能产生空间溢出效应，并存在显著的地区差异等，阳曙光和翟宇阳等（2017）用 SAR 模型分析了人口结构变化和人口流动对房价的影响，并利用普通面板模型与 SAR 模型对分析结果进行了实证检验，结果表明少儿人口数量和老年人口数量均与房价呈现反向关系等。

SAR 模型的具体形式如式（5.1）所示：

$$Y_n = \rho W_n Y_n + X_n \beta + e_n \tag{5.1}$$

其中各变量的含义如下：Y_n 为被解释变量；X_n 为解释变量；W_n 主对角线为零的对称矩阵，也被称为空间权重矩阵，W_n 是 30×30 的标准化空间权重矩阵，各行元素之和为 1；e_n 为服从正态分布的随机扰动项。

（二）基于相邻权重矩阵的空间回归

相邻空间权重矩阵也被称为 0－1 空间权重矩阵，它是依据空间地理是否相邻来设定，地理相邻的地区被赋予“1”，其他的地区被赋予“0”，该权重矩阵定义如下：

$$W_{ij} = \begin{cases} 1 & \text{当区域 } i \text{ 或 } j \text{ 相邻} \\ 0 & i = j \text{ 或不相邻} \end{cases}$$

我们以相邻权重矩阵进行回归，回归结果如表 5.10 所示。

表 5.10　　　　空间面板模型回归结果（相邻权重矩阵）

变量	空间自回归模型（SAR）		
	系数值	T－统计值	概率值
ky_{1i}	0.154***	8.11	0
sy_{1i}	0.168***	5.47	0
ky_{2i}	0.313***	6.19	0
sy_{2i}	0.338***	6.95	0
ky_{3i}	0.323***	22.52	0
sy_{3i}	0.316***	21.46	0
ρ	0.16***	2.53	0.011

续表

变量	空间自回归模型（SAR）		
	系数值	T－统计值	概率值
λ			
Log_L	－1001		
Adj · R^2	0.92		

注：*** 表示在1%的显著性水平下通过检验。
资料来源：相关省份历年统计年鉴。

（三）基于地理距离权重矩阵的空间回归

相邻权重矩阵只考虑了相邻地区之间的互相作用，但忽略了两个地区实际地理距离产生的影响（例如不相邻的两个地区，由于地理距离较近，也可能会有紧密的经济往来），因此我们下面使用基于距离函数的权重矩阵。地理距离空间权重矩阵是根据两个地区之间地理距离的倒数来设定的，具体定义如下：

$$W_{ij}=\begin{cases}\dfrac{1}{d_{ij}} & i\neq j\\ 0 & i=j\end{cases}$$

其中，d_{ij}是指两个省份省会之间的直线距离。基于地理距离权重矩阵的空间回归结果如表5.11所示。

表5.11　　　空间面板模型回归结果（地理距离权重矩阵）

变量	空间自回归模型（SAR）		
	系数值	T－统计值	概率值
ky_{1i}	0.162***	7.89	0
sy_{1i}	0.176***	5.30	0
ky_{2i}	0.319***	6.41	0
sy_{2i}	0.350***	7.40	0
ky_{3i}	0.328***	23.00	0

续表

变量	空间自回归模型（SAR）		
	系数值	T-统计值	概率值
sy_{3i}	0.320***	21.79	0
ρ	0.163**	2.55	0.011
λ			
Log_L	-1001		
Adj · R^2	0.912		

注：**、*** 表示在5%、1%的显著性水平下通过检验。
资料来源：相关省份历年统计年鉴。

（四）基于经济距离权重矩阵的空间回归

无论是相邻权重矩阵还是地理距离权重矩阵，只是考虑了地理上的相互关系，但是不能体现各个省份之间的经济联系。更重要的是，相邻矩阵和地理距离矩阵是对称的，而现实中两个省份之间的经济水平和经济总量差别较大，它们的影响是非对称的，例如北京跟河北之间的经济发展水平差别较大，但北京对河北的影响明显要强烈得多。因此我们设置一个包含经济发展水平的非对称的权重矩阵可能更为合理，本部分参考了赵良仕（2014）的权重构造公式，通过使用样本期间内人均 GDP 水平的均值来衡量一个省份对另一个省份的经济作用程度，综合考虑两个地区的人均 GDP 比值和距离因素。基于非对称的经济距离权重矩阵的具体公式为：

$$W_{ij}=\begin{cases}0(i=j)\\(\text{人均 GDP}_i/\text{人均 GDP}_j)\times\dfrac{1}{d_{ij}}(i\neq j)\end{cases}$$

$$\text{人均 GDP}_i=\frac{1}{T_1-T_0+1}\sum_{t=T_0}^{T_1}\text{人均 GDP}_{it}$$

其中，T_0 和 T_1 分别为样本期间的起始年份和终止年份。

基于经济距离权重矩阵的空间回归结果如表5.12所示。

表 5.12　　　　空间面板模型回归结果（经济距离权重矩阵）

变量	空间自回归模型（SAR）		
	系数值	T－统计值	概率值
ky_{1i}	0.16***	7.89	0
sy_{1i}	0.18***	5.30	0
ky_{2i}	0.32***	6.41	0
sy_{2i}	0.35***	7.40	0
ky_{3i}	0.33***	23.00	0
sy_{3i}	0.32***	21.79	0
ρ	0.16**	2.55	0.011
λ			
Log_L	－1011		
Adj·R^2	0.912		

注：**、*** 表示在 5%、1% 的显著性水平下通过检验。
资料来源：相关省份历年统计年鉴。

以上三种权重矩阵的回归结果是一致的，即：第二产业的收缩效应（即 sy_{2i} 的系数值大小）大于扩张效应（即 ky_{2i} 的系数值大小），而第三产业则相反。更重要的是，由于第二产业和第三产业对 GDP 波动的非对称效应刚好相反，所以第三产业的收缩效应（即 sy_{3i} 的系数值大小）要小于第二产业（这一点与前面普通面板回归结果相同），而第三产业的扩张效应（即 ky_{3i} 的系数值大小）则比第二产业强烈（这一点与前面普通面板回归的结果不同）。由第二章的结果可知，第二产业、第三产业波动都是高度同步的，因此，第三产业收缩时会对 GDP 产生减缓的效应（Geoffrey H. Moore，1987），而扩张时则会对 GDP 产生加剧的效应，即当宏观经济正处于由收缩阶段向扩张阶段转换的时候，第三产业的扩张会加快宏观经济的复苏；当宏观经济处于扩张阶段的后期，第三产业的扩张则会加剧其过热和通货膨胀。

另外，从以上空间面板回归结果中我们看到，三种权重矩阵的空间自回归系数值都比较显著（都是在 1% 的显著性水平下通过检验），而且空间系数值都是大于零的，这说明各个地区第二产业和第三产业以及 GDP 的扩张和收缩产生了显著的空间正效应。

（五）空间效应分析

由于空间面板的回归系数并不能直接反映空间效应，因此接下来我们再来看回归的空间效应（直接效应、间接效应和总效应），我们基于地理权重矩阵所得出的回归结果如表 5. 13 所示。

表 5. 13 SAR 模型的直接效应、间接效应和总效应（地理距离权重矩阵）

效应类别	变量	系数	T 统计值	P 值
直接效应	ky_{2i}	0. 33	6. 84	0
	sy_{2i}	0. 35	7. 82	0
	ky_{3i}	0. 33	23. 64	0
	sy_{3i}	0. 32	22. 9	0
间接效应（溢出效应）	ky_{2i}	0. 057	3. 01	0. 003
	sy_{2i}	0. 063	2. 88	0. 004
	ky_{3i}	0. 063	2. 06	0. 039
	sy_{3i}	0. 062	2. 09	0. 037
总效应	ky_{2i}	0. 38	11. 72	0
	sy_{2i}	0. 41	14. 73	0
	ky_{3i}	0. 39	9. 27	0
	sy_{3i}	0. 39	9. 68	0
Log_L	-1011			
Adj · R^2	0. 91			

资料来源：相关省份历年统计年鉴。

从以上空间效应回归结果中我们首先可以看到，总效应结果与以上回归结果一致，即第三产业的收缩效应显著小于第二产业，而扩张效应则大于第二产业；其次我们看到，溢出效应显著为正，这说明各个地区之间第二产业、第三产业以及 GDP 的扩张和收缩产生了显著的空间正效应，例如当某个地区的第三产业扩张时对其邻近的地区就会产生溢出效应，如去周边省份旅游、购房等，推动邻近省份的经济扩张，收缩时则相反；最后，我们看到，直接效应中变量 ky_{2i} 和 ky_{3i} 的系数值相等，但总效应中后者的系数值要大于前者，这说明间接效应显著促进了第三产业的扩张，加剧了第三产业的陡升效应，这正是空间回归与普通回归所不同的原因，而且我们也看到空间效应回归结果对数似然值明显小于普通面板模型，说明空间计量回归结果更理想。

第六节 估计结果的进一步分析

由前面的分析可知，第三产业的扩张和收缩对经济波动的效应是非对称的，下面我们对此进行进一步的分析。我们先来讨论第三产业的扩张效应。

一、第三产业对宏观经济的扩张效应分析

在扩张效应中，第三产业是三次产业中最大的，这与第三产业陡升的特征一致。扩张效应最大虽然可以促进经济由衰退或萧条向复苏的转折（以下简称为“启动”），但在宏观经济进入到扩张的后期即繁荣阶段时，却会加剧经济的过热，减弱宏观经济由扩张向收缩转换（以下简称为“刹车”）的能力，更重要的是还会引发物价上涨和通货膨胀。理由如下：

首先，由于第三产业的扩张效应最大，因此引发的 GDP 扩张也更快，更容易引发经济过热和物价上涨，甚至通货膨胀，从而形成三者的恶性循环。通货膨胀率的上升会引发通货膨胀惯性。福勒和阿尔蒂西莫（Fuhrer & Altissimo，2006）认为通货膨胀持久系数与通货膨胀水平具有一致性，当物价水平较高时，其引发的通货膨胀惯性即通货膨胀持久性也较强烈。因此，短期内通货膨胀率的上升与通货膨胀惯性互相扮演着“推波助澜”的角色，所以通货膨胀持久性的增强既延迟了通货膨胀率回落和转折的时间，也削弱了宏观经济政策的效力。

其次，第三产业陡升的特性使其不仅上升速度更快，而且会使得第三产业的扩张期比第二产业更长。制造业和服务业扩张时的不同在于制造业扩张时受到资源约束的制约程度较强烈，而服务业受到资源约束的制约程度则较小，因此会出现更长的扩张期。

当服务业比例扩大时，由于服务业上升的速度更快，对GDP的扩张效应和带动力度也更大，同时通过描述性统计分析可知，第三产业扩张阶段的增长率序列方差值比第二产业更小，因此会使得经济活动偶然性的波动和衰退将不再那么频繁，宏观经济偶然下降的情况将发生得更少，所以随着经济扩张不太可能被偶然的波动和收缩所打断，经济上升期将更长。

杰弗里·H. 摩尔（1987）认为，一个快速增长的部门通常比一个缓慢增长的部门达到波峰的时间更迟，从扩张转向收缩的时间也会因此而滞后。因此如果第三产业在国民经济中起着支配作用的话，由于其强烈的扩张效应，将会使得宏观经济到达波峰的时间延迟，进而可以控制整个经济形势，在经济扩张的过程中，经济增长更加强劲，扩张期更长（Geoffrey H. Moore，1987），当然在步入扩张的后期或者是繁荣期之后也会加大宏观经济向收缩转换的难度。

最后，第三产业本身的特征也会引发刹车难的问题。众所周知，第三产业由于生产和消费的同时性，存货比第二产业要少得多。当第二产业扩张时，伴随着产能的急剧扩张，存货会逐渐增多，而不需要的库存的增加会促进第二产业由扩张向衰退的转换。安德鲁·菲拉多（Andrew J. Filardo，1995）也认为，制造业库存，尤其是耐用品库存，传统上在宏观经济的刹车中起着主导作用。

科林·克拉克（Colin Clark，1940）在他的《经济进步的条件》一书中认为，最终需求将越来越多地转向服务业，从而提高了服务业就业的份额。克拉克的分析基于所谓的“层次结构”需求假设，即服务比商品满足更高的需求，并且随着收入的增长，更高的收入份额将被用于购买服务。因此随着扩张阶段经济剧烈上升，劳动者收入也水涨船高，服务业需求也进一步加剧，从而陡升特征更加显著。

二、第三产业对宏观经济的收缩效应分析

当第三产业或第二产业收缩时则与以上扩张时的情况相反。第三产业收缩效应小于第二产业的关键原因是第三产业收缩时很少会出现产能过剩的情

况，而第二产业则刚好相反。因此这些特征引发了宏观经济收缩时复苏启动的难易问题。

第三产业不太可能产生大量被抑制的需求，因为它们在衰退中需求不太可能被推迟。例如对理发、医生服务和税务会计的需求对经济衰退的敏感度比较低（Andrew J. Filardo，1997）。而第二产业情况则不同，如果经济连续收缩，企业最终必须放慢生产速度。制造业库存，特别是耐用品库存，不仅因为对其产品的需求下降，而且因为多余的存货必须被冲销。因此，不需要的库存的增加会加剧经济衰退（Andrew J. Filardo，1995）。与制成品不同，服务业的商品根本无法储存，所以服务业不太容易受到库存诱发的衰退的影响。

更重要的是，第二产业由于其库存引发的衰退与其收缩惯性会引发“推波助澜”和恶性循环的问题，而第三产业由于不存在库存问题，因此其不仅衰退较慢（即缓降），而且也不会出现上述恶性循环的问题。再者，由于第三产业就业和增长都比较稳定，加上其收缩序列方差值较小，因此其缓降的趋势会一直保持稳定，出现偶然的陡降的可能性不大，启动和反转都比较容易。

除了减少经济衰退的深度，服务业的增长往往使经济衰退的时间缩短。与第三产业扩张时的情况相反，其由于收缩较慢并且收缩效应更小，因此第三产业到达波谷的时间比第二产业更早（Geoffrey H. Moore，1987），第三产业比第二产业更容易走出衰退，或者说它走出衰退的时间会更早，可以有效地减缓宏观经济的收缩并加速其好转。这与彭晓莲（2017）的结论也是一致的，即第三产业在三次产业中抗衰退能力和内生扩张能力都是最强的，第三产业主导的地区是最先走出衰退的①。

根据刘长青（2000）的观点可知，复杂的经济要素中，当这些要素与经济收缩方向一致时，经济运行的惯性就越大。第二产业在收缩中会产生严重的产能过剩，就如2011年以来的我国经济态势一样，产能过剩与经济收缩又形成恶性循环，进一步加大第二产业的收缩效应，使宏观经济衰退加重。而第三产业的经济要素与经济运行方向是相反的，经济收缩的阻抗或摩擦因素

① 彭晓莲．我国区域经济周期的差异性研究［D］．长沙：湖南大学博士论文，2017．

越大，经济收缩的惯性就会越小，因此经济复苏也越容易启动。

最后，我们从实证分析结果可知，三次产业中同样陡度的扩张和收缩，后者对经济的冲击力度要远大于前者。这有点类似于货币政策的非对称性。即由于价格黏性的存在，在经济向下收缩时，企业宁愿选择数量调整也不愿降价即保持价格不变，因此当局启动经济复苏效果不显著。再加上第二产业对 GDP 的强大收缩效应，所以收缩时的启动比扩张和过热时的刹车更难。这有点类似于货币政策的“绳子理论”。所以第三产业虽然扩张时对 GDP 的冲击力度更大，但其收缩时对于缓和经济波动有着更重要的意义。

综上所述，当第三产业占 GDP 的比例扩大时，不仅会引发扩张和收缩的非对称性，延长扩张期并缩短收缩期，还会引发经济周期转折点的非对称性。即当第三产业扩张时，会加剧宏观经济过热，加大宏观经济由扩张向收缩转换的难度，导致刹车难的问题；当其收缩时，则会减缓宏观经济收缩，有利于经济由衰退向复苏的转折，促进宏观经济的启动。

第七节 小　结

本章收集了各省份三次产业增长率和 GDP 增长率数据，并设定虚拟变量，利用普通面板模型和空间面板模型进行实证分析，得出了一系列结论。通过计算第三产业和第二产业增长率序列的偏度系数可知，两者表现出了明显的异质性，尤其是第三产业的特征尤为显著，30 个省份里面共有 26 个省份都是属于陡升缓降的非对称类型，而第二产业表现稍微复杂，有 15 个省份增长率属于缓升陡降类型。在此基础上我们进行了实证检验，具体结论如下：

第一，我们构建了三个空间权重矩阵，即相邻矩阵、地理距离矩阵和经济距离矩阵。通过空间面板回归可知，三个矩阵的回归结果是一致的，即第三产业扩张时对 GDP 的效应要大于第二产业，而收缩时则相反。再从空间效应回归结果中我们得知，总效应结果与以上回归结果一致，但溢出效应显著为正，这说明各个地区之间第三产业的扩张和收缩产生了显著的空间正效应，加剧了第三产业的陡升效应。

第二，当服务业比例扩大时，由于服务业上升的速度更快，对 GDP 的扩张效应和带动力度也更大，同时由于第三产业扩张序列的方差值比第二产业更小，因此会使得宏观经济持续和剧烈扩张的力度也更大，所以随着经济扩张不太可能被偶然的波动和收缩所打断，结果会使得第三产业和 GDP 的扩张期更长。当第三产业收缩时则相反。第三产业收缩效应小于第二产业的关键原因是前者收缩时很少会出现产能过剩的情况，这些特征缩短了宏观经济的收缩期。

第三，如果第三产业在国民经济中起着支配作用的话，由于其强烈的扩张效应，将会使得宏观经济到达波峰的时间延迟，进而可以控制整个经济形势。在经济扩张的过程中，尤其在步入扩张的后期或者是繁荣期之后会加大宏观经济刹车的难度。在收缩期则相反，第三产业到达波谷的时间比第二产业更早，也更容易走出衰退，或者说它走出衰退的时间会更早，因此第三产业在三次产业中抗衰退能力和内生扩张能力都是最强的。

第六章　第三产业非对称效应的原因与机理分析
——基于第三产业自身特性的视角

本章我们将从第三产业自身特性的角度对第三产业非对称效应的原因进行分析。第三产业产生非对称效应的关键原因是其本身的非对称波动特征，导致其非对称波动的原因是多方面的，本章将主要从其自身的特性来进行分析，例如其资本特性、生产与消费的同时特性、需求收入弹性、消费的棘轮效应等。

第一节　基于第三产业资本特性的分析

本节我们将从第三产业资本特性的角度进行分析。首先我们对投资非对称的内生性特征及其理论基础进行回顾，其次再结合第三产业的资本特性分析其陡升缓降（或缓降陡升，以下统称非对称特征）的原因。

一、固定资产投资非对称波动的特征及其理论基础

塞普尔韦达·乌曼佐（Sepúlveda-Umanzor J.，2005）认为投资的非对称性是源于边际成本曲线的上凹特性，即是由于其导致了产能利用率对相同规模生产率的正冲击和负冲击的不对称响应。当应对正的生产力冲击时，企业将通过集中利用产能来提高产量，即增加产能可以增加资本服务，从而增加产出，然而，这也增加了折旧成本，因此最终将减缓产出的调整。更重要的

是，这将在输出扩展路径上创建一个上限。当应对负的生产力冲击时，企业将降低产量，同时又会节省企业的折旧成本。正的技术冲击会增加预期的资本回报，从而刺激投资。然而，投资的预期回报不会像折旧不变时那样增加。同样，折旧函数的凹函数特征意味着预期回报将表现出不对称的行为，相比在对相同规模正冲击的反应中上升的幅度，在对负冲击的反应中下降的幅度更大。因此，投资将呈现负偏态分布。消费中观察到的这种不对称也是产出和投资不对称的直接结果。这就导致了使用100%的容量永远不是最佳的，从而为短期波动创造了一个上限。但是，下限为零。这就造成了不对称。

对于折旧函数向上凸的特性，对负冲击的反应将是比正技术冲击更为敏感。因此，在一个完美信息的假设框架中，投资表现出负偏度的特征是内生的。

安德鲁·菲拉多（1997）认为因为制造业产品可能比服务业资本密集度更高，因此制造业活动比服务业活动更具波动性和衰退倾向，制造业产品比服务业产品也更容易受到抑制需求的影响。马尔特·努佩尔（Malte Knueppel，2014）也认为由于制造业产品资本密集性更显著，所以更容易陷入衰退。例如，生产汽车和冰箱需要大量的资本投资，如高科技车床和金属冲压设备。相比之下，理发和草坪服务需要剪刀和简单的切割工具。由于大型资本投资对利率更为敏感，因此它们更有可能在周期内随着利率上下波动。故制成品往往比服务业更具周期性，收缩也更剧烈。

安德鲁·埃格斯和安尼德斯（2006）以及马尔特·努佩尔（2014）认为制造业属于资本密集型产业；制造业的产品受到出口贸易和汇率波动的影响较大。因为资本密集型的制造业产品的需求更容易受到国际市场和国外需求变化的影响，例如美国大约80%的非农业出口是商品，大部分是制造业货物，因此汇率和外国商业周期的波动导致制造业活动比服务业更不稳定，也更容易衰退。

在经济收缩阶段，固定资产投资容易引发产能过剩，即产能过剩更容易发生在前期投入巨大、投入周期长的重工业产品中。而且产能过剩与经济衰退会形成恶性循环，进一步加剧经济收缩。例如林发彬（2010）认为一般情况下，产能过剩会导致存货被动增加，进而对整个经济具有向下的拉动作用。由于第二产业中的固定资产投资额巨大，容易产生产能过剩，因此有效转移其产能过剩是减缓经济收缩的有效手段。王斌（2014）认为化解第二产业中的产能过剩是减缓经济衰退的有效路径。例如美国人通过发展高新技术产业和第三产业将第二产业中的钢铁、汽车等过剩的投资转移出来，并把它们转移和释放到第三产业中，第三产业不存在产能过剩，因此可以有效地抵抗衰退，从而缓解了经济危机。王啸吟（2012）认为固定资产投资会引发产能过剩，而产能过剩又会导致第二产业投资效率低下，加剧衰退，形成恶性循环。笔者通过回归得知，服务业固定资产投资增长 1%，GDP 会增加 0.75%，表明服务业资本对国民经济的增长和复苏起着一定的推动作用；工业固定资产投资增长 1%，GDP 则会减少 0.3%。

在前面的分析中，我们得知和第三产业相比，第二产业波动虽然整体上表现出陡升缓降的特征，但其偏度系数值比第三产业一直要小，更重要的是其峰值不比第三产业大，但其谷位却一直低于第三产业和 GDP 的谷位。结合上述观点，我们认为这与二三产业的资本特性有着密切的关系。即由于第二产业的资本密集度显著高于第三产业，在经济扩张时期它容易受到折旧函数向上凸的特性的影响，减缓了其扩张的幅度，在经济衰退时期又容易受到产能过剩和外在冲击的影响，加剧其收缩。我们下面进行具体分析。

二、第三产业资本特性的实证分析

我们现在对我国第三产业的资本特性进行分析和实证检验，并结合第二产业的资本特性进行比较，以揭示出我国第三产业独特的资本特性，为本节第三部分的分析打下基础。

第三产业的生产过程对于生产设备、厂房、机器、储存设施、运输设备以及建筑设备等方面的需求远远比不上工业和建筑业，无论是资本存量还是固定资产投资都远远不及第二产业。2017 年我国第二产业产值与其固定资产投资的比值大约为 1.28，而批发和零售业、金融业和餐饮三个行业的产值与固定资产投资的比值分别为 4.7、58 和 2.4，这也说明与第二产业相比，[①] 服

① 刘丹鹭．服务业发展能烫平宏观经济波动吗？——基于中国数据的研究［J］．当代财经，2011（6）：90－107

务业对于物质资本的需求量要低得多，所需要的投资额也低得多。因此第三产业在 GDP 中的比重提升后，经济运行的资本存量比重必然降低，折旧的比重也会下降，经济扩张会更剧烈。

刘丹鹭（2011）认为尽管第三产业也存在一定的资本投入，但其资本密集度比第二产业要小得多。他认为，虽然第三产业有几个行业需要巨大的前期资本投入，典型的如交通运输业、房地产业和公共设施业这三个行业，但这三个行业的产值占第三产业产值比重较低，2007 年这三个行业的增加值占第三产业比重约为 30%，其他行业占了 70%。因此他认为在计算第三产业资本投入时要扣除这三个行业的资本投入，而在扣除之后的第三产业资本投入总量要远小于以制造业、采矿业和电力为代表的第二产业。刘丹鹭还计算了 2009 年的第二产业和第三产业的资本—劳动比率，得知前者要大得多。魏枫凌（2017）也认为在计算第三产业的固定资产投资规模时，应扣除前期投资规模较大的交通运输、物流仓储业和房地产业，以此作为新口径来衡量第三产业的投资规模较合适。笔者也认为，由于这两个行业前期投资规模过大，而前期投资基本上都归属于建筑业，而且这两个行业的产值占第三产业的比重较低，大部分年份都在 30% 以下，如图 6.1 所示。从图 6.1 中可知，这两个行业的比重不仅不高，而且一直呈现出下降的趋势。因此我们把扣除了这两个行业之后的固定资产投资额作为第三产业的投资总量。由此我们计算了 2003 ~ 2017 年扣除以上两个行业之后的我国第三产业固定资产投资和第二产业固定资产投资总额，并计算了两者的比值，列于表 6.1。

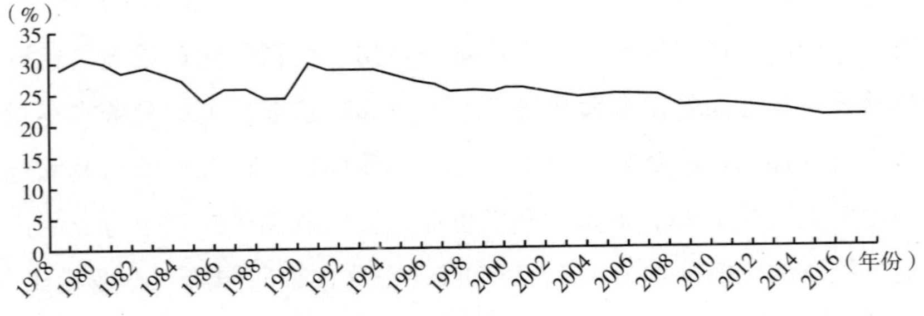

图 6.1　1978 年以来交通运输与仓储物流和房地产业产值占第三产业比重变动趋势

资料来源：《中国第三产业统计年鉴 2019》。

表 6.1 2003～2017 年我国第三产业和第二产业的固定资产投资总额比较

年份	总固定资产投资（X）（亿元）	第二产业固定资产投资（X_1）（亿元）	第二产业固定资产投资占总投资的比重（X1/X＊100）	第三产业固定资产投资（X_2）（亿元）	第三产业固定资产投资占总投资的比重（X2/X＊100）	比值（X_1/X_2）
2003	45811. 7	16627. 7	36. 30	11083. 3	24. 19	1. 50
2004	59028. 2	22834. 9	38. 68	12792. 5	21. 67	1. 79
2005	75095. 1	31591. 8	42. 07	15169. 9	20. 20	2. 08
2006	93368. 7	39544. 9	42. 35	17998. 4	19. 28	2. 20
2007	117464. 5	50814. 3	43. 26	21123. 3	17. 98	2. 41
2008	148738. 3	64899. 9	43. 63	26780. 3	18. 00	2. 42
2009	193920. 4	81991. 5	42. 28	37682. 6	19. 43	2. 18
2010	241430. 9	101012. 9	41. 84	45742. 2	18. 95	2. 21
2011	302396. 1	132212. 3	43. 72	52555. 3	17. 38	2. 52
2012	364854. 1	158059. 9	43. 32	64738. 1	17. 74	2. 44
2013	435747. 4	185394. 5	42. 55	78641. 6	18. 05	2. 36
2014	501264. 9	208293. 9	41. 55	96396. 6	19. 23	2. 16
2015	551590	224810	40. 76	113355. 4	20. 55	1. 98
2016	596500. 8	232469. 1	38. 97	134406. 5	22. 53	1. 73
2017	631684	236266. 7	37. 40	153317. 8	24. 27	1. 54

注：第三产业固定资产投资是已经去掉了交通运输、仓储和邮政以及房地产业两个行业的投资之后的数据。

资料来源：根据历年《中国统计年鉴》和《第三产业统计年鉴 2019》整理得到。

由表 6. 1 可知，第三产业固定资产投资一直远小于第二产业，差距在 2011 年达到顶峰。我们计算了两者的比值，从表 6. 1 看出，两者的比值大部分年份都是大于 2 的，小部分年份也在 1. 5 以上。前者占总固定资产投资的比重一直保持在 25% 以下，而后者比重一直是在 36% 以上，表明第三产业不论是在固定资产投资的绝对额还是在资本密集度方面都是远小于第二产业的。

制造业正变得资本密集度更高，日益通过使用最先进的技术来满足客户的需求，如无人工厂和无人车间的逐渐普及，还有如复杂的控制系统和高速计算机等，这些都是资本密集型的。因此它们的生产更有可能在经济衰退时放缓。

三、第三产业非对称波动特征与其资本特性的关系分析

通过上述分析，我们得知固定资产投资波动呈现出负偏度的特征，第三产业波动的陡升特征与其自身的资本特性不无关系，而其资本特性又与第三产业的生产过程和生产特点有着密不可分的关系。由于第三产业低劳动生产率的特征，其生产方式更多地偏向于劳动力密集型，因此生产过程更多地依靠人力资本和知识资本等无形资产的投入。虽然近年来随着现代服务业的发展，第三产业的资本密集度开始有所提高，但是占第三产业的比重仍然较低，尤其是与工业和建筑业的资本密集度相比依然较低。因此其在扩张时受到折旧凹函数特征的影响较小，导致其扩张时更加剧烈，而收缩时也不会受到固定资产剧烈下降的影响。由此，我们计算了第三产业部分细分行业的偏度系数，如表 6. 2 所示。

表 6. 2　　第三产业部分行业产值增长率的偏度系数

行业	批发和零售业	交通运输、仓储和邮政业	住宿和餐饮业	金融业	房地产业
偏度系数	0. 3	-0. 25	1. 47	1. 23	1. 02

资料来源：根据历年《中国统计年鉴》和《第三产业统计年鉴 2019》整理得到。

由表 6. 2 可知，固定资产投资额较大的交通运输、仓储和邮政业的偏度系数值为负，其他行业的偏度系数值均为正，包括房地产业。房地产业的偏度系数值大于零可能与其固定资产投资都是短期有关，这说明第三产业大部分行业由于其资本密集度较低，因此导致其偏度系数值大于零。

其实，第三产业固定资产投资的组成与结构也对其非对称波动特征有着重要影响。由于我国第三产业大部分行业例如金融、交通运输、水利环境和公共设施、科学研究、教育、卫生、文化体育等都是属于国有垄断行业，这些部门的固定资产投资仍然是以国有投资为主导。而制造业则不同，私人控股企业的固定资产投资比例一直呈现上升趋势，例如 2004 年是 14. 2%，2006 年则上升到 51. 4%。因此与制造业相比，我国第三产业固定资产投资的非国有成分严重偏低。从 2006 年的数据来看，除了房地产业、批发和零售业、住

宿和餐饮业等行业，其他大部分领域都是属于国有行业。

固定资产投资仍然以国有投资为主，这样容易导致剧烈扩张，即经济上行时期很容易获得贷款资金，出现陡升的现象，而收缩时却有国家兜底因此不容易造成大落。而制造业则相反，由于大部分投资以民营资金为主，即使经济扩张时也不容易获得银行贷款，而收缩时更是雪上加霜容易导致大落。

第二节 基于生产与消费同时性的分析

一、第三产业生产与消费同时性的特征概述

第三产业的本质特性之一，就是其生产和消费的同时性这一特征（以下简称同时性特征）。该特征对宏观经济产生的影响可以说是无时无刻的，那么它到底会对宏观经济产生什么影响，影响结果到底如何，如何趋利避害地发挥这些影响，都是宏观经济和产业经济的政策制定者要考虑的问题。

我们先对同时性特征进行一下概述。众所周知，生产即是指创造物质财富的活动和过程，而服务生产从某种程度上说则是工厂或企业生产出来的满足人们需求的产品或劳务，服务业提供的产品或劳务一般都是无形的；消费则是人们为满足自身生存或发展需要而进行的一系列经济行为。对于第三产业来说，生产和消费一般都是同时发生的。那么第三产业为什么具有这一特性呢？总的来说是由于以下两个原因：一是服务产品的不可分割性和互动性。服务产品一般都是要即时消费的。服务产品生产者为消费者提供服务产品的过程也就是消费者消费的过程。因此第三产业的产品生产与消费者的消费过程在时间和空间上通常是同时进行的，具有不可分割性。当生产者开始提供服务时，消费者也开始了消费过程，当生产过程结束时，消费过程也随之结束。例如按摩、理发、安全保卫等。二是服务产品的不可储存性和非运输性，即服务产品的“库存不可能性”。一般情况下，第三产业生产的产品无法被保存起来，也无法进行空间转移做到异地消费，虽然随着网络和现代服务业的发展，某些服务业的产品能够被储存起来，例如教学过程、税务咨询等，

但大部分传统服务业的产品还是无法储存的。再者，服务产品除了不能被储存外，还无法转售和运输，只能在生产的地点和时间被消费。

那么第三产业的这一特性对于宏观经济波动会产生什么影响呢？我们认为，要分析生产与消费同时性的影响，必须结合第二产业的存货对经济波动的影响一起分析。与第三产业不同，第二产业特别是制造业比服务业更容易衰退，关键是因为第二产业存在存货。

综上所述，第三产业之所以能够对经济收缩产生减缓效应，其关键还是因为存货，而第三产业的发展会降低存货投资占 GDP 的比重。那么为什么存货会加剧经济波动尤其是经济收缩呢？我们下面从理论和实证两个方面来分析存货对经济波动的影响。

二、存货对经济波动影响的特征及其机理分析

该部分我们将从理论上分析存货对经济波动的影响，重点分析制造业存货对经济收缩的影响。

存货是由厂商持有的制成品和原材料或是生产要素组成的。存货投资是指期末存货价值与期初存货价值的差额。虽然存货投资占 GDP 比例不高，但从存货积累到大量清理或是大量囤积的过程都会加剧宏观经济波动。纪敏和王月（2009）认为制造业中成品存货在总存货中的比重已经逐渐下降，而原材料存货的比重和影响力都越来越大。易纲（2000）认为在美国的存货中成品占的比重越来越小，其波动幅度也越来越小，而原材料存货占的比重却越来越大，波动幅度也比成品要大得多。因此我们下面重点分析原材料存货的影响。余斌、吴振宇（2014）认为 2013 年存货投资占我国 GDP 比重在 2% ~ 3% 之间，但存货投资波动大概是消费波动的 6 倍，是固定资产投资波动的 2 倍。他们认为存货调整是导致经济波动的重要原因。他们还通过计量分析表明，我国工业增加值的波动中大约有 30% 来源于存货调整。事实上，原材料存货的波动是与其价格波动紧密相关的。李明旭（2008）认为当经济繁荣、生产扩张、原材料价格不断上涨的时候，囤积原材料能够获得比产成品更高的利润，因此存货投资会不断扩张。例如 1988 年企业需求旺

盛、生产资料价格上涨的时候，企业开足马力，加大投资生产，存货投资也不断上升。而当1988年9月针对经济过热中央开始实行紧缩政策时，企业也随着压缩产量并调整库存，存货投资也急剧下降，使得1989年GDP增长率降至4.1%①。

大多数文献认为存货对经济周期的影响是顺周期的，而且存货的这种顺周期特征加剧了宏观经济波动。由于经济扩张时企业增加存货投资，以满足不断增长的订单需求；经济收缩时企业订单减少，企业需要减少产量，为了避免存货占用资金，需要先从减少和清理存货投资开始。更重要的是，存货投资对经济波动的影响是非对称的，在经济下行期间，存货对经济衰退的加剧效应更加显著。阿布拉莫维茨（Abramovitz，1950）认为存货投资波动是GDP总值波动的重要组成部分，尤其是衰退期，存货投资的影响更大。如1981～1982年美国的GNP总值下降了318亿美元，其中存货投资的减少就使得美国的有效需求下降了316亿美元，其下降幅度远远超过了GNP的其他组成部分②。艾伦·S. 布林德（Alan S. Blinder，1981）认为存货下跌幅度通常占经济从波峰到波谷下降幅度的70%左右。在二战之后的衰退期间，其平均下跌幅度是国民生产总值下跌幅度的68%。经济波动很大程度上表现为存货投资周期波动。例如1996年我国宏观经济步入收缩阶段，同时，5000户企业的存货投资也步入下行阶段，从500多亿元降至200多亿元，一直持续到2002年（2002年降至-60亿元）。但从2003年宏观经济步入复苏阶段之后，存货投资又开始持续上升③。1948～1982年，美国共经历了8次完整的经济周期。GDP数额下降中平均95%都可以用存货投资的净减少来解释，除了1980年，其余7次GDP收缩都伴随着显著的存货投资大幅下降④。在经济下行导致产成品价格下降的过程中，上游企业的压力往往会更大，对产量的压缩程度也是最大的，尤其是重工业。例如2008年的钢材行业，三季度时钢材销量同比增长率为-3.5%，为减少积压，钢材生产产量大幅度下降，同比回

① 李明旭. 存货调整导致经济快速收缩［N］. 中国证券报，2008，12，19.

② M. Abramovitz. Inventories and Business CyclesArticle［J］. Economica，1950（19）：33-54.

③ 纪敏，王月. 对存货顺周期调整和宏观经济波动的分析［J］. 经济学动态，2009（4）：11-16.

④ 高敏雪. 衰退时期凸显存货的意义［J］. 中国统计，2009（3）：36.

落12%[①]。因此存货投资波动放大和加剧了经济波动尤其是经济衰退，而且在作用的过程中，上游企业比下游企业受影响更大，重工业比轻工业受影响更大。

首先，存货投资之所以和经济周期同步，主要还是预期需求在制造业企业存货投资变动和调整过程中发挥着关键作用。如果忽略掉经济扩张和收缩过程中仓储成本与资金成本的变动，即只考虑原材料价格涨跌对存货的影响，那么企业原材料存货投资增加或是减少的动机主要是未来原材料价格涨跌带来的收益或损失。在经济扩张阶段，此时企业面临旺盛的市场需求，并且市场需求持续上涨，导致企业原材料价格也会持续上涨，在预期心理的作用下，企业将会更多地储存原材料，以提高产能、满足不断增长的需求或者是避免错失良机，同时还进一步促进了总产出增长。而在经济收缩阶段，需求下降，企业销量也随之下降，导致企业原材料价格也会出现持续下跌或者是涨幅越来越小的状况，此时企业将会出现库存过剩。同样在预期心理的作用下，企业担心经济会进一步收缩导致价格会进一步下跌，因此将会开始清理存货，从而又会进一步加剧经济衰退。即存货波动将会与经济周期波动同步，或者说存货是顺周期的[②]。其次，存货投资之所以对经济周期有着非对称的作用，关键还是因为存货是一柄“双刃剑”。在扩张阶段，存货投资不断增加，但正如前所述，不断增加的存货投资一是会增加仓储成本、资金成本，二是会引起折旧、损坏等成本。因此当经济扩张阶段产出和存货投资上涨到一定程度后，实际销售量低于预期将导致库存被动增加和过剩，使得存货投资的成本高于收益，此时厂商将会适当地压缩产量，导致经济扩张的幅度下降。而当经济收缩时，市场需求萎缩将导致企业先消化现有成品库存，而且相对于固定资产，存货更具有流动性和变现能力，处理和消化存货迅速回笼资金是大部分企业的首要选择。由此导致产量进一步收缩，存货投资对经济收缩的影响要大于对扩张的影响。

---

① 纪敏，王月．对存货顺周期调整和宏观经济波动的分析［J］．经济学动态，2009（4）：11－16.

② Abeysinghe，T and Gulasekaran，R. Quarterly Real GDP Estimates for China and Asean 4 with a Forecast Evaluation［J］．Journal of Forecasting，2004（6）：431－447.

三、存货投资对宏观经济波动影响的实证分析

该部分我们对存货投资对经济波动尤其是经济收缩的影响进行实证分析。我们收集了 1979 ~ 2017 年的存货变动数据和 GDP 增长率。存货投资数据我们采用 GDP 支出法中的存货变动数据（由于找不到可比价格的数据，为了简便起见，我们直接采用当年价格的存货变动数据）。

首先我们对存货投资增长率及其 GDP 增长率的相关系数进行检验。我们先来看两者的波形图，由于存货增长率大起大落的幅度太大，为了便于与 GDP 增长率比较，我们把前者除以 10 之后再绘制于图 6.2。由图 6.2 可知，除以 10 之后的存货增长率的波幅依然很大，总体来看，它与 GDP 增长率的波形还是比较一致的。所不同的是，它的波动频率要远大于 GDP 增长率。

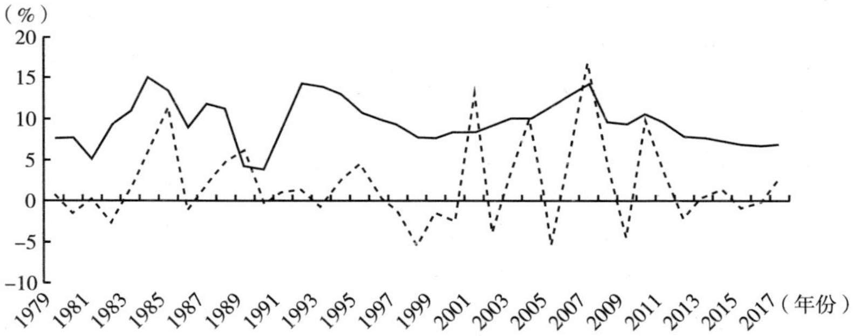

图 6.2　存货波动曲线与 GDP 波动曲线

注：实线为 GDP 增长率，虚线为存货增长率的十分之一。

资料来源：根据历年《中国统计年鉴》和《第三产业统计年鉴 2019》整理得到。

我们通过计算滚动相关系数来检验两者的相关程度，滚动相关系数是在样本范围内给定时窗长度 m，在 p 时刻的相关系数，滚动相关系数可估计不同时点时间序列的线性相关关系，能够体现时间序列之间不同时域线性相关关系，为了方便起见，我们从 1979 年开始，分别计算 1979 ~ 2017 年，1980 ~ 2017 年，……，2007 ~ 2019 年的滚动相关系数，然后把它们绘制于图 6.3。

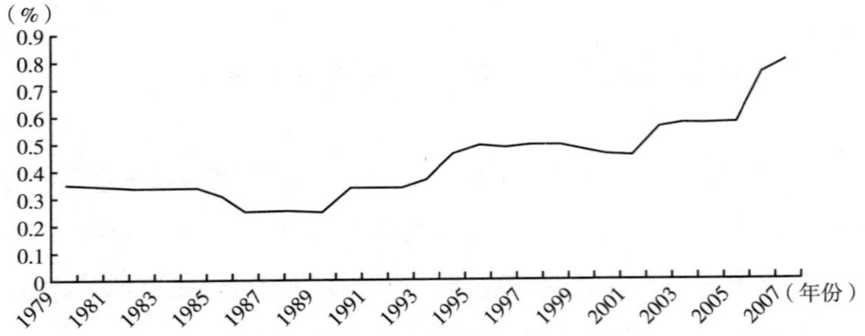

图 6.3　存货增长率与 GDP 增长率滚动相关系数变动趋势

注：每个年度的坐标值代表该年度到 2017 年的相关系数值。

资料来源：根据历年《中国统计年鉴》和《第三产业统计年鉴 2019》整理得到。

由图 6.3 可知，存货波动与 GDP 波动的相关系数大部分都在 0.3 以上，到 1992 年之后，两者的相关系数直线上升，2007 年达到了 0.8，说明随着市场经济体制的建立和逐渐完善，我国存货投资对经济波动的影响程度越来越高，或者说存货波动的顺周期特征越来越明显。

其次我们对两者的格兰杰因果关系进行检验，先来检验它们的平稳性。检验结果如表 6.3 所示。由表 6.3 可知，存货（CH）增长率与 GDP 增长率（ZGDP）都是平稳序列，满足格兰杰因果检验的条件。

表 6.3　　1979～2017 年 ZCH 与 ZGDP 单位根检验结果

变量	ADF 检验值	t 统计值		概率值
ZCH	-6.42	1% level	-3.61	0
		5% level	-2.94	
		10% level	-2.61	
ZGDP	-3.3	1% level	-3.63	0.02
		5% level	-2.94	
		10% level	-2.61	

资料来源：根据历年《中国统计年鉴》和《第三产业统计年鉴 2019》整理得到。

我们把格兰杰因果检验的结果列于表 6.4，由结果可知，两者互为格兰杰因果关系，说明存货投资增长率与 GDP 增长率确实是互相作用的。

表 6.4 1979～2017 年存货增长率与 GDP 增长率格兰杰因果检验结果

原假设	样本量	F 统计值	概率值
ZGDP 不是 ZCH 的格兰杰原因	38	8. 11595	0
ZCH 不是 ZGDP 的格兰杰原因		2. 67986	0. 1

资料来源：根据历年《中国统计年鉴》和《第三产业统计年鉴 2019》整理得到。

最后，我们再对存货增长率的非对称特征进行检验。我们这里还是使用前面的偏度系数来检验存货增长率的非对称性。西奇尔（1993）提出了两种不同类型的非对称：陡度型非对称和深度型非对称。陡度型非对称即是我们前面使用过的依靠原时间序列的偏度系数来检验的非对称类型；深度型非对称即是先对原时间序列进行差分，再检验差分序列的偏度系数的非对称类型。如果差分序列的偏度系数值大于零，那么表明扩张的幅度大于收缩的幅度，称这种非对称为深度扩张型非对称；如果差分序列的偏度系数值小于零，那么表明扩张的幅度小于收缩的幅度，称这种非对称为深度收缩型非对称。

我们对存货增长率 ZCH 再求差分，记差分序列为 DZCH，然后再利用 EVIEWS 软件求 DZCH 序列的偏度系数值，得知其为 -0. 2。因此可以得出结论：存货增长率 ZCH 是典型的深度收缩型非对称，即其在波动的过程中收缩的程度要远大于扩张的程度，因此对经济衰退的影响和冲击要更加显著。这与我们第一部分的结论是一致的。

制造业的存货伴随着整个经济周期波动的过程，而存货与经济周期又有着显著的顺周期特征，尤其是容易导致宏观经济的衰退。第三产业大部分行业不存在存货或者是存货很少，所以第三产业不论是收缩还是扩张都很少受到存货波动的影响，即扩张时比第二产业要更加剧烈，而收缩时则要轻得多，导致其偏度系数要更大，波谷也比第二产业更高。

第三节 基于需求收入弹性和棘轮效应的分析

一、第三产业需求收入弹性估计

居民服务性消费正成为消费需求的重要组成部分，而当前服务业的消费需求也是第三产业产值的重要组成部分。该部分我们从第三产业的需求收入弹性和消费棘轮效应的特性来探讨第三产业陡升缓降的原因。我们先以克拉克的观点作为理论基础，然后再运用面板数据模型检验第三产业的需求收入弹性是否大于1，最后再分析第三产业消费的棘轮效应。

我们认为，第三产业在经济扩张时期之所以会出现陡升的特征，与它的需求收入弹性较大有着重要的关系。众多文献对第三产业的需求收入弹性进行了分析，大多认为随着收入的提高将会促进第三产业的迅速发展，不论是比重还是产值都会不断提高，即基本上都认为它的需求收入弹性是大于1的。一般来说，服务业的消费品更多地具有奢侈品的特征。服务消费的层次比商品消费高一些。消费者在商品消费满足之后，都会产生服务的消费需求。科林·克拉克（1940）的分析与马斯洛的层次需求理论如出一辙，即服务业比商品满足更高的需求。随着收入的增长，居民更高的收入份额将用于服务业的消费。尤其是进入到小康阶段之后，人们主要的需求是社交需求和相互间的尊重。相应地，就需要教育、医疗等产品来构筑沟通交流的共同知识背景，提升生存质量，实现相互间的尊重。段先盛（2010）运用SDA方法，构建了中间生产和最终需求对产业结构变迁影响的理论模型，并运用投入产出流量表进行了检验。结果表明随着经济发展和收入水平的不断提高，居民的消费结构将由主要消费工业品转向住房、教育、医疗、旅游等服务消费，而且居民的服务消费会持续增长。张贡生和吕良宏（2006）选取城镇居民八大类人均消费进行主成分分析，结果表明消费支出对第三产业的发展有着显著的促进作用。丁守海（2014）从鲍莫尔—富克斯假说出发，通过检验发现，我国服务业的需求收入弹性大于1，并结合当前我国服务业发展滞后的情况，认为我国服务业发展具有广阔的前景。张颖熙和夏杰长（2012）采用约阿希姆·穆勒（Joachim Moller，2001）的理论分析框架，并在产业需求函数以及价格加成等式的基础上，构造了一个适用于分析国民经济中各个行业产出变动的宏观经济模型，并结合状态空间模型对我国服务业及其各个细分行业的需求收入弹性进行了估计。结果表明，我国服务业总体的需求收入弹性为1.04，其中住宿餐饮业、金融业和房地产业的需求收入弹性都大于1。

接下来我们使用面板数据模型来计算第三产业的需求收入弹性。我们这里同样借用约阿希姆·穆勒（2001）的模型。穆勒模型以整个宏观经济的平均生产率作为相对生产率衡量的基准，同时还考虑了产出因素的影响。因此该模型适用于分析三次产业的结构变动和需求收入弹性。它的基本假设如下。

假设 y 和 p 分别表示一个经济体的国民收入和价格总水平，q_3、l_3、π_3、p_3、w_3 分别表示第三产业的产出、劳动力、劳动生产率、价格和工资水平，那么可得相关方程如下：

$$\hat{q}_3 = \hat{l}_3 + \hat{\pi}_3 \tag{6.1}$$

$$\hat{q}_3 = c_3(\hat{p}_3 \quad \hat{p}) \mid \eta_3\hat{y} \tag{6.2}$$

$$\hat{p}_3 = \hat{w}_3 - \hat{\pi}_3 \tag{6.3}$$

上述方程中的变量都是指其取对数后再求差分后的数值。方程中的参数 ε_3 和 η_3 表示第三产业的需求价格弹性和需求收入弹性。忽略掉总产出和总收入，我们用 GDP 总值代替总收入。我们收集了除重庆之外 30 个省份的相关数据，并把它们换算成以 1992 年为基年的数据。价格指数我们按照以下公式计算：

$$p_{it} = \ln\left(\frac{Y_{int}}{Y_{ist}}\right)$$

$$t = 1, 2, \cdots, 30$$

其中，Y_{int}为 i 地区第 t 年的名义产出，Y_{ist}为 i 地区第 t 年的实际产出。劳动生产率用实际产值与实际从业人员之比表示。

根据以上方程组，我们可设定面板估计的方程为：

$$y_{it} = a_{0i} + a_{1i} \times (p_{3t} - p_t) + a_{2i}y_t + \varepsilon_{it}$$

其中，a_{1i}和 a_{2i}即为价格弹性和需求弹性。

（一）普通面板回归

在进行空间回归之前，我们先进行普通面板回归，其回归结果如表 6.5 所示。

表 6.5　　普通面板模型回归结果

待估参数	系数值	T 统计值	概率值
a_{1i}	-0.11***	-3.8	0
a_{2i}	1.04***	303	0
a_{0i}	-0.56***	-50	0
F 统计值	132		
Adj · R^2	0.99		

资料来源：根据历年《中国统计年鉴》和《第三产业统计年鉴 2019》整理得到。

由表 6.5 可知，估计结果较理想，所有的系数值都在 1% 的水平下显著，拟合系数值达到了 0.99。其中需求收入弹性估计结果为 1.04，需求价格弹性估计结果为 -0.11。这与众多文献的估计结果较一致，即第三产业的需求收入弹性大于 1，第三产业的需求价格弹性较低（绝对值），即证明了服务业确实是缺乏价格弹性的，有着显著的"成本病"特征。

（二）空间面板回归

然后我们再运用空间面板的方法进行回归（SAR 模型），我们先使用相邻权重矩阵进行回归，回归结果如表 6.6 所示。为了更加准确地估计出第三产业的需求收入弹性，我们使用总效应的估计结果作为依据。

表 6.6　　空间面板模型回归结果（相邻权重矩阵）

待估参数		空间自回归模型（SAR）		
		系数值	T-统计值	概率值
a_{1i}		-0.08	-1.3	0.2
a_{2i}		0.76***	10.6	0
a_{0i}		—	—	—
ρ		0.27***	3.93	0.011
直接效应	a_{1i}	-0.08	-1.2	0.2
	a_{2i}	0.77***	13.5	0
间接效应	a_{1i}	-0.03	-1.2	0.25
	a_{2i}	0.3***	4.8	0

续表

待估参数		空间自回归模型（SAR）		
		系数值	T－统计值	概率值
总效应	a_{1i}	－0.1	－1.3	0.2
	a_{2i}	1.04***	70	0
Log_L		1775		
Adj·R^2		0.99		

注：*** 表示在 1% 的显著性水平下通过检验。
资料来源：根据历年《中国统计年鉴》和《第三产业统计年鉴 2019》整理得到。

最后我们再运用经济距离权重矩阵对第三产业的需求收入弹性进行估计。估计结果如表 6.7 所示。

表 6.7　　　　空间面板模型回归结果（经济距离权重矩阵）

待估参数		空间自回归模型（SAR）		
		系数值	T－统计值	概率值
a_{1i}		－0.07	－1.17	0.24
a_{2i}		0.63***	8.5	0
a_{0i}		—	—	—
ρ		0.39***	5.63	0
直接效应	a_{1i}	－0.07	－1.2	0.27
	a_{2i}	0.63***	10.1	0
间接效应	a_{1i}	－0.04	－1.1	0.27
	a_{2i}	0.41***	6.6	0
总效应	a_{1i}	－0.1	－1.2	0.25
	a_{2i}	1.04***	60	0
Log_L		1819		
Adj·R^2		0.99		

注：*** 表示在 1% 的显著性水平下通过检验。
资料来源：根据历年《中国统计年鉴》和《第三产业统计年鉴 2019》整理得到。

相邻权重矩阵和经济距离权重矩阵的回归结果是一致的，系数的回归值也较理想。虽然需求价格弹性的回归结果不显著，但需求收入弹性的系数值都较显著，从初步回归到直接效应、间接效应和总效应的回归，其 T 统计值都较显著。ρ 值估计结果都大于零，结果也显著，表明当某个地区的经济扩张收入上升时对其邻近的地区就会产生正向溢出效应，导致其邻近地区第三产业扩张。虽然从初步回归结果来看，两次空间估计的需求收入弹性值是小于1的，但如果我们把间接效应考虑进去之后结果就不同了。从直接效应来看（即本地区的收入上涨率对第三产业产出的影响程度），两次估计结果分别为0.77和0.63。间接效应估计结果分别为0.3和0.41，表明某个地区的收入上涨对邻近地区第三产业的发展有着显著的促进作用。我们看空间面板总效应估计结果，可以发现两次估计值都是一样的，即与普通面板估计结果一致，都是1.04。这与张颖熙和夏杰长（2012）运用状态空间模型的估计结果完全相等，说明我国第三产业的需求收入弹性确实是大于1的。

二、第三产业消费的棘轮效应分析

该部分我们从第三产业的消费惯性和消费的棘轮效应角度来探讨经济收缩时第三产业为什么会出现缓降的特征。我们先来解释一下消费棘轮效应。棘轮效应是指人们的消费习惯一旦形成，向上增长很容易但向下收缩却很难，也就是我们通常说的“由俭入奢易，由奢入俭难”。即在经济扩张时期易于随着收入的增长而提高服务业的消费水平（这与我们前面所得出的服务业需求收入弹性大于1的结论一致），但在经济收缩时期却并不会随着收入的下降而同等程度地降低服务业的消费水平，以致产生有正截距的短期消费函数。棘轮效应是杜森贝利提出的。他认为消费习惯的影响因素较复杂，如生理和社会因素、个人性格及经历，因此个人消费往往参照在其收入最高时期的消费标准来进行。服务业是最易让消费者形成消费惯性的行业，消费的棘轮效应在第三产业的各个行业尤其是传统行业体现得最为显著。

众多文献对第三产业的消费惯性和棘轮效应进行了讨论。例如马尔特·努佩尔（2014）认为服务业的消费惯性和棘轮效应特征导致服务业在经济下行期间衰退的程度较轻。制造业产品比服务业更容易受到压抑的需求的影响，例如，在经济衰退期间，消费者倾向于推迟购买高价制造的产品，如新车、冰箱和电脑。这一过程会加剧制造业的收缩，在经济衰退期间导致经济进一步疲软。而服务业不太可能产生大量被抑制的需求，因为它们在经济衰退中被推迟的可能性较小。例如，对理发、医生服务和税务会计的需求对经济周期的影响远小于大额项目。吴晓晓、苏朝晖（2014）以我国城镇居民服务消费为研究对象，建立省际面板数据模型，分析了居民服务性消费与第三产业增加值的关系，以及城镇居民服务性消费的棘轮效应。分析结果为：东部地区服务性消费的棘轮效应最显著，所有省份的系数值都大于1，说明东部省份受以往的消费水平、收入水平和消费习惯的影响最强烈；中部居中，大部分省份的系数值在0.5以上，只有4个省份的系数值在0～0.5之间；西部最弱，只有5个省份的系数值大于0。

接下来我们运用偏度系数法来检验我国城镇居民和农村居民服务性消费的棘轮效应特征。由于服务性消费的数据难以估算，我们这里借用夏杰长、毛中根（2012）估算的1993～2014年人均服务性支出数据进行检验，如表6.8所示。

表6.8　1993～2014年我国城镇和农村人均服务性消费支出　单位：元

年份	农村	城镇
1993	116	209
1994	150	313
1995	202	405
1996	270	484
1997	299	577
1998	321	632
1999	341	738
2000	420	913
2001	456	1009
2002	500	1328
2003	557	1469
2004	619	1717
2005	763	1992
2006	848	2209
2007	918	2584
2008	997	2792
2009	1115	3215

资料来源：夏杰长，毛中根．中国居民服务消费的实证分析与应对策略［J］．黑龙江社会科学，2009，1.

通过计算以上两列数据的增长率，并运用EVIEWS软件计算它们的偏度系数分别为0.98、1.6，说明服务性消费支出呈现出典型的陡升缓降特征，城镇居民的偏度系数值比农村居民更大，说明城镇居民人均收入水平高，导致其服务性消费支出比例更大，棘轮效应更显著。这些结果与前面分析的结论是一致的。

通过以上对第三产业需求收入弹性的估计和棘轮效应的分析，我们得知两者也是导致第三产业非对称波动的重要因素。由于相当一部分服务业消费是属于比较高端和奢侈的消费，居民的收入上涨之后在服务业方面消费的比例会逐渐增大。本部分还通过面板数据分析证明了这一结论，即第三产业的需求收入弹性大于1。因此在经济扩张阶段，居民收入会出现递增的现象，产值会比收入更快地上升，再加上其需求价格弹性比较低，对价格上涨不敏感，所以会对宏观经济的扩张产生加剧的效应，甚至引发通货膨胀。而当经济收缩时，收入虽然会随之下降或者是增长的幅度下降，但由于服务业消费的棘轮效应，使得第三产业下降的幅度有限。

第四节　其他因素分析

我们再分析一下导致第三产业产生非对称效应的其他因素。我们认为，现代服务业的发展、第三产业对资源的依赖程度低等都是重要原因。具体如下：第一，随着现代服务业的发展，我国第三产业对GDP的贡献率已经超过了第二产业，成为国民经济的第一大产业。我国的经济增长也已经由第二产业主导向第三产业主导转变。第三产业的迅速发展将会对我国宏观经济波动及其运行产生重要影响。最重要的是现代服务业将会进一步减缓宏观经济的收缩，成为减缓经济下行新的稳定器，同时也将会成为大力促进传统制造业转型升级的助推器，以及孕育新经济为其提供新动能的孵化器。现代服务业尤其是网络、电商的发展，还有基于大数据、云计算、物联网的大力应用，极大地缩短了供求双方的空间距离，为供求双方提供了及时的信息。同时提高了全社会的流通效率，拓宽了市场，为商家提供了更加广阔的销路。现代服务业还能够大幅度地提高企业的生产组织能力，可以更加有效地组织生产和销售。而且第三产业的生产链条短，现代服务业的发展进一步缩短了其生产链条，使得第三产业各个环节出现信息损失以及信息失真的可能性比制造业要小得多，供求信息能够在供求双方的各个环节和不同部门之间准确地传递。这些特性和转变都有助于降低制造业存货的绝对水平，促进制造业存货的销售，进一步减缓经济收缩。第二，第三产业的发展有利于提高对经济增长的贡献率，对冲经济下行压力。我国第三产业的发展尤其是现代服务业的发展在相当程度上对冲了第二产业增速放缓带来的对经济收缩的压力，使得经济增长率出现了换挡而不减速的现状。例如 2013 ~2015 年，我国第三产业对经济增长的贡献率由 47.6% 上升到 54%，提升了 6.5%。同时，第三产业很多行业受投资波动的影响小，大部分行业都扎根于本地市场，尤其是受国际市场的冲击较小；第三产业内部行业众多，各个行业的异质性程度高，产品的差异化程度大，因此受到市场需求波动的影响较小，各个行业收缩不同步，可以在相当程度上互相抵消，从而出现缓降的特征。第三，多数第三产业内部行业属于劳动力密集型行业，而且有着显著的低碳型特征。第三产业在处于上行阶段时对能源和资源的依赖程度要远低于制造业和建筑业。例如第三产业的细分行业交通运输业和批发零售业这两大行业的增加值能源消费总量分别仅仅为工业的 45% 和 29%，因此在扩张阶段陡升的程度比第二产业更剧烈。第四，第三产业已经成为众多新的经济增长点的领头羊。当经济下行时，必须大力发展新的经济增长点，从而有力地带动就业，防止居民收入下滑，培育壮大新动能，有效地减缓经济收缩并且防范经济衰退和经济萧条。随着生产专业化和分工的不断深化，现代服务业和生产性服务业的发展方兴未艾，互联网的创新和应用也日趋活跃。例如网约车、远程教育、在线医疗等新兴行业正开展得如火如荼，随着民众生活水平的提高，旅游、文化、养老、健康等产业也迅速发展起来。这些新兴行业都为经济增长提供了强大的支撑，减缓了经济收缩的力度，缩短了收缩期，并且有利于经济在萧条阶段的复苏和启动。

第五节 小 结

本章从第三产业自身特性的角度对我国第三产业陡升缓降的原因进行了

分析，主要是从其资本特性、生产与消费同时性、需求收入弹性和棘轮效应以及其他各种特性进行了研究。我们认为第三产业对宏观经济波动产生非对称效应是多种自身特性综合作用的结果。我们得出的具体结论如下：

第一，塞普尔韦达·乌曼佐（2005）的理论认为固定资产投资波动呈现缓升陡降的特征，而该非对称性特征是源于边际成本曲线的上凹特性。相比在对相同规模正冲击的反应中上升的幅度，在对负冲击的反应中固定资产投资下降的幅度更大。因此，投资将呈现负偏态分布。以此理论为基础，我们从理论和实证两个方面分析了第三产业的资本特性与其非对称性波动的关系。通过实证分析可知，第三产业的资本密集度一直远小于第二产业，不论是在固定资产投资的绝对额还是资本密集度方面都更小，扩张时由于受产能约束的程度较轻，因此会呈现出剧烈扩张的特征。而在经济衰退时期它又不容易受到产能过剩和外在冲击的影响，收缩也较缓慢。另外，第三产业的非对称性波动特征与其投资的成分也有着密切关系。第三产业的固定资产投资仍然以国有投资为主，这样容易导致剧烈扩张，即经济上行时期很容易获得贷款资金，出现陡升的现象，而收缩时却有国家兜底因此不容易造成大落。

第二，生产与消费的同时性特征是第三产业的重要特性。该特性的重要结果是不会产生存货或者是存货很少。因此我们重点分析了存货对经济波动尤其是经济衰退的影响。结果得知，存货对经济波动主要会产生两个影响：顺周期影响和非对称性影响。前者是指存货投资波动是跟经济周期同步的，后者主要是指存货对经济收缩的影响要大于对经济扩张的影响，即存货更容易加剧经济衰退。我们还分析了这两个影响背后的机理。

第三，我们以克拉克的观点作为理论基础，分析了第三产业需求收入弹性的特征，并运用面板数据模型估计了该弹性系数值。科林·克拉克（1940）认为随着收入水平的不断提高，居民的服务消费会迅速增长。在经济扩张阶段，这一特征将导致第三产业波动出现陡升的结果。因此我们以这一理论为基础，利用穆勒模型，从普通面板数据模型和空间面板数据模型的角度对我国第三产业的需求收入弹性进行了估计，结果都是1.04，这与科林·克拉克的理论一致。我们还对第三产业消费的棘轮效应进行了分析。由于服务业是最易让消费者形成消费惯性的行业，因此消费的棘轮效应在第三产业体现得最为显著。我们运用偏度系数法检验了我国城镇居民和农村居民服务性消费的棘轮效应特征。结果表明它们的偏度系数值都大于0，而且城镇居民的偏度系数值比农村居民更大，说明第三产业的消费确实有着显著的棘轮效应，城镇居民比农村居民的棘轮效应更显著。

第四，我们还从现代服务业发展的角度对第三产业缓降的原因进行了分析。通过该部分的分析，我们得知第三产业波动之所以会出现非对称性波动的特征，关键还是由于第三产业自身的内在特性，这些自身特性大部分都是内生的，因此第三产业的发展将会长期对宏观经济波动产生非对称影响。

第七章　第三产业非对称效应的原因和机理分析
——基于就业吸纳弹性的视角

第一节　引　　言

科林·克拉克通过研究三次产业就业人口的分布规律，得出结论：随着人均国民收入的提高，劳动力先是由第一产业向第二产业转移，当国民收入进一步提高时，劳动力人口接着又向第三产业转移，因此第三产业就业人口比重是随着国民收入的提高而不断提高的。服务业就业比重的不断上升与其强大的就业吸纳弹性有着重要关系。据统计，服务业产值每增长1%，可以创造近70万个就业岗位。因此服务业的发展大幅度减缓了经济衰退，为国民经济的稳定增长起到了重要的作用。

2017年我国GDP增长率为6.8%，虽然实现了反转，但跟历史水平相比仍然偏低。而与此形成鲜明对照的是，我国的就业形势依然出现了向好的局面。在就业增长的过程中，服务业扮演了极其重要的角色。在三次产业的就业人数中，与2016年相比，农业减少了552万人，工业（指第二产业，下同）减少了526万人，而服务业却逆势增长，新增了1115万人①。因此服务业的发展充分缓解了全社会的就业压力。

首先，众多文献也认为，第三产业之所以能够减缓宏观经济的收缩，其中一个重要原因是其强大的就业吸纳弹性。例如阿马迪奥（Amadeo，2000）

---

① 资料来源：《中国统计年鉴2018》。

通过对巴西 1985～1995 年制造业和四种服务业间劳动力的变化，认为服务业在衰退期间对就业起了缓冲器的作用。来有为（2018）认为由于第三产业的劳动力就业弹性系数远高于第二产业，因此第三产业吸纳了大量转移劳动力以及新增的劳动力，对于缓解宏观经济下行带来的就业压力、稳定宏观经济起到了显著作用。熊丽（2019）认为服务业不仅是吸纳就业的“海绵”和“蓄水池”、减缓经济下行压力的“稳定器”，同时也是促进传统产业改造升级的“助推器”等。其次，有的文献认为第三产业强有力的就业弹性延长了宏观经济的扩张期并缩短了其收缩期，例如安德鲁·菲拉多（1997）认为自 20 世纪 60 年代以来，就业结构的变化就已经降低了经济活动的波动性，从而延长了经济扩张时期，缩短了衰退时期，以及减少了衰退的深度。作者还认为就业的部门转移可能会降低衰退的频率。当经济活动放缓到足以导致活动的绝对水平收缩时，就会出现衰退。因此，根据就业转移的份额观可知，随着活动从动荡的制造业转移到不那么动荡的服务业，经济活动的急剧衰退将不那么频繁，经济活动急剧下降的情况将会发生得更少。最后，也有文献认为，由于第三产业大部分行业属于劳动密集型行业，因此在经济上行期间由于劳动力成本的上涨导致产业成本上升，从而认为第三产业也是引发通货膨胀的重要原因。董秀成（2011）认为劳动力成本特别是低端劳动力成本的快速上升将会导致物价快速上涨，因此传统服务业由于大多属于劳动力密集型行业，经济上行的时候容易加剧经济过热。陈保启（2006）认为劳动力是经济增长的源泉，就业弹性大的行业必然对经济增长形成直接贡献。因此在经济扩张时，第三产业吸纳的劳动力将对其扩张势头产生助推作用，加剧其扩张的惯性，进而加剧宏观经济的扩张和物价上涨。

上述文献一致认为：由于第三产业的就业弹性高于第二产业，因此在宏观经济处于下行阶段时将会有力地减缓其收缩的程度，而在其扩张时又会产生助推作用从而加剧物价上涨，即第三产业强大的就业弹性也是其产生非对称效应的关键原因。该部分将从就业弹性的角度来分析非对称效应的原因和机理。我们主要把第三产业和第二产业的就业弹性进行比较，检验前者的弹性系数是否大于后者。关于服务业就业吸纳弹性的研究，以往的文献都是从线性回归的角度来估算其就业弹性系数，本章将运用非线性的门限面板回归来估计其就业弹性。在实证分析部分，我们将设立产业结构升级、人均实际GDP和城镇化率三个表征经济发展水平的门限变量，检验服务业就业弹性随经济发展的变动规律，并与第二产业就业弹性系数值大小及变动规律进行比较。如果该弹性系数随着经济发展水平的不断进步而呈现出持续递增的特征，那么未来就可以逐渐把依靠高增长带动就业转移到集约式增长方式上来，把更多的资源和精力用于稳定物价。如果系数值呈现出“U”型特征，那么至少在将来某一段时期内还需要依靠高增长来带动就业；如果系数值呈现出递减的特征，那说明我国经济转型的道路还任重道远。

第二节　理论框架与研究假设

一、理论框架

钱纳里利用发展中国家的多国模型，将发展中国家的工业过程进行了划分，他认为整个工业经济变化过程可以划分为三个阶段六个时期，简单地说就是初级工业化阶段、中级工业化阶段、工业化后期阶段[①]。从就业弹性的角度来看，工业化阶段的演进也可以认为是遵循轻工业、重工业以及服务业和制造业的融合三个阶段。在不同的工业化阶段，第二产业和第三产业的就业吸纳能力都有很大的区别。

（一）工业化进程对第二产业就业弹性变动的影响机理分析

在工业化初期，第二产业是以轻工业为主，而轻工业主要以农产品为原材料，技术含量比较低，技术进步速度较慢，就业吸纳能力较强，工业化初期轻工业的兴起吸引了大量农村剩余劳动力，使得大量农村劳动力向第二产业转移，从而抬高了第二产业的就业弹性。但随着工业化的推进，民众生活水平逐渐提高，当温饱问题解决之后，民众开始转向耐用消费品的消费，而

---

① 叶振宇．城镇化与产业发展互动关系的理论探讨［J］．区域经济评论，2013（4）：13－17．

且轻工业的发展也对重工业产生了需求，需要重工业为其提供技术含量更高的装备，由此重工业的发展也就应运而生。由于重工业是一个国家进入工业化中期阶段的重要标志，因此它是一个国家工业化进程的关键阶段。更重要的是，重工业的技术含量高，技术进步的速度快，有着高投资、高效率、高积累的特征，属于资本密集型行业，所以对经济的拉动作用高于其对于就业的吸纳能力①，重工业的兴起并不能带来就业的同步增长，导致其就业吸纳能力比工业化初期阶段要低。随着重工业化进程的推进以及制造业装备技术的不断提高，将会使得在工业化进入中期之后第二产业的就业弹性低于工业化初期。而接下来就业弹性是否会提高取决于制造业是否能够开辟出新的领域②。随着重工业的不断发展，民众的消费需求和消费结构也进一步升级，个性化和多样化的消费需求开始出现，因而服务业开始逐渐兴起并取代重工业成为国民经济的最大部门。工业部门也需要相关服务配套，而且信息技术和智能技术的发展使得工业生产过程的虚拟化和网络化成为可能，带动了企业智能化水平的提高，使得生产性服务业的发展成为可能，并进一步促进了制造业和服务业的融合，服务型制造业开始代替传统的制造业。这一切都标志着工业化开始进入到后工业化阶段。我们认为，由于生产性服务业和服务型制造业的兴起，后工业化阶段时期第二产业的就业弹性会再次回升，达到甚至超过工业化初期阶段的就业弹性系数值。理由如下：第一，服务型制造业有利于提高第二产业的就业弹性。由于服务业本身就有着良好的就业弹性，因此服务型制造业的出现为第二产业吸纳劳动力打开了一扇“窗户”，服务型制造业可以以生产性服务业为纽带，从而整合全国的制造业资源，延长产业链，发挥服务型制造业附加值高、增值性强的特点，有效地带动中小企业的发展，从而有利于创造充足的就业岗位。第二，当人均收入达到或超过5000美元并且工业化进入到信息化阶段时，生产性服务业会得到迅速发展，使得其占第三产业产值的比例和就业的比例都将迅速上升（冼康，2013）。而生产性服务业的发展将从两个方面提高第二产业的就业弹性：一方面，生

① 张晨．我国资源型城市绿色转型复合系统研究——山西省太原市实践的启发［D］．天津：南开大学博士论文，2010.

② 叶裕民．中国城市化之路：经济支持与制度创新［M］．北京：商务印书馆，2011.

产性服务业促进制造业的集群式发展。生产性服务业有利于促进规模经济和范围经济的壮大，从而提升各个地区的辐射力和产业吸纳力，吸引区外的制造业企业加入并且促进这些企业的集群化发展，而集群化发展则会有利于就业创造，加大地区制造业的劳动力吸纳能力（高虹，2018）。生产性服务业还可以推动新兴产业转型升级，其引发的劳动生产率的提升不仅不会对就业造成冲击，还会创造更多的就业岗位（丁守海，2009）。另一方面，进入后工业化阶段之后，不论是从生产性服务业的产值还是从就业的角度来看，它们的增长速度都是最快的，占整个服务业的比重也是越来越大（P. W. Daniels，1995），例如冼康认为，进入后工业化阶段之后，生产性服务业的迅速增长将导致服务业产值占 GDP 的比重达到 60% ~70%（冼康，2013）。而生产性服务业的兴起将会极大地拉动制造业的就业，例如段雨晴和李文（2020）通过三阶段最小二乘法建立的联立方程模型，对制造业就业和生产性服务业就业的双向互动效应进行了检验，结果表明生产性服务业就业每增加 1%，制造业就业将会增加 1. 124%，要大于制造业就业对生产性服务业的拉动效应。因此进入后工业化阶段之后将会出现第二产业就业吸纳能力的第二次“窗口期”，其就业弹性将会回升。

（二）工业化进程对第三产业就业弹性变动的影响机理分析

第三产业就业弹性在这三个阶段的变动趋势与第二产业不同。第三产业就业吸纳能力也有两个“窗口期”。但它们分别出现在工业化中期和工业化后期，最重要的是，它们是呈现阶梯式递增的特征。由上述分析可知，当工业化进入到中期之后，重工业开始得到大规模发展，而第三产业是重工业大力发展的产物。规模化、专业化一般都是重工业发展的关键特征。由于重工业产业关联效应强，能够有效地带动产业链，有着强大的前向效应和后向效应，因此当重工业发展到一定阶段之后，必然会加大对外部环境、交通运输和社会服务的依赖，从而带动相关服务业的大力发展，例如餐饮、零售、批发、运输以及教育培训等。因此当重工业发展到一定程度后，第三产业的迅速崛起将会成为水到渠成的事情，也是工业化推进的必然结果。与第二产业刚好相反，由于第三产业的劳动密集型特征，其就业吸纳能力在进入工业化中期阶段之后反而会得到提升，高于工业化初期阶段，从而形成其吸纳劳动力的第一个“窗口期”（徐文华、余中东，2004）。如前所述，随着重工业的进一步推进以及重工业过程中专业化的发展，现代服务业所占比重越来越大，因此进入后工业化阶段之后，随着现代服务业劳动力比重越来越大，第三产业劳动力吸纳的第二个“窗口期”也会随之出现。

综上所述，轻工业初期第二产业大力吸引劳动力导致第一次转移浪潮的出现，但在工业化中期开始时重工业发展导致第二产业就业弹性下降，在重工业发展到一定阶段时第三产业在它的带动下开始大规模发展，引发了第三产业吸纳劳动力的第一次“窗口期”，到工业化后期时由于生产性服务业的发展，并且由于生产性服务业与制造业的互动作用，导致第二产业和第三产业吸引劳动力的第二次“窗口期”出现。

（三）基于三重维度的工业化进程的阶段划分

接下来我们以城镇化率、第三产业产值比重以及人均 GDP 三个指标对工业化阶段进行划分。

1. 城镇化率与工业化阶段的关系。城镇化与产业结构演进具有相互推动的关系。工业化阶段的推进又是产业结构演进的体现，与城镇化有着密不可分的关系，因此城镇化与工业化阶段存在一个对应的关系。根据钱纳里等的《工业化与经济增长的比较研究》可知，城镇化率与工业化阶段的对应关系如表 7.1 所示。

表 7.1　　城镇化率与工业化阶段的对应关系

工业化阶段	工业化初级阶段	工业化中级阶段	工业化高级阶段	后工业化社会
城镇化率	10% ~30%	30% ~70%	70% ~80%	80% 以上

资料来源：钱纳里等．工业化与经济增长的比较研究［M］．上海：上海三联出版社，1989。

为了简单起见，我们把工业化中级阶段与工业化高级阶段合并，统称为工业化中期阶段。因此城镇化率在 10% ~30% 之间为工业化初期，城镇化率在 30% ~80% 之间为工业化中期，80% 以上为后工业化社会。

2. 第三产业比值与工业化阶段的关系。刘涛（2013）以辛格曼的“四分法”为基础，认为第三产业占 GDP 比重与工业化阶段存在着显著的对应关系。他认为当第三产业处于低水平发展阶段时，也就是当第三产业比重介于40% ~55%之间时，工业化处于中期阶段，也可以视为工业化中期的低级阶段。当第三产业比值介于 55% ~65% 之间时，第三产业与工业处于并行阶段，此时工业和第三产业并行发展。当第三产业比值介于 60% ~70% 之间时，第三产业开始在整个经济中起主导作用，进入服务业加速发展阶段，这个阶段可以视为工业化中期的高级阶段。当第三产业比值达到 70% 时，开始进入服务业发达阶段，随后稳定在 70% 以上水平，这个阶段相当于后工业化阶段。把刘涛的工业化阶段划分法组合之后，我们可以把第三产业比值与工业化阶段的对应关系列于表 7. 2。

表 7. 2　　第三产业比值与工业化阶段的对应关系

工业化阶段	工业化初期	工业化中期	后工业化社会
第三产业比值（占 GDP 比值）	40% 以下	40% ~70%	70% 以上

3. 人均 GDP 与工业化阶段的关系。钱纳里认为：按照 1970 年的美元价格，当人均 GDP 在 140 ~280 美元时，经济发展处于初级产品生产阶段；在 280 ~560 美元时，经济发展处于工业化初级阶段；在 560 ~1120 美元时，经济发展处于工业化中级阶段；在 1120 ~2100 美元时，经济发展处于工业化高级阶段；在 2100 美元以上时，经济发展进入到后工业化阶段①。我们把上述初级产品生产阶段与工业化初级阶段合并，统称为工业化初级阶段，并把工业化中级阶段和工业化高级阶段合并，统称为工业化中期。因此我们可以得到人均 GDP 与工业化阶段的对应关系如表 7. 3 所示。

表 7. 3　　人均 GDP 与工业化阶段的对应关系　　单位：元

工业化阶段	工业化初期	工业化中期	后工业化社会
人均 GDP	2100 ~8400	8400 ~31500	31500 以上

注：本表中的人均 GDP 都是按照美元中的 GDP 折算指数进行换算的，通过 1970 年美元计价平减指数可知，1970 年美元与 1992 年美元的换算因子为 3，然后再按照 1992 年的汇率折算为人民币，即为该表中的数据。

① 许君如，牛文涛. 改革开放三十年我国工业化阶段演进分析 [J]. 电子科技大学学报（社会科学版），2011（1）：43 -49.

二、研究假设

在分析完第二产业和第三产业在工业化不同阶段的就业吸纳弹性特征以及工业化阶段的划分标准之后，我们以城镇化率、第三产业比值和人均 GDP 作为门限变量，提出以下研究假设。

命题一：当以城镇化率为门限变量时，第三产业就业弹性将会出现两个门限值，第一个门限值应该在 50% ~60% 之间（我们取工业化中期阶段的中间值），第二个门限值应该在 80% 左右。当城镇化率越过第一个门限值时，就业弹性会出现第一次跃升；当其越过第二个门限值时，就业弹性会出现第二次跃升。

命题二：当以第三产业比值为门限变量时，第一个门限值应该在 50% 左右，第二个门限值应该在 70% 左右。就业弹性的变动趋势和特征同命题一。

命题三：当以人均 GDP 为门限变量时，第一个门限值应该在 20000 元左右，第二个门限值应该在 31500 元左右。就业弹性的变动趋势和特征同命题一。

命题四：当以城镇化率为门限变量时，第二产业就业弹性也将会出现两个门限值，第一个门限值应该在 30% 左右，第二个门限值应该在 80% 左右。当城镇化率越过第一个门限值时，就业弹性会出现下降；当其越过第二个门限值时，就业弹性会出现回升。

命题五：当以第三产业比值为门限变量时，第一个门限值应该在 40% 左右，第二个门限值应该在 70% 左右。就业弹性的变动趋势和特征同命题四。

命题六：当以人均 GDP 为门限变量时，第一个门限值应该在 8400 元左右，第二个门限值应该在 31500 元左右。就业弹性的变动趋势和特征同命题四。

第三节 模型设定

一、基准模型设定

该部分借鉴亚当（Adam，1993）和琼斯（Jones，1995）的方法，并在柯步－道格拉斯函数的基础上，设立以下基准生产函数：

$$Y_{it} = f(A_{it}, K_{it}, L_{it}) = A_{it}(K_{it})^{\alpha}(L_{it})^{\beta} \tag{7.1}$$

其中，Y 为实际产出值，K 为资本存量，L 为劳动力人数，A 为技术水平，i 为区域变量，t 为时间变量，α 和 β 分别为资本存量和劳动力的产出弹性系数。由于技术水平 A_{it}会因地区和时间的不同而不同，而且会受到多重因素的影响，例如进出口贸易、劳动生产率、集聚外部性等，沿着这一思路进行拓展，我们设定 A_{it}为以下方程①：

$$A_{it} = 10^{c} \times 10^{\mu SCL_{it}} \times 10^{\gamma QWS_{it}} \times 10^{\lambda KFD_{it}} \tag{7.2}$$

其中，c 为常数，SCL 为劳动生产率，QWS 为区位熵（或者称集聚指数），KFD 为对外贸易开放度，μ、γ、λ 分别为 SCL、QWS 和 KFD 的弹性系数。

我们把式（7.2）代入式（7.1），然后对等式两边取对数，可得劳动力需求的基准方程如式（7.3）所示：

$$\log L_{it} = m + \phi_1 \log Y_{it} + \phi_2 \log K_{it} + \phi_3 SCL_{it} + \phi_4 KFD_{it} + \phi_5 QWS_{it} + \varepsilon_{it} \tag{7.3}$$

其中：

$m = c/\beta$，$\phi_1 = 1/\beta$，$\phi_2 = \alpha/\beta$，$\phi_3 = -\mu/\beta$，$\phi_4 = -\lambda/\beta$，$\phi_5 = -\gamma/\beta$。

其中，ε_{it}为随机误差项。系数值 ϕ_1 为产出影响就业的总效应，包括直接效应和间接效应，即就业弹性。

接下来我们在式（7.3）的基础上分别设立第三产业和第二产业的劳动力需求方程如式（7.4）和式（7.5）所示：

$$\log L_{it}^3 = m + \phi_1^3 \log Y_{it}^3 + \phi_2^3 \log K_{it}^3 + \phi_3^3 SCL_{it}^3 + \phi_4^3 KFD_{it} + \phi_5^3 QWS_{it}^3 + \varepsilon_{it} \tag{7.4}$$

$$\log L_{it}^2 = m' + \phi_1^2 \log Y_{it}^2 + \phi_2^2 \log K_{it}^2 + \phi_3^2 SCL_{it}^2 + \phi_4^2 KFD_{it} + \phi_5^2 QWS_{it}^2 + \varepsilon'_{it} \tag{7.5}$$

下面我们将以式（7.4）和式（7.5）为基础对第三产业和第二产业的就

① 我们在方程中设定以 10 为底的对数。

业弹性进行门限面板检验和估计，设定 $\log Y_{it}^{j}$（$j=2$，3，下同）为核心自变量，另外我们将设定产业结构升级、人均 GDP 和城镇化率三个门限变量。我们先对门限面板模型进行简要的介绍。

二、门限面板模型简介

门限面板模型是一种非线性回归，它从分组变量回归的角度解决了人为指定的随意性问题，为研究分段自变量对因变量的不同影响提供了有效的回归工具。

我们需要对门限面板的基本模型进行设定。以单个门限回归模型为例，门限面板回归模型的基本形式为：

$$y_{it}=x_{it}'\beta_1 I(q_{it}\leqslant\theta)+x_{it}'\beta_2 I(q_{it}>\theta)+\varepsilon_{it} \tag{7.6}$$

其中，$i=1$，2，…，N；$t=1$，2，…，T，分别为不同的个体和时期。θ 为门限变量，y_{it}和 x_{it}分别为因变量和自变量。$I(q_{it}\leqslant\theta)$ 和 $I(q_{it}>\theta)$ 为指示函数，括号中的 θ 为门限值，q_{it}为门限变量，如果括号中的条件成立，则 $I(\cdot)$ 取 1，否则$I(\cdot)$ 取 0。θ 值把整个样本分成两个独立的区间，在各个区间内，自变量对因变量影响系数不同，分别为 β_1 和 β_2。门限回归模型的门限值 θ 是内生的，因此与普通的线性回归方法不同，下面我们简要介绍一下门限面板模型的估计。

我们利用行列式方程对式（7.6）变形可得：

$$y_{it}=x_{it}'(\theta)\beta+\varepsilon_{it} \tag{7.7}$$

其中，

$$\beta=(\beta_1',\beta_2'),x_{it}'(\theta)=\begin{cases}x_{it} & I(q\leqslant\theta)\\ x_{it} & I(q>\theta)\end{cases}$$

在给定门限值 θ 的条件下，可以利用普通最小二乘法对式（7.7）进行估计，得到 β 的一致估计量：

$$\hat{\beta}(\theta)=[X'(\theta)X(\theta)]^{-1}X'(\theta)Y \tag{7.8}$$

Y 和 X（θ）分别为因变量和自变量矩阵，$\hat{\beta}(\theta)$ 为 β_1 和 β_2 的最小二乘估计。因此由式（7.7）我们可得回归式的残差向量为：

$$\hat{e}(\theta) = Y - X(\theta)\hat{\beta}(\theta)$$

残差平方和为：

$$S(\theta) = \hat{e}'(\theta)\hat{e}(\theta) \tag{7.9}$$

通过使式（7.9）最小化，可得 θ 的估计值为：

$$\hat{\theta} = \mathrm{argmin}S(\theta)$$

以双重门限模型为例，在基准模型式（7.3）的基础上，我们可以建立以下第三产业门限面板回归式（第二产业以此类似）：

$$\begin{aligned}\log L_{it}^3 = {} & m + \phi_{11}^3 \log Y_{it}^3 \times I(q \leqslant \theta_1) + \phi_{12}^3 \log Y_{it}^3 \times I(\theta_1 < q \leqslant \theta_2) \\ & + \phi_{13}^3 \log Y_{it}^3 \times I(q > \theta_3) + \phi_2^3 \log K_{it}^3 + \phi_3^3 SCL_{it}^3 \\ & + \phi_4^3 KFD_{it} + \phi_5^3 QWS_{it}^3 + \varepsilon_{it}\end{aligned} \tag{7.10}$$

其中，θ_1 和 θ_2 为待估门限值，$\theta_1 < \theta_2$，对该方程的估计步骤如下：

第一步，计算单个门限模型的残差平方和 $S_1(\theta)$，找出使 $S_1(\theta)$ 达到最小值的 θ_1；第二步，固定 θ_1，计算双门限模型的残差平方和 $S_2(\theta)$，找出使 $S_2(\theta)$ 达到最小值的 θ_2，即：

$$\hat{\theta}_2 = \mathrm{argmin}S_2(\theta_2)$$

第三步，固定 $\hat{\theta}_2$ 再根据上述步骤重新估计第一个门限值 $\hat{\theta}_1$，最终确定两个门限值，三重门限模型同理。

第四节　变量选取及数据说明

本章使用 1992～2017 年我国除重庆之外 30 个省份的面板数据，包括因变量、核心自变量、控制变量及门限变量。这些变量的定义及其来源如下。

一、因变量 $\log L_{it}$

因变量 $\log L_{it}$ 分别采用各省份的第二产业和第三产业就业人数即各省份历

年年末分产业城镇就业人数（万人）的对数值来衡量。

二、核心自变量 $logY_{it}^{j}$

本章的核心自变量 $logY_{it}^{j}$ 是指各省份分产业历年的 GDP 对数值，该数据序列是以 1992 年为基年，按照历年的分产业产值增长率换算成的实际值（单位为亿元）。

三、控制变量

1. 资本存量 $logK_{it}^{j}$。本章中第二产业和第三产业的资本存量估算主要参照徐现祥、周吉梅、舒元《中国省区三次产业资本存量估计》一文，通过永续盘存法公式：$K_{it} = K_{it-1} \times (1 - \delta) + I_{it}$ 得到。式中 δ 为折旧率，I_{it} 为 i 省第 t 年分产业新增投资额。为了简便起见，本章中两次产业的折旧率参照张军的估计统一取 9.6%[①][②]。

2. 区位熵 QWS_{it}^{j}。表示产业集聚指数的指标有区位熵、赫芬达尔指数、基尼系数、EG 指数等。考虑到数据的可获得性，我们采用区位熵来表示第二产业和第三产业的集聚指数。区位熵的公式我们参考刘军（2010）的方法。

---

① 本章资本存量的估算需要以下数据：一是各省份基期资本存量的估算，二是各省份历年固定资产投资总额（当年价格），三是各省份历年固定资产投资价格指数（为了简便起见，固定资产投资价格指数不再分第二产业和第三产业）。首先基期的资本存量的估算，我们参照张军扩（1991）、何枫（2003）文献中的方法，假定各省份 1992 年的资本存量为当年价格的地区生产总值乘以 3，数据来源于各省份历年统计年鉴。其次通过查阅《新中国六十年统计资料汇编》和各省份历年统计年鉴，我们发现固定资产投资价格指数存在以下缺失数据：广东缺乏 1992～2000 年的数据，贵州缺乏 1992～1994 年的数据，吉林缺乏 1992～1996 年的数据，内蒙古、陕西、上海和浙江缺乏 1992 年的数据，而西藏则缺乏所有的数据。缺失的数据参照徐现祥（2007）的方法补齐：设固定资产投资价格指数 $IR_{it} = I_{it}/RI_{it}$，其中 I 为名义固定资产投资总额，RI 为实际固定资产投资总额。数据来源于《中国国内生产总值核算历史资料：1952－1995》和《中国国内生产总值核算历史资料：1996－2002》（以下简称核算历史资料）。其中少部分缺失数据我们用插值法补齐。西藏的数据我们用《核算历史资料》可以估算到 2002 年数据，2003～2017 年的价格指数我们参照宗振利、廖直东（2014）的方法，即按照地理位置和经济发展水平相近的原则，选取 2003～2017 年青海固定资本形成指数来替代西藏的数据。

② 张军，吴桂英，张吉鹏．中国省际物质资本存量估算：1952—2000［J］．经济研究，2004（10）：35－44.

省份 i 的 j 产业在某一年 t 的区位熵公式如下：

$$QWS_{it}^{j} = \frac{E_{it}^{j}}{\sum_{j} E_{it}^{j}} \Big/ \frac{\sum_{i} E_{it}^{j}}{\sum_{i}\sum_{j} E_{it}^{j}} \tag{7.11}$$

其中，E_{it}^{j}表示第 t 年 j 产业在省份 i 的就业人口，$\sum_{j} E_{it}^{j}$ 表示省份 i 第 t 年的总就业人口；$\sum_{i} E_{it}^{j}$ 表示所有省份 j 产业第 t 年的就业人口，$\sum_{i}\sum_{j} E_{it}^{j}$ 表示所有省份第 t 年总就业人口。区位熵指数越大，表示集聚水平越高，反之则越低。

3. 开放度 KFD_{it}。本章第二产业和第三产业的开放度变量统一采用历年各省份的进出口总值与当年 GDP 总值之比来衡量。

4. 生产率 SCL_{it}^{j}。各省份历年分行业的生产率指标采用各相应省份的 GDP 总值与对应年份劳动力人数的比值来衡量。

四、门限变量

本章准备采用三个门限变量进行分析，分别为产业结构升级、人均 GDP 总值和城镇化率三个指标。

产业结构升级我们用各省份历年第三产业产值占 GDP 总值的比率来衡量（y3bz），人均 GDP 总值用以 1992 年价格平减的各省份历年实际人均 GDP 总值的对数值来衡量（logpgdp，取对数之前的单位为亿元），城镇化率我们用城镇人口占总人口的比率来衡量（czhl）。

以上各变量的数据分别来源于各省份历年统计年鉴和《新中国六十年统计资料汇编》，其中资本存量的估算还用到《中国国内生产总值核算历史资料：1952－1995》和《中国国内生产总值核算历史资料：1996－2002》。

第五节　计量结果与实证分析

一、门限效应检验

该部分我们以上述三个门限变量来对第三产业和第二产业的就业弹性进

行检验。门限检验时分别以不存在单一、双重与三重门限为原假设来进行，我们可以得到第三产业和第二产业就业吸纳弹性的门限值检验结果，如表7.4和表7.5所示。

表7.4　　第三产业就业弹性门限效应检验

因变量	门限变量	模型	F值	P值	临界值		
					1%	5%	10%
$logL_{it}^3$	y3bz（%）	单一门限	90 ***	0	80	50	40
		双重门限	39 ***	0.05	54	39	39
		三重门限	19	0.23	119	65	19
	logpgdp	单一门限	162 ***	0	98	60	44
		双重门限	81 ***	0	67	43	38
		三重门限	93	0.42	285	219	196
	czhl（%）	单一门限	128 ***	0.01	126	88	71
		双重门限	102 *	0.06	166	115	73
		三重门限	34	0.6	251	152	109

注：*** 表示在1%的水平下是显著的，* 表示在10%的水平下是显著的。

表7.5　　第二产业就业弹性门限效应检验

因变量	门限变量	模型	F值	P值	临界值		
					1%	5%	10%
$logL_{it}^2$	y3bz（%）	单一门限	109 ***	0	79	71	63
		双重门限	94 **	0.03	111	71	57
		三重门限	35	0.22	110	78	78
	logpgdp	单一门限	140 ***	0	86	58	47
		双重门限	75 ***	0	58	42	34
		三重门限	51	0.3	198	138	106
	czhl（%）	单一门限	239 ***	0	131	82	65
		双重门限	63.5 *	0.08	257	89	58
		三重门限	37.05	0.52	137	119	94

注：*** 表示在1%的水平下是显著的，** 表示在5%的水平下是显著的，* 表示在10%的水平下是显著的。

首先我们来看第三产业就业弹性门限效应检验（如表7.4所示），由检验结果可知，当门限变量分别为y3bz、logpgdp和czhl时，模型都是在1%和

5%的显著性水平下拒绝了不存在单一门限和双重门限效应的原假设，而三重门限效应没有通过检验；其次再看表 7.5，得到的结果与表 7.4 相似，即都是存在双重门限效应。因此，不论是第三产业还是第二产业，我们都用双重门限模型进行估计。

通过 STATA15 软件，我们可以得到二三产业就业弹性的双重门限估计值，结果如表 7.6 所示。从估计结果可知，第二产业就业弹性的门限值普遍都低于第三产业。

表 7.6　　　　二三产业门限估计值

因变量	门限变量	模型	门限值
$\log L_{it}^3$	y3bz（%）	双重门限模型	51
			69
	logpgdp	双重门限模型	4.4
			4.6
	czhl（%）	双重门限模型	57
			80
$\log L_{it}^2$	y3bz（%）	双重门限模型	33
			52
	logpgdp	双重门限模型	3.5
			4.6
	czhl（%）	双重门限模型	24
			79

二、门限面板估计

接下来我们分别对二三产业进行门限面板回归。第三产业就业弹性门限回归结果如表 7.7 所示。其三个门限变量的面板估计结果分别为：y3bz 的门限值为 51% 和 69%，它们把核心变量的系数值分成了三个区制，而就业弹性分别为 0.56、0.58、0.60；logpgdp 的门限值为 4.4 和 4.6，这三个区制中就业弹性的系数值分别为 0.6、0.62、0.65；czhl 的门限值为 57% 和 80%，三个就业弹性的系数值分别为 0.56、0.57、0.61，从结果可知，不论是哪个门限变量，第三产业的就业弹性都呈现出阶梯式递增的特征。命题一、命题二和命题三分别得到验证。

表 7.7　　　　第三产业就业弹性门限面板模型回归结果

因变量	$\log L_{it}^3$		
门限变量	y3bz	logpgdp	czhl
QWS_{it}^3	0.36*** (20)	0.34*** (20)	0.38** (22)
SCL_{it}^3	−0.05*** (−12.9)	−0.08*** (−18.2)	−0.06*** (−16)
KFD_{it}	−0.01*** (−1.8)	−0.004 (−0.72)	−0.01** (−2.36)
$\log K_{it}^3$	−0.02** (−3.6)	−0.013 (−3.19)	−0.01 (−2.41)
$\log Y_{it}^3 \times I\ (q \leq \theta_1)$	0.56*** (28.9)	0.6*** (33.6)	0.56*** (31)
$\log Y_{it}^3 \times I\ (\theta_1 < q \leq \theta_2)$	0.58*** (30)	0.62*** (34)	0.57*** (32)
$\log Y_{it}^3 \times I\ (q > \theta_3)$	0.60*** (31.4)	0.65*** (35)	0.61*** (34)
常数项	0.60*** (31.1)	0.86*** (32)	0.64*** (35.3)
within R^2	0.94	0.95	0.95

注：*** 表示系数值在 1% 的水平下是显著的，** 表示系数值在 5% 的水平下是显著的。

我们再来看第二产业就业弹性的门限回归结果，如表 7.8 所示。当门限变量为 y3bz 时，就业弹性系数分别为 0.25、0.23、0.26；当门限变量为 logpgdp 时，就业弹性系数分别为 0.37、0.33、0.37；当门限变量为 czhl 时，就业弹性系数分别为 0.25、0.23、0.3，系数值不仅明显小于第三产业，而且无一例外地都呈现出“U”型特征，与第三产业有着明显的区别。再与前面的命题相对照，我们发现，命题四与检验结果一致；命题五与检验结果有些许差异，即第二个门限值为 52%，比命题五的 70% 要小；命题六也与检验结果有些许差异，即第一个门限值为 3162 元，也比命题六的 8400 元要明显小些。这些差异与我国工业化的特殊发展路径分不开。在中国由于特殊的发展历史，致使中国非农产业就业比重的提高速度滞后于工业化水平的提高速度，同时城镇人口比重的提高速度又滞后于非农产业就业比重的提高速度，这双重滞后最终导致中国的城镇化进程滞后于工业化。

表 7.8 第二产业就业弹性门限面板模型回归结果

因变量	$\log Y_{it}^2$		
门限变量	y3bz	logpgdp	czhl
QWS_{it}^2	0.31 (22.2)	0.30 (21.92)	0.40 (27.6)
SCL_{it}^2	-0.01 (-6.4)	-0.2 (-9.19)	-0.01 (-8.5)
KFD_{it}	-0.01 (-1.6)	-0.01 (-0.75)	-0.01 (-1.33)
$\log K_{it}^2$	0.08 (4.28)	0.04 (2.21)	0.11 (6.12)
$\log Y_{it}^2 \times I\ (q_{it} \leq \theta_1)$	0.25 (12.1)	0.37 (14.73)	0.25 (11.65)
$\log Y_{it}^2 \times I\ (\theta_1 \leq q_{it} < \theta_2)$	0.23 (11.3)	0.33 (14.32)	0.23 (11.21)
$\log Y_{it}^2 \times I\ (\theta_2 \leq q_{it})$	0.26 (12.67)	0.37 (15.71)	0.30 (14.5)
常数项	1.33 (50.1)	1.18 (36.7)	1.18 (36.8)
within R^2	0.80	0.80	0.82

注：系数值下面括号里的数值是 T 统计值。

第二产业就业弹性在人均 GDP 很低的时候就开始下降的原因，笔者认为具体如下：

我国工业化的起点很低，是在人均收入水平较低的水平下开始的。1952 年开始推进工业化时我国的人均 GDP 只有 119 元人民币，到 1978 年，我国的人均 GDP 只有 379 元人民币。明显低于一般模式中工业化起点的人均收入水平，也低于一般模式中进入工业化第一阶段的人均收入水平。而当年我国工业在总产值中的比重为 44%，与 1952 年相比高出 27%。与此同时，工业比重也迅速上升，远高于同时期的准工业化国家水平。

可见，第二产业不仅就业吸纳弹性系数小于第三产业，而且在持续性方面也不如第三产业。

三、2017 年各区制的省份统计

为了更直观地刻画出各个省份在不同门限区制中表现出的趋势及差异，下面我们对 2017 年中 30 个省份在不同区制的分布及归属进行统计和分析。

首先我们来看第三产业的区制分布（如表7.9所示）。由表7.9可知，大部分的省份还是处于第一区制，只有少数省份跨越到了第二区制，极少数发达省份（包括直辖市，下同）跨越到了第三区制。其中第一区制中绝大部分都是中西部的省份，这说明中西部地区经济发展的滞后导致了其第三产业就业弹性的发挥，但同时也说明中西部地区就业弹性的提升空间还很大。

表7.9　2017年各门限区制的省份分布（第三产业）

门限变量	y3bz	logpgdp	czhl
第一区制	河北、湖南、江苏、四川、陕西、云南、宁夏、贵州、青海、新疆、广西、吉林、安徽、内蒙古、福建、山东、湖北、江西、河南	河北、山西、湖南、四川、陕西、云南、甘肃、宁夏、贵州、青海、新疆、西藏、广西、黑龙江、安徽、海南、江西、河南	湖南、河北、四川、陕西、云南、甘肃、贵州、青海、新疆、西藏、广西、广东、吉林、安徽、山东、江西、河南
第二区制	山西、辽宁、浙江、甘肃、西藏、广东、天津、黑龙江、海南	辽宁、吉林、内蒙古、福建、山东、湖北	山西、辽宁、江苏、浙江、宁夏、黑龙江、海南、内蒙古、福建、湖北
第三区制	北京、上海	北京、上海、天津、江苏、浙江、广东	北京、上海、天津

其次我们再来看第二产业的区制分布（如表7.10所示）。由表7.10可知，各省份第二产业的就业弹性系数比第三产业要超前。所有的省份都位于第二区制和第三区制，尤其是位于第二区制的较多。这与当前我国制造业就业吸纳能力不足的现实是一致的。表7.10的结果同时也表明除了少数发达省份之外，大多数省份需要大力推进城镇化和产业结构升级等，努力跨越到第三区制，从而使就业弹性系数发生质变，实现反升。

表7.10　2017年各门限区制的省份分布（第二产业）

门限变量	y3bz	logpgdp	czhl
第一区制			
第二区制	河北、山西、湖南、江苏、四川、陕西、云南、宁夏、贵州、青海、新疆、西藏、广西、吉林、安徽、内蒙古、福建、山东、湖北、江西、河南	内蒙古、福建、山东、湖北、江西、河南、河北、山西、湖南、辽宁、四川、陕西、云南、甘肃、宁夏、贵州、青海、新疆、西藏、广西、吉林、黑龙江、安徽、海南	内蒙古、江苏、浙江、福建、山东、湖北、江西、河南、河北、山西、湖南、辽宁、四川、陕西、云南、甘肃、宁夏、贵州、青海、新疆、西藏、广西、广东、吉林、黑龙江、安徽、海南

续表

门限变量	y3bz	logpgdp	czhl
第三区制	北京、辽宁、浙江、甘肃、上海、广东、天津、黑龙江、海南	广东、北京、江苏、浙江、上海、天津	北京、上海、天津

通过本节的分析我们得知，跟第二产业相比，第三产业的就业吸纳弹性不仅更大，而且还有一种韧性效应，说明其随着经济发展，它的就业弹性系数会阶梯式地上升。同时我们还得出了另一个结论，即大量文献所讨论的一个焦点——就业弹性系数会不会随着经济发展而下降的问题。通过表 7.9 和表 7.10 的统计结果我们知道，至少随着本章设定的三个门限变量的提升，不论是第二产业还是第三产业，它们的系数值不仅不会下降，而且在达到门限值后，还会进一步地提高。

第六节　实证结果的进一步分析

第四节和第五节我们从工业化发展阶段的角度对就业弹性的变动特征进行了预测（即提出命题）和检验，回归结果表明检验结果还是与命题大体一致。本节我们再从三个门限变量的角度对二三产业就业弹性变动特征的原因和机理进行进一步的分析。

第一，基于技术进步引发的规模效应和替代效应分析。

产业结构升级的一般特征是技术进步和劳动生产率的提高，因此技术进步是引发以上门限效应区别的最关键因素。技术进步对就业弹性有着双重效应：创造效应和替代效应，或者说是直接效应和间接效应。技术进步的替代效应（以下简称 TD 效应）主要是指在生产中厂商更多地使用智能、资本和知识等要素从而对劳动力产生了替代；创造效应（也称为规模效应，以下简称 GM 效应）主要是指技术进步使厂商的产品更有竞争力，扩大了市场，增加了销售收入，从而导致厂商规模扩张，创造了更多的就业机会。技术进步对就业弹性影响的结果主要取决于两者的净效应，或者是取决于两者的相对增长速度。例如，假设在某个时期 TD 效应的增长速度（以下简称 V_{td}）大于 GM 效应的增长速度（以下简称 V_{gm}），那么就业弹性可能会在越过某个门限值之后下降，反之则可能会上升。不同行业的技术进步对劳动力的替代效应是不同的。通过门限检验和门限回归可知，技术进步对二三产业都产生了替代效应，但前者的弹性系数值下降幅度比后者要小得多①。所以我们可以得出结论：第三产业技术进步对其就业的替代效应要远小于第二产业。之所以如此，是因为后者技术进步的增长速度要远大于前者。我们对时间 t 和 SCL^3、SCL^2 序列分别进行面板回归可知，SCL^3 平均每年增长 12%，SCL^2 平均每年增长 36%。与制造业（由于制造业的产值占了第二产业的 70% 以上，因此下面我们用制造业代替第二产业进行分析）不同，随着产业结构升级和技术进步，很多第三产业的低端行业并不会消失，例如零售批发、餐饮业、住宿业和其他服务业等，这些行业恰恰是我国吸纳就业的主要行业，其就业弹性也最高；而且随着第三产业内部结构的升级，现代服务业的发展更是带动了大批劳动力密集型行业的就业，如电子商务的发展带动了快递、微商和外卖等行业的就业，物流业的发展带动了仓储、配送、运输、货代等行业的就业等。因此第三产业的 V_{gm} 越来越大于 V_{td}，致使其就业弹性呈现出持续递增的特征。而对于第二产业来说，第二产业对劳动力的吸纳能力具有阶段性（李伟，2006）。在传统工业化下，由于过分注重重工业，技术进步的速度快，资本的有机构成也越来越高，因此导致投资拉动就业的能力逐渐下降，V_{gm} 逐渐小于 V_{td}，所以在 y3bz 越过第一个门限值时就业弹性出现了下降。但随着产业结构升级的继续推进，新型工业化会逐渐兴起。新型工业化强调促进高新技术产业的发展，推动传统产业转型，尤其有助于现代服务业的发展。在新型工业化的过程中，将会大力提高全要素生产率，促进社会分工日益细化，扩大第二产业的劳动需求。更重要的是，新型工业化注重资金技术密集型产业和劳动密集型产业的协调发展，能够有效地兼顾就业，在改造传统产业和

---

① 我们分别以 SCL_{it}^3 和 SCL_{it}^2 为门限变量，按照以上的因变量、自变量和控制变量进行门限检验和门限回归，得知它们都是双重门限，因此得到第三产业就业弹性的门限回归系数值为：0.75、0.72、0.7，第二产业的系数值为：0.53、0.49、0.45。

促进产业结构优化升级的同时，不断改善就业环境，降低失业率，最后使得y3bz在越过第二个门限值后第二产业的就业弹性实现了反升。

第二，基于人均GDP引发的劳动力成本上涨的分析。

当以人均GDP为门限值时，二三产业的就业弹性之所以出现差异是因为劳动力成本上涨。劳动力成本上涨的结果与技术进步有些类似，即同样有着替代效应和规模效应。替代效应是因为劳动力成本上涨增加了企业的用工成本，从而导致企业会出现资本深化的倾向，使其用工需求萎缩。规模效应是指劳动力成本上涨会提高劳动力的收入，有利于刺激与扩大居民消费需求，带动产业规模的扩大形成规模经济，从而又会带动企业用工需求。劳动力成本上涨对就业弹性的影响结果同样主要取决于两者的净效应。但这个净效应对二三产业就业弹性的影响是不同的，具体如下：

1. 第二产业受到的替代效应的冲击要比第三产业大。人均GDP的增长会引发劳动力成本的上涨，但劳动力成本上涨对二三产业就业弹性的影响有区别：（1）服务业的员工很多都是采取分红、小费、回扣或是销售提成等形式来获取报酬，与其推销业绩或是公司营业额直接相关，当其推销业绩或企业营业额下降时员工的工资就会下调，因此劳动力成本上涨一般不会对老板形成裁员压力（Fuchs，1968）。（2）第三产业企业很多都是属于非正规就业，组织形式灵活，其最大的特征是“船小好掉头”、容易转向，例如餐饮业、住宿业、运输业、零售业等相当一部分都是小微企业，在经营过程中可以采取多种方式进行变通，以应对劳动力成本上涨和营业额下降的问题，例如在不解雇员工的情况下通过压缩工时或者是调节工资的方式来节省开支，从而有效地避免了裁员的问题。（3）第三产业中很多企业都是个体企业，处于灰色地带，这些个体户的工资机制有着显著的柔性调节特征，相当一部分个体服务业企业并没有严格按照最低工资标准实行，因此工资成本上涨的压力较小。而制造业企业则不具备这些灵活性和柔性特征，而且都是严格实行最低工资制度。当它们面对劳动力及相关成本上涨时，由于制造业企业实行标准工资制度，即成本上涨或是经营下滑时，很难按照边际原则下调工资，也就是说存在工资刚性的问题，这时企业往往采取裁员的方式应对。

2. 第三产业从规模效应中的受益要强于第二产业。科林·克拉克在他的

《经济进步的条件》一书中认为，随着收入上涨，居民最终需求将越来越多地转向服务业，从而提高了服务业就业的份额。克拉克的分析基于所谓的“层次结构”需求假设，即服务比商品满足更高的需求，并且随着收入的增长，更高的收入份额将被用于购买服务。因此随着对服务业产品的需求越来越大，再加上鲍莫尔成本病的存在（消费者对第三产业的需求一般来说相对稳定，对其价格的上涨反应较迟钝），其就业弹性也随之一次次地提高。而与此同时，消费者对第二产业的需求会相对萎缩，其就业弹性在越过第一个门限值后出现下降也就不难理解了。这与国家统计局城市社会经济调查总队（2002）的结论一致，即当人均 GDP 达到 5000 ~ 8000 美元时，居民对制造业的产品消费开始呈现下降趋势，也就意味着制造业就业人数的相对萎缩甚至绝对下降。

3. 随着人均 GDP 的进一步增长，经济增长方式也随之改变，再加上新型工业化的兴起，第二产业对资源和土地的高度依赖现状将会得到改变，制造业产品越来越贴近市场，产业链聚集程度提高，物流成本降低，产业链配套能力不断增强，市场化程度也越来越成熟，单位成本将会大幅度降低，V_{gm} 逐渐大于 V_{td}。

4. 现代服务业尤其是生产服务业也会随着人均 GDP 的增长而蓬勃发展起来，现代服务业作为中间投入能够大幅度地促进工业生产率的提高，实现工业总产值高效增长，从而实现现代服务业发展→工业生产率提高→工业产值高效增长→工业再生产扩大→就业吸纳能力上升的一个良性循环。因此第二产业的就业弹性在越过第二个门限值后出现跃升。

第三，基于城镇化引发的劳动力供求状况分析。

城镇化过程中二三产业的劳动力供求状况有着较大的区别，同时也对各自的就业弹性产生了不同的影响。在城镇化的过程中，第三产业的发展为广大缺乏技能的劳动力以及广大女性劳动力提供了广阔的天地。首先城镇化促进了中低端服务业的发展，而中低端服务业具有投资少、见效快、门槛低的特点，最关键的是其资本有机构成低、劳动密集程度显著。另外中低端服务业还提供了大量的非正式就业岗位，张车伟、蔡昉（2002）把服务业细分行业中被归类为“其他”的行业称为非正式就业，认为其份额仅次于农林牧副渔和制造业，是吸纳剩余劳动力的第三大行业，而且重要性日益提高，因此它吸纳了大量进城的农民工。其次在城镇化的过程中，职场中女性的参与比例大幅度上升，城镇化极大地提高了服务业中女性的就业比例。富克斯（Fuchs，1980）得出的结论是，由于收入，尤其是家庭和市场工作选择的替代效应，服务业很大一部分的就业增长是源于妇女的劳动力市场参与程度越来越高。埃尔德姆和格林（Erdem & Glyn，2001）发现，无论是在美国还是欧洲，自 1973 年以来，女性劳动力供给（而非资本积累）对服务业就业最为重要。朱利安·梅西纳（Julián Messina，2005）认为女性员工比重的上升是服务业就业增长的一个重要来源。他认为，在城镇化进程中，休闲服务的扩展等方面是吸纳女性就业的重要行业。在我国，除了非正式就业时间灵活、对体力要求低、适合于女性就业之外，城镇化也使得我国的教育、医疗卫生、影视娱乐等行业不断发展，吸纳了大量女性。例如 2010 年第一产业和第二产业的女性就业容纳量相比 2000 年分别降低了 22% 和 10.9%，而第三产业的女性就业容纳量则增长了 17.7%①。同时众多从农村迁移到城市中以及从制造业中失业的劳动力为中低端服务业尤其是灵活就业岗位提供了充足的供给，满足了大量城市需要而城市劳动力又不愿从事的岗位。因此这一切都有力地提升了第三产业的就业弹性及其持续性。

制造业与第三产业不同，由于其产品的更新换代和结构升级都更快，故所要求的劳动力素质、员工的平均受教育水平、男性所占比重以及工作年龄都比第三产业苛刻，而我国农村劳动力受教育程度普遍偏低，专业技能缺乏，因此在城镇化的过程中劳动力的供求脱节情况非常明显。在农村人口向城镇迁移的过程中，就业压力表现得很突出。城镇化加快了制造业内部产业结构升级，也改变了制造业的空间布局，这一切都使得其对劳动力的素质要求更高。所以城镇化的推进和经济增长方式的转变要求更高的人力资本投入。其结果使得制造业的“用工荒”和“就业难”并存，在相当一段时期内，劳动力素质不能满足制造业用工的要求，导致经济增长速度跟不上劳动力增长速

① 蔡小慎，杨蓝英．城镇化背景下受教育程度对女性就业状况的影响［J］．现代教育管理，2014（8）：17－21．

度，就业弹性暂时出现了下降的情况。但是在城镇化达到相当水平之后，由于相关制度的落实、农民工市民化之后的教育政策到位等措施，使得当初进城的农民工及其后代的专业技能以及文化水平得到了迅速的提高，充分满足了制造业对员工技能的要求，因此在越过第二个门限值后其就业弹性系数值出现反升。

通过以上分析可知，二三产业之所以出现门限差异，除了工业化阶段的不断推进之外，以下三个原因也很重要：一是第三产业技术增长速度更慢；二是第三产业需求收入弹性更高；三是第三产业存在很多中低端行业，为广大的低技能劳动力提供了大量岗位。本章的分析还表明，对于第三产业来说，不论是短期还是长期，技术进步和劳动力成本的提高都会促进第三产业就业弹性的提高，而对于第二产业来说，实证分析结果跟大多数文献的结论是一致的，即技术进步和劳动力成本的提高从短期来看会降低就业弹性，但从长期来看会提高就业弹性。

第七节　小　　结

众多文献从各个角度对第三产业的就业弹性进行了大量的研究，但是要深入揭示出该弹性系数的变动特征和规律，不仅要从纵向的角度对其短期和长期的变动趋势进行分析和检验，而且还要将其与第二产业的就业弹性变动规律进行对比，从横向的角度来探索其特征和机制。因此本章通过收集 1992 ~ 2017 年的相关数据，运用门限面板检验方法，以产业结构升级、人均 GDP 和城镇化率作为门限变量，对我国二三产业的就业弹性进行了门限效应检验和估计，并进行了比较和分析。本章得出如下结论：

第一，通过对工业化阶段的回顾和分析，我们提出研究假设，即工业化初期第二产业会出现吸引劳动力的高潮，但随后的重工业发展导致第二产业就业弹性下降，紧接着第三产业在重工业的带动下开始大规模发展，会引发第三产业吸纳劳动力的第一次窗口期，到工业化后期时由于生产性服务业的发展，导致第二产业和第三产业吸引劳动力的第二次窗口期出现。

第二，实证检验得出的结论与研究假设基本一致。当设定三个门限变量时，由门限面板检验和回归可知，二三产业都是双重门限面板模型，而且第三产业的弹性系数值更高。更重要的是，无论是哪一个门限变量，第三产业的就业弹性系数值在三个区制中都呈现出持续递增的特征，第二产业的系数值都是呈现出“U”型特征。

第三，通过对2017年各个区制的省份统计可知，第三产业弹性系数值提升的余地和空间更大，各省份在三个区制中的分布也更均匀，而第二产业稍有不同，三个门限变量中，各省份都处于第二区制和第三区制。因此统计结果表明，随着产业结构升级、人均GDP的增长以及城镇化的推进，二三产业的弹性系数值不仅不会出现下降的情况，而且在门限变量跨越到更高的区制后，系数值还会进一步地提高。

第四，本章还对产生二三产业门限效应差异的其他原因进行了分析。首先技术进步是引发以上门限效应区别的最关键因素。技术进步对就业弹性有着创造效应和替代效应。由于二三产业技术进步的增长速度不同，由此导致了规模效应和替代效应的差别，例如由于第三产业技术进步的增长速度更慢，替代效应较小而规模效应较大，而第二产业则相反等。其次由于二三产业的需求收入弹性不同，引发了对服务和商品需求的差别，从而引发了各自就业弹性变动趋势的差别，例如服务业商品满足更高的需求，随着收入的增长，更高的收入份额将被用于购买服务等。最后由于城镇化过程致使劳动力供求状况出现了差异，对各自的就业弹性产生了不同的影响。例如城镇化带动了中低端服务业的发展，尤其是非正式服务业的发展，因此为广大缺乏技能的劳动者和女性劳动者提供了用武之地，而第二产业则出现了“民工荒”和“就业难”并存的状况等。但是在城镇化水平达到一定程度之后，由于相关政策和制度的到位等，农民工及其后代的专业技能以及文化水平提高，充分满足了制造业对劳动力技能的要求，第二产业的就业弹性又会出现回升。

第八章　对策与建议

经过前面几章的分析，我们得知第三产业波动呈现出显著的双重特征，即韧性和刚性并存的特征。这种双重特征对宏观经济波动也产生了显著的非对称效应。我们通过第二章的分析可知，无论是从全国的层面还是从各个省份的层面来看，第二产业、第三产业波动都与GDP波动呈现出显著的同步性，二三产业波动都是经济波动的重要来源，它们的扩张和收缩都会带动GDP的同步扩张和收缩。第三产业的韧性效应体现在其收缩的时候，例如第三章通过非对称ARCH模型的分析和检验，我们得知由于它比第二产业收缩得更加缓慢，因此对宏观经济波动产生了负冲击，即产生了反向拉伸效应。第四章通过牵拉模型的分析得知，当受到外生冲击时，第三产业会产生牵拉效应，即会偏离产出上限向下拉伸，但由于其强大的韧性，它偏离产出上限的幅度要低于第二产业，而GDP偏离产出上限的幅度也刚好位于二三产业之间。第五章通过空间面板模型分析得知，第三产业收缩的时候对GDP的冲击要小于第二产业，所以前者比重提高时则会提升GDP的谷位，促进宏观经济由收缩向扩张转换。刚性效应体现在第三产业扩张的时候，例如通过TARCH模型和EGARCH模型的检验得知，由于它扩张时较剧烈，对GDP产生了正冲击效应；通过牵拉模型检验得知，当第三产业回弹时比第二产业要剧烈，GDP回弹的剧烈程度也刚好位于二三产业之间；再由空间面板模型分析得知第三产业的扩张效应要大于第二产业。我们用三种方法得出的检验结果是一致的，因此属于稳健性的估计结论。另外第三章和第四章的分析结果还得出了另一个结论：从总体来看第三产业对经济波动还是有着显著的缓和效应，说明韧性效应极大地抵消了刚性效应。韧性效应是第三产业对宏观经济波动最重要的优势，既可以减缓收缩，又能够促进宏观经济由收缩向扩张的转换，并且缩短宏观经济的收缩期。刚性效应则比较复杂，虽然它可能会引发经济过热，但也有助于延长宏观经济的扩张期。因此如何扬长避短，使第三产业既能减缓收缩又不致于引发经济过热，对此我们在这一章提出对策与建议。

第一节　分阶段对第三产业实行差别调控

由第五章分析结论可知，由于第三产业的偏度系数值过大，其陡升特征也更显著，当其扩张时对GDP的冲击也比第二产业强烈，根据张志文和白钦先的分析结论可知，GDP增长过快是导致通货膨胀的关键因素，因此第三产业扩张时的陡升特征很可能会引发物价上涨甚至通货膨胀。根据毛中根和林哲（2005）的结论可知，他们认为由于鲍莫尔所说的“成本病”的原因，从长期来看，由于第三产业的劳动生产率低下，决定了第三产业的价格上涨对总体物价产生了极大的冲击。鲍莫尔（1967）通过构造一个劳动生产率增长率为零的服务部门和增长率大于零的制造业部门的非均衡增长模型，讨论了服务业的成本病部门。鲍莫尔分析结果表明：由于服务业工资成本的不断累积和上升，再加上服务业的需求价格弹性低，导致服务消费的成本越来越大，服务价格也日益高涨，即出现“成本病”现象。从国际经验来看，服务价格“成本病”引发物价上涨的例子比比皆是。例如自1972年以来，服务业的价格在绝大多数年份的上涨比物质产品要快得多。1980～1996年物质产品价格上涨3.9%，服务产品价格上涨7.7%，后者是前者的1.9倍。1971～1990年欧洲国家和日本等国的服务业生产率和物价上涨也出现类似的规律，即几乎所有被考察国的服务业生产率都比较低，但其价格上涨程度却出奇的高[①]。

因此，由于第三产业的陡升特性以及其生产率低下导致的“成本病”，造成它在扩张阶段极易导致宏观经济的过热即物价上涨甚至通货膨胀。毛中

① 毛中根，林哲．服务价格“成本病”与中国物价上涨［J］．价格理论与实践，2005（6）：16－17.

根和林哲认为，由于服务业价格的上涨幅度远高于 CPI 价格的涨幅，因此服务业价格上涨引发了消费价格总指数的剧烈上涨，而收缩阶段或者是通货紧缩阶段又会减缓价格总水平的下滑。例如 20 世纪 90 年代中期以来，我国物价总水平逐年下降，从 1996 年的 108.3% 到 1997 年的 102.8%，从 1998 年起又出现负增长，直到 2004 年才恢复正增长，而同期服务业价格指数却呈现出两位数增长，同时期服务业很多细分行业的价格也呈现出急剧上涨的态势，涨幅远高于工农业产品价格[①]。因此在第三产业比重日益提高的背景下，如何防范其引发经济过热和通货膨胀的效应、充分发挥其减缓经济收缩和通货紧缩的效应，是当前迫切需要解决的问题。我们认为，需要区分不同阶段对第三产业进行差别调控，即当第三产业扩张时，要充分推动第三产业的内部结构升级，促进以信息产业为主的现代服务业的发展，而当其收缩时，要充分发挥服务业强大的就业吸纳效应，为社会解决最基本的就业问题，从而拉动消费需求，为宏观经济的复苏创造条件。

一、大力促进现代服务业的发展——基于扩张阶段的对策

根据 2012 年 2 月 22 日科技部发布的《现代服务业科技发展“十二五”专项规划》中的定义可知，现代服务业是以现代科学技术和信息网络技术为主要支撑，建立在新的商业模式、服务方式基础上的服务产业，它既包括新兴服务业，也包括对传统服务业的改造和升级，其本质是实现服务业的现代化。现代服务业的核心是信息技术和网络技术，而对于信息产业和网络产业的特征，众多文献对它们进行了阐述。例如段永基（1998）认为信息产业的渗透性极强。信息技术已经渗透到各个行业，尤其是生产性服务业，更是大规模地渗透到工业制造业中。因此由于各行各业都广泛地使用信息技术，它为国家创造了极高的劳动生产率，并且创造了高增长、低通胀、高就业的奇迹。刘远（2001）认为网络经济有着高增长、高就业和低通胀的显著特征，

---

① 温桂芳，马千脉．服务价格与居民消费价格关系研究［J］．价格理论与实践，2004（2）：18－20.

并且认为网络经济改变了工业社会的经济法则。网络经济使得生产、服务和消费更快捷、更直接，融合也更迅速，关键是使得迂回经济转化为直接经济，大幅度地缩小了时空距离，将工业社会的边际成本递增法则转变成了边际成本递减法则，从而实现了低通胀、高增长的目标。苏玉峰（2016）认为现代服务业是区域经济增长的重要引擎，具有新技术、新方式、新业态等特征，现代服务业对宏观经济的带动效应日益显著，并且极大地提升了区域经济的内生增长能力。我们在第三章的分析中也得出结论，现代服务业扩张时对GDP的冲击为0.2倍，远低于传统服务业对GDP的冲击，因此在扩张阶段大力促进现代服务业的发展，可以最大限度地防范第三产业可能引发的通胀效应，提升宏观经济的内生增长能力和增长质量。具体我们可从以下几个方面进行：

第一，加大服务业的改革力度，增强服务业发展的活力，提高现代服务业尤其是生产性服务业的比重。促进各地区服务业的融合，推动现代服务业的空间集聚，为现代服务业搭建更高水平的合作平台。充分发挥现代服务业的技术外溢效应，通过技术进步促进服务贸易的发展，提高服务贸易的技术附加值，推动服务贸易方式的转变，努力转变服务贸易逆差的现状，以服务贸易促进国内生产服务业的发展、提高国内现代服务业的比重。加大国有服务企业的改制力度，引进民间资本，大力推动民营服务企业的国民待遇。

第二，构建服务业跨国创新平台，扩大服务业对外开放，提高现代服务业的国际竞争力，并努力将国际竞争力转化为服务业的内在驱动力。通过引进和参与国际合作，大力吸引外资投入我国的金融保险、电子商务、现代物流、文化教育等现代服务业行业，参与现代服务业的价值链国际分工，充分发挥现代服务业的后发优势，加快服务业的国际化进程，提高服务业的对外开放度。加强与国际知名服务企业的合作，充分利用国外企业的分销机构和经营渠道，实现服务业的对外直接投资。大力吸引外商在我国设立中介机构和研发总部，鼓励各地区引进跨国公司总部经济，并以总部经济带动地区经济发展。

第三，多渠道增加服务业投入，加强政府对服务业的引导和扶持。政府对服务业某个行业投资的力度和方向会对服务业的发展产生很大的引导和推动作用，因此要充分发挥服务业的引领效应和带动效应。各级政府要集中一定数量的资金大力投向重点服务业行业，例如医疗服务、教育培训、社会服务业等，也可以安排一定数量的资金用于重点服务行业的贷款贴息，并充分发挥政府的示范作用，吸引更多的社会资金投入到服务领域中。大力完善政府对服务业的调控机制，加大政府对服务业科技创新的调控力度，尤其是要加大对技术密集度较高的新兴服务业的调控，发挥新兴服务业的外部经济性效应以及现代服务业的前向效应和后向效应。政府还可以推进服务业的战略性调整，并与贸易方式的转变充分结合起来，最终建立一个开放、公平、竞争有序、产权明晰的服务业市场。

第四，由空间溢出效应分析结果可知，溢出效应加剧了第三产业的陡升特征，使得第三产业对 GDP 的扩张效应超过了第二产业。因此建议推动各个地方政府之间建立第三产业合作平台，实现各地区服务业的充分合作，形成全国统一开放的市场。在经济周期的扩张阶段，重点鼓励和支持不同地区同类型的现代服务业企业创新合作，充分挖掘本地区和周边地区现代服务业的知识溢出效应，努力实现信息共享，通过自主创新和技术融合增强各地区现代服务业及其 GDP 的内生增长能力；在区域合作中加快推动各地区城镇化的发展，充分发挥城镇化对现代服务业的带动效应和对就业的吸纳效应，依托各地区的城镇化发展机遇，不断拓宽各地区的劳动力就业机会和转移渠道。

第五，推进现代服务业的市场化改革。我国第三产业当前垄断程度较高，市场化程度较低。当前很多细分行业的经营处于垄断地位，例如电信业、金融业、铁路运输、民航运输等。这些细分行业的价格也是由政府制定的，最典型的莫过于医疗价格。根据经济合作与发展组织（OECD）的观点可知，不合适的管制将会导致企业的资源配置效率低下，缺乏竞争会使企业和员工获得超额回报，结果是导致企业规模不经济，形成垄断高价格，推动服务业价格和物价上涨过快。因此当前最迫切的问题是加快推进现代服务业的市场化改革步伐，转变竞争改革措施。大力加快现代服务业的对外开放步伐，在垄断服务业中大力引入民营资本。放宽市场准入条件，例如为了改变金融业垄断程度过高的局面，可以进一步推进利率的市场化改革，消除不当的规制性金融壁垒，鼓励民营资本以多种形式进入金融业，加快发展以社会资本为主体的金融机构和金融网点，尤其要大力推进互联网金融机构的发展。在条件成熟的情况下对大银行进行分拆，以提高竞争力。同时加快发展资本市场建设，拓宽融资渠道，让金融资源更多地倾向于具有创新能力的中小企业和民营企业。对垄断的服务企业简政放权，激活企业和市场，改变政府主导的增长模式。

在此过程中，可以把服务业市场化改革与服务业技能型人才的引进结合起来，结合税收、财政等政策，加大对现代服务业创业的政策支持力度，加大对科技和教育的投入，促进我国现代服务业如保险、金融、咨询等新兴行业走出国门，支持旅游、贸易等行业的创汇。还可以借助城镇化尤其是绿色城镇化的发展来推动我国现代服务业的发展，促进我国第三产业全要素生产率的不断提升等。

二、充分发挥第三产业的就业吸纳效应——基于收缩阶段的对策

为了充分发挥产业结构升级、人均 GDP 增长和城镇化过程对第三产业就业弹性的促进作用，推动就业弹性系数再上一个台阶，进一步促进第三产业对经济收缩的减缓作用，我们提出以下建议：

第一，在经济收缩时，各地区要大力扶持传统服务业，发挥传统服务业门槛低及就业吸纳弹性大的特征，大量吸纳从第一产业和第二产业转移出来的剩余劳动力。尤其要下大力气发展农村第三产业，让其充分发挥吸纳农村劳动力的效应，实现农村剩余劳动力的就地安置。大力推动国家促进各类服务业发展的税收优惠政策的落实，如“营改增”政策等。这些政策不仅覆盖面广，效果直接，而且有利于贯通第三产业内部和工业之间的抵扣链条，从制度上消除重复征税。对于大量吸纳下岗失业人员的传统服务业企业，国家要大力给予政策扶持，如给予社保补贴等优惠政策，同时对职业培训机构给予政策扶持，并帮助其完善培训模式、提高师资水平和培训质量，帮助求职者拥有一技之长。

第二，把发展先进制造业和生产性服务业放在首位。坚持新型工业化道路，以新型工业化和信息化促进制造业升级，并最终带动服务业升级和生产性服务业的兴起，充分发挥生产性服务业对就业的间接拉动效应，推动产业

结构升级与就业增长的良性循环。一方面不断推进分工的深化，使生产性服务业顺利地从传统制造业中分离出来，例如不断推动金融保险、产业科技、信息咨询、电子商务、设计研发等新兴服务业的分离和发展；另一方面不断促进生产性服务业与先进制造业的不断融合，并在结合信息技术发展的基础上，不断推进生产性服务业和制造业的相互支撑、相互依托和相互交融，引导生产性服务业走跳跃式发展的道路，为制造业升级提供助力，努力强化两者相互借重的螺旋式上升路径。先进制造业和生产性服务业的协同发展，既可以为广大有专业技能的劳动力提供用武之地，解决大学生就业难等问题，也可以充分发挥生产性服务业对就业尤其是灵活就业的间接带动效应，解决低技能劳动力或者是失业人员的就业问题。

第三，以新型工业化和现代服务业为支撑带动新型城镇化，实现产城融合，强化工业和服务业的产业支撑作用，以做大和做强现代城镇为引领，发挥好服务业这一最大的就业“容纳器”作用。在城镇化的过程中注重提高现代服务业的信息化和产业化水平，拓宽现代服务业的就业领域，不断创造新的就业岗位。尤其是要推进以现代服务业为支柱的城镇化，在现代服务业的基础上，促进现代农业、现代工业和民众生活水平的不断提高，以及民众生活方式的改变等。推动现代服务业、新型工业和新型城镇化的互动发展以及良性循环。同时发挥城镇化的引导作用，促进新型城镇化与现代服务业的有机衔接，推动第三产业的内部结构升级，细化分工过程，强化服务业结构升级带来的就业效应。大力吸引社会资本，促进城镇化过程和产业层次提升的互促共进，带动人口融合，以工业园区和软件园区等为载体，不断吸引人才，推动产业集中发展，并带动传统服务业的发展和就业。大力引进外资，充分发挥外资在推动城镇化和带动就业过程中的中介效应。外国直接投资（FDI）除了为城镇化过程提供资金，弥补城镇化过程中财政资金和社会资本的不足，增强城镇化的“拉力”之外，还有着显著的就业创造效应，为大量进城务工人员提供了大量的工作岗位，这也同时成了城镇化的“推力”，因此要夯实FDI对城镇化过程的“拉力”和“推力”作用，扎实地推进FDI、城镇化过程和就业增长三者的良性循环。以城市群为载体，在城镇化的过程中，坚持中心城市和小城镇协调发展，强化中心城市的集聚效应，充分发挥中心城市的辐射效应和带动效应，大力发展小城镇，实现异地城镇化和就地城镇化相结合，不断地为农民转入非农产业提供就业岗位。

第四，无论是城镇化过程还是产业结构的调整和升级，都必然伴随着劳动力的转移，而从原来的国有、集体或是规模较大的民营企业中转移出来的相当部分劳动力由于年龄、技能等原因难以再次进入到新兴行业中的正规部门就业，因此要想实现这部分劳动力的平稳转移，避免给家庭和社会造成冲击，非正式就业就显得越来越重要。虽然非正式就业在我国吸纳劳动力方面的作用越来越显著，但是从业人员却是社会最大的弱势群体之一，受到的待遇也极不公平，因此当前促进非正式就业最首要的工作是要在法律上确认非正式就业的地位，出台保护非正式就业的相关法律法规，例如建立针对非正式就业人员的社会保障制度、完善非正式就业人员的最低劳动标准和最低工资制度等。然后是要把非正式就业纳入国家发展战略，当地政府和社区要给予大力的资金支持和政策倾斜，通过各种渠道为非正式从业人员提供技术、场地、信息和培训等扶持。同时降低非正式就业的市场进入门槛，规范竞争行为，通过政策和资金支持，完善基础设施建设，建立起有利于非正式就业的宏观环境和市场环境。

第五，不断提高人均 GDP 和民众的收入水平。政府要把是否能增加就业岗位和提高就业弹性作为评价相关政策的重要考核指标，在制定宏观经济政策和评估涉及民生的公共项目时，要把其对就业的影响纳入评估程序。加大财产性的税收并且扩大对中低收入者的补贴，提高全社会的边际消费倾向，提高消费需求，以保障经济的持续繁荣和稳定。尤其要加大政策引导，为私有制经济和民营企业的发展创造有利条件，使非公有制经济越来越成为吸纳劳动力的重要力量。同时非公有制经济也是提高市场化程度的重要因素，有利于防范宏观经济的大起大落，最大限度地防止失业潮的出现。

第二节　提高区域商贸流通业的竞争力和效率，充分发挥商贸流通业对物价的稳定效应

虽然第三产业有着强烈的刚性特征，容易引发物价上涨，但其细分行业

中的商贸流通业（以下简称SMLT业）却是个例外。商贸流通业是供求结构性矛盾的最后一个环节。第一，提高商贸流通业的效率、促进商贸流通业的发展可以充分化解时空矛盾，对于稳定物价，尤其是防止消费品价格过快上涨有着重要意义。例如物流业的发展就极大地降低了流通成本，还有电子商务、网上购物的发展也极大地缩短了空间距离，成为化解通货膨胀的强大力量。商品市场的供求在相当程度上是体现在一个具体的时空节点上，而这些分布在各个时空节点上的矛盾，则是由商贸流通业来承担的。因此SMLT业竞争力的高低在相当程度上决定了流通成本和物流成本，高效能的流通商贸体系和发达的物流业会大大减缓物价上涨的压力。同样，低效率和低竞争力的商贸流通体系则会加剧物价上涨的压力，造成供不应求或是供过于求甚至是两者并存的局面。第二，商贸流通业对于促进即期消费意愿的实现有着重要意义，这也是SMLT业的核心功能之一。不仅如此，SMLT业对于开发潜在消费、推动个性化消费也发挥着重要作用，因此SMLT业与居民消费和生活的关系最密切。化解供求矛盾和时空节点的矛盾，关键还是要看SMLT业和物流业的“最后一公里”的效率。高效能、低成本、公平竞争的商贸流通体系的建立，是防范物价上涨和通货膨胀、化解供求矛盾、提升消费结构升级、满足居民消费需求的重要途径。第三，SMLT业可以确保各个地区之间商品和要素自由和高效的流动，并有利于形成全国统一、有序、开放、竞争的市场体系，极大地缓解了由区域分割造成的断档脱销和库存积压并存的局面。高效率的SMLT业是防范通货膨胀的长远之计，也是建立稳定价格体系的治本之策。第四，网上购物、电商网络的发展已经极大地方便了民众，降低了成本，并且逐渐成为稳物价的重要力量。随着信息化与网络和商贸流通业的结合，当前SMLT业中的物流和电商以低成本、高时效、高便捷而深受消费者的喜爱，极大地方便了消费者，缓解了通货膨胀的压力。SMLT业借助信息化，以极低的成本为消费者提供了大量物美价廉的商品，充分展示了SMLT业化解时空矛盾和供求矛盾的强大功能。SMLT业在缩短供求双方时间和空间距离的同时，为商家提供了更大的利润空间，也为商家带来了更大的潜在市场。第五，SMLT业例如批发、零售、物流等行业也是吸纳劳动力的重要行业，它作为第三产业的重要行业，由于需求量大、发展迅速，当前吸纳了大量劳动力，极大地缓解了就业压力，并且推动着第三产业向更高的层次升级。因此大力发展 SMLT 业、提高 SMLT 业的效率既是稳物价、防范通货膨胀的重要措施，同时也是减缓经济下行压力的重要手段。

另外，如何提高商贸流通业的效能，使其能更加发挥稳定物价和吸纳就业的效应，我们觉得从区域经济效应差异的角度进行探讨会更加有效。因为一体化大市场效率的带动能力更加明显，而从市场开发的层面来讲，不论是运行效率还是运营成本，东中西部商贸流通经营模式差异都较大，如何破除当前区域市场流通障碍也是当务之急。因此可以从对不同的区域进行差别调控着手，并以市场为导向，建立全国统一开放、结构优化、竞争有序、高效合理以及功能齐全的 SMLT 业体系，着力于充分发挥 SMLT 业的疏通功能和化解瓶颈的功能。

为了体现出 SMLT 业发展的不平衡性，我们对各区域商贸流通业的经济效应进行了比较（即对人均 GDP 与商贸流通业的综合发展指数进行回归，见附录）。商贸流通业对 GDP 的贡献率能够直接地反映出它的竞争力及规模，同时可以对一个地区流通业对经济发展的作用力度的高低作出直接评价。SMLT 业的竞争力对国家整体的经济运转效率有着非常直接的影响，对 GDP 的贡献率越高（即系数值越大）意味着它的竞争力越强、效率越高，同时也代表它对其他产业的带动越显著，各个产业之间相互衔接得也越好，对物价的稳定作用也越大（饶兴明，2016）。从附录中得知，经济效应受到 SMLT 业发展的作用强弱与地区的经济发展水平有关，经济发展水平越高的地区，经济效应受到 SMLT 业发展的作用越弱。因此为了提升商贸流通业的经济贡献率，我们建议分区域对 SMLT 业进行差别调控，例如西部地区要重点加大流通业的基础设施建设，东部地区重点是提升 SMLT 业的转型升级，具体如下。

一、加大对西部地区商贸流通业的公益性投入

近年来我国西部地区的 SMLT 业的基础设施建设和公益性投入取得了前所未有的进展，其先导性地位与战略性地位已经得到了大力加强。但现实中仍然存在广泛的问题，例如流通网络不尽合理、西部地区和广大农村地区

SMLT 业的基础设施投入薄弱已经成为商品流通的瓶颈；又例如中西部的落后地区流通行业的标准化与信息化程度严重偏低、流通成本居高不下等。这些瓶颈问题严重影响了商贸流通业的资源配置，直接结果是使得流通效率低下，极易导致物价的大起大落。因此商贸流通业的公益性投入问题越来越成为亟须解决的问题。另外，我国 SMLT 业的基础设施区域差异较大，即经济发展水平较低的地区投入也低，尤其是中西部地区公益性投入过低，市场化程度也不高，较难吸引民间资本。因此需要因地制宜地对各个地区的基础设施进行针对性的投入。建立以政府为主导，多管齐下，多方筹资，以公共财政投入为主，配合政策性扶持和补贴等方式，重点加大对中西部地区的投入，下大力气化解交通大动脉中的瓶颈问题。首先从宏观来看，建议大力强化中西部地区的交通枢纽地位。中西部地区地处我国的交通要道，尤其是中部，更是联结西部和东部的桥梁，但由于经济落后，长期处于“通而不畅”的处境。因此要按照中央政府提出的“把中部建设成为全国综合交通运输枢纽”的总体目标，统筹规划，针对中西部市场化程度低、民营经济不发达的现状，建立政府与市场相结合的方式，发挥政府与市场各自的积极性，政府可以在公益性投入中保持统筹地位，通过财政支出、财政补贴等途径获得基础设施的所有权，同时把经营管理权交予市场并通过相关的法律法规进行积极的监管。最重要的是要推动基础设施建设与招商引资的长效机制，在完善 SMLT 业基础设施建设的同时注重“软环境”的提高，为进一步吸引民营资本和外资进入打下基础。建立商贸流通业的公益性投入保障机制。根据不同地区和不同经济发展水平确定与之相应的公益性投入规模和目标，分门别类地制定相应的税收优惠政策，并进行对口的政策扶持措施。对于相关的基础设施营运和管理也要制定相应的保障制度，建立商贸流通业基础设施运营的维护基金等，不断完善商贸流通业投入的保障机制，为商品流通过程提供政策支持和后续保障。其次从微观来看，加强农村现代流通体系建设，加大对农村商贸流通业基础设施的建设，促进农村流通体制改革，在农村建设商品集散地、商品交易中心、物流枢纽地等，同时为了及时地把农村的原材料和农产品运出去，需要在广大农村建立原材料或者是农产品供应基地和现代物流中心。加快农村多样化的流通组织与经营方式的发展，合理配置农村资源，构建具有规模效益的商品流通网络体系。政府加大农村流通市场建设的同时要更加注重农村商贸流通业承担的社会功能，不断加大与农民生活有关的流通供给，将农村市场建设纳入考核机制，建立农产品供应保障机制。在城镇化的过程中，将西部商贸流通的土地纳入新农村建设的统一规划，为西部农村商贸流通的发展提供保障。强化农村商业零售业的基础设施建设，优化农村流通网点，加大农村超市、平价商店、社区电商直通车等多种流通市场设施的培育力度。抓住新农村建设的机遇，鼓励商贸流通企业向农村市场纵深发展，一方面加快推动农村物流园区和农村网络的建设，通过新建、增资、参股等方式建立农村分销中心和展示中心等，更好地推动流通企业走向农村市场；另一方面随着商贸流通领域的日渐放开，鼓励和吸引更多民间资本和外资投向农村，引导流通企业和跨国公司在农村设立功能性的分支机构，促进城镇市场与农村市场对接。还可以通过“电商下乡”等方式提升农村商贸流通的水平和效率，努力改变农村流通现代化水平滞后、商贸流通设施供给不足、流通网络布局不合理的现状。充分依托商贸流通业“最后一公里”的优势降低商品成本、促进总物价水平尤其是消费品价格水平稳定。

二、大力推动东部地区商贸流通业的转型升级

商贸流通业对东部经济增长的影响和贡献率较低的关键原因还在于东部地区商贸流通业的转型升级太慢，传统 SMLT 业所占比重过大，与其经济的高速增长不匹配。具体来说，一是商贸流通业的结构不合理，生活服务业所占比重过低；二是商贸流通业效率低，货物压款和占款严重，物流成本高，影响到商贸流通业的健康发展；三是政府只重视流通行业量的扩张而不重视质的提高，企业忽视品牌建设，我国商贸流通企业大多经营规模较小，组织化程度低，并且以模仿和复制国外经验为主，具有创新的经营模式和业态很少，无法通过内部创新赢得市场竞争。缺乏创新的结果就是商贸流通企业缺乏自有品牌，利润率低，易出现价格战等低层次竞争局面。为此，东部地区必须大力加强流通行业的技术创新、转型升级，支持流通企业通过互联网强化行业内、行业间的分工合作，提高协作水平。鼓励企业顺应时代发展的需

求，不断开展商业模式创新、技术运用创新、品牌创新和产品服务创新以提高商贸流通业对 GDP 的贡献率。

第一，大力推动互联网与商贸流通业的深度融合。漆明春（2018）通过实证研究发现，东部地区商贸流通业与互联网的交叉项显著为负，而西部地区则显著为正。这说明在东部地区互联网的普及率本身就很高，商贸流通业的规模也较大，但两者的结合没有达到一定程度时，对经济的贡献率仍然无法体现出来。西部地区互联网普及率低，相对封闭，因此互联网与 SMLT 业的结合能够带来零的突破，或者说是对西部产生质变的影响。由于互联网能够有效地解决 SMLT 业在时空上的矛盾，因此两者有着类似的特征，即网络化、横向性和扁平化的特征，前者为后者提供了最符合天性的发展空间。但互联网是一种技术手段，需要借助于商贸流通业这个实体进行“落地”，因此推进东部地区两者的深度融合将会取得事半功倍的进展。由于东部地区的经济发展已经步入新常态，传统的粗放型增长方式已经不适合东部地区的经济发展，必须从战略层面不断推动电子商务领域的不断扩大，进一步拓宽销售领域和销售渠道，促进信息流、资金流和网络技术平台的结合，从而借助互联网不断推动商贸流通服务向精细化、个性化和专业化方向发展。不断提升商贸流通业的核心竞争力，创新服务模式，积极探索新技术、新业态，打造跨境互联网商务平台，拓展新型商贸流通业的服务空间。着力提升商贸流通业的供货体系硬件和质量。按照国家深化供给侧结构改革的方针，结合东部的区域发展战略，下大力气优化商贸网点的结构与布局，借助互联网和电子商务的现代流通方式大力缓解东部地区内部的商贸流通发展不平衡问题，多角度、多层次、多方位、多方面解决东部商贸流通业转型升级与经济增长不匹配问题。进一步完善商贸流通业的硬件配套体系，加快商贸流通业的研发、技术和信息等平台的建设，推进应用物联网、云计算、大数据、人工智能、无线电射频识别等技术的建设，提高供应链信息共建共享以及智能化管理水平。借助电子商务平台，推动商贸流通业的供应链向上下游延伸。鼓励有条件的商贸流通企业向生产商或零售商延伸，彻底实现转型升级，同时鼓励商贸流通企业对供应链进行整合，积极顺应市场的变化，从单纯的进出口贸易商行，发展成为贸易、物流、分销和零售供应链的管理者和整合者，建立涵盖全球的业务网络，为客户提供设计、发展和销售的一站式服务。

第二，大力推动东部地区商贸流通企业的品牌建设。东部地区日益激烈的市场竞争已经使得大部分商贸流通企业的品牌建设滞后，因此必须迫使东部地区的商业主体通过各种途径改变营销方式，通过商业品牌提高竞争力，借助互联网平台提升品牌效应，最终提高东部地区商贸流通业的竞争力。鼓励东部企业通过成功的品牌建立主导市场消费，扩大市场影响力，驱动市场消费高潮，通过公司自身的品牌流通优势提高商贸流通业的效率；同时多管齐下，对生产链条上的不同产品创建不同品牌，构成多品牌的组合形态，也可以鼓励商贸流通企业通过曲线营销的风险担保，通过公司自身品牌的优势对产品品牌的信誉进行担保；政府应在政策上大力引导企业的品牌意识，重视品牌经营理念，将商业品牌的塑造与建设提升到战略的高度，推动商贸流通企业实现品牌和效率的可持续性发展，各级政府要加大对各地区品牌建设资金的投入，为商贸流通业品牌创新打下基础；相关部门和企业要加大商贸行业技术资源的植入与创新，为企业的创新和效率的提升提供内在驱动力，大力改善商贸流通企业技术滞后及与国际水平脱轨的现状，通过品牌设计与创新，增强企业的品牌竞争意识，创建一流品牌，迎合市场需求，增加企业的产品附加值，促进研发成果的转化与应用，鼓励商贸企业的兼并重组，加大技术资源的共享，为转型升级提供技术支持；改善和优化市场流通环境，健全制度体系，引导企业创建自主品牌，推动商贸流通业与第三产业其他细分行业的衔接，并促进流通品牌带动产业链发展的机制的建设，优化流通行业的市场环境，加大行政监管力度，确保各项政策措施的到位，从而以市场监管和市场运行为基础实现商贸流通品牌的良性竞争，并引导商贸流通企业和商贸产品加快上市步伐，促进区域内商贸流通企业的集群化发展。

第三，要推动东部地区商贸流通业的人才培养体系。由于东部地区商贸流通业、生产服务业和公共服务业所占比重过低，转型升级较慢，这需要建立有效的商贸流通人才培养体系。商贸流通业的转型升级离不开人才的引进和支撑，特别是随着现代服务业的发展，对人才的需求越来越急迫。由于东部地区商贸流通业的从业人员大多是外来打工者，大多属于缺乏技能的体力劳动者，商贸流通业从业人员也主要以从事运输配送的人员为主。从业人员素质低，严重限制了城乡商贸流通的发展，缺少专业的IT人才和高端技术人才，因此远不能满足商贸流通业转型升级的要求。当前，需要建立商贸流通业的人才培养基地，鼓励从业人员接受在职教育和专业培训，建立和健全商贸流通业的人才培养机制。在消费者需求越来越呈现个性化的东部地区，为防止缺少人才支撑的商贸流通业转型升级面临更大困难，需要大力推动人才培养和人才引进与该行业效率提升之间的长效机制。

三、推动商贸流通业的区域合作

由第五章的分析可知，第三产业在各个地区之间产生了空间溢出效应，商贸流通业也一样，其在各个省份和三大地带之间也会产生空间溢出效应，因此我们要利用它的空间溢出特征，促进各个地区之间的合作，充分推动商贸流通业在各个区域的协调发展，实现合作共赢。

1. 发挥城市集聚功能，打破区域分割。随着商贸流通业进入“信息化”时代，商贸流通业的跨区域发展和合作已经成为必然的趋势，也是该行业走向现代化、提高其效能的内在要求。只有打破区域分割、消除各地区的壁垒才能真正发挥出商贸流通业的潜力，拓展其广度和深度。打破区域分割的关键是以区域融合为基础，做好流通产业发展布局。区域融合的措施之一是最大限度发挥城市集聚和辐射的功能，以城市流通节点作为核心，通过城市的辐射功能对区域与城乡商贸流通差距进行调节和平衡。并通过优化城市的流通网点布局、节点规划和传统商贸流通业升级改造等方面对各个区域商贸一体化进行战略部署和合作。充分发挥各城市信息流、资金流、物流的集聚功能，使各个城市形成联结东西、贯穿南北、辐射国内外而又高效率的全国一体化的网络联结点①。

2. 增强市场开放度。增强市场开放度也是促进商贸流通业区域合作的必由之路。而市场开放度离不开信息技术的支撑。因此信息畅通的网络体系是

① 袁兴梅．商贸流通业发展对我国居民收入的影响——基于城乡和收入来源结构差异［J］．商业经济研究，2020（21）：10－13．

市场开放度的重要依托，也是现代商贸流通业的重要保证和根本。完善的市场开放度是发达的商贸流通业健康发展的基础，也只有增强市场开放度才能促进商贸流通业的健康发展，从而缩短时空距离、构建起全国互联互通的现代物流业。大力促进物联网、互联网、云计算和大数据等信息技术在商贸流通业中的应用，充分依托信息技术推动商贸流通业向更加开放的方向发展。并且依托信息技术和电子商务技术推动商贸流通业的模式创新，提高商贸流通业的组织化程度，依托电子商务技术努力促进商贸流通业的业态结构多元化，努力建设覆盖城乡的流通网络，从而形成工业品下乡和农产品进城的双向流通渠道和信息网络。同时政府当局还要鼓励商贸流通方式的创新，推动商贸流通现代化水平的提高。信息流促进商贸流通业的开放度不断提高，而开放度的提高又会消减地区差距，达到地区之间的互补与平衡，因此必须要加快商贸流通业的技术改造和更新换代，建立商贸流通业的信息平台，通过信息化、数字化和网络化的渠道大力促进商贸流通业全国统一大平台的建立，从而有效地促进商贸流通业跨区域联接①。

3. 推动新型城镇化与商贸流通业的良性循环。新型城镇化是指以城乡统筹、产业集聚、生态化、信息化为特征的城镇化。新型城镇化的目的是实现城乡和谐发展、缩小城乡差距、推动城乡劳动力城乡资源的优化配置，坚持以人为本，促进城镇化朝着健康、高质量的生活方式发展。城镇化是商贸流通业发展的物质基础和空间依托，城镇化为商贸流通业提供劳动力、资金、专业人才等，新型城镇化的发展有助于打通东中西部三大地带以及城乡两个市场，实现城乡市场的联结，并有助于消除城乡差距，形成城乡一体化的市场格局，促进城乡资金流、商流、物流、要素之间的互相流动，从而有力地推动了商贸流通业的发展，商贸流通业反过来又会对新型城镇化产生推动作用，例如商贸流通业的繁荣将会有力地拉动相关产业的发展，带动交通、物流、批发、零售相关产业的发展，并带动这些行业的就业，从而为新型城镇化过程中的农村人口创造大量的就业岗位，因此需要大力推动两者的互动和

---

① 童馨，王皓白．商贸流通业跨区域发展问题与对策［J］．商业经济研究，2019（20）：147－149．

良性循环，依托新型城镇化大力促进商贸流通业的完善以及效能的提高。

首先努力借助新型城镇化建设打破城乡二元格局，推动城乡资源的合理配置，实现城乡之间的经济流通和协调分工、互利共赢、共同发展的城乡市场格局。借助城镇化建设过程努力完善商务中心、物流中心，为商贸流通业提供更多的商品集散地，同时也为商贸流通业提供更多的投资机会。新型城镇化强调以人为本，有助于提高就业质量，新型城镇化的高效率、高质量和低成本的特征都为商贸流通业效率的提高创造了条件，同时也对商贸流通业产生了导向作用和带动作用。其次在城镇化过程中，可以充分发挥乡镇劳动力与城市高科技人才的优势，建立城乡商品交易平台，提高商品流通效率、缩短商品流通周期。借助当前新型城镇化建设的机遇，努力推动商贸流通业的转型，以及商贸流通业的结构调整和提质。同时坚持其发展要把民生作为重中之重，注重民生工程的建设，注重商贸流通业与新型城镇化的协调发展，充分发挥居民消费和需求在推动商贸流通发展中的引领效应。最后在新型城镇化的过程中，各级政府要加大对商贸流通业的政策支持和财政投入，尤其是要加大对农村商贸流通市场和流通网点的投入和改造。注重农产品的集中化和组织化，提高农产品的流通效率，降低农产品流通成本。构建城乡多层次的商业疏散网点和便民设施，优化城乡各个网点的资源配置，加大对各类流通类服务企业的投入，例如在城镇化的过程中可以降低流通类企业的市场准入门槛，提高商贸流通企业的效率和质量，建立新型城镇化与商贸流通业的长效机制和良性循环机制①，使商贸流通业无论是在通货紧缩时期，还是在通货膨胀时期，都能成为稳定物价的重要力量。

第三节　推动生产性服务业与制造业的融合，大力发展服务型制造业

由第七章的分析可知，我国正处于工业化中期阶段，生产性服务业与制

① 李文贵．新型城镇化视域下我国商贸流通产业发展对策［J］．改革与战略，2016（10）：114－117．

造业的融合是大势所趋，而且当前很多地区的生产性服务业与制造业已经从共生阶段进入到融合阶段，两者的融合对于提升我国制造业的技术含量、促进新型城镇化和新型工业化的发展有着重要意义，关键还能够促进服务型制造业的发展，这些都能促进我国传统制造业的转型升级，提升制造业的竞争力和内生增长能力。技术创新处于价值链的最前端，是制造业和服务业发展的内在动力。由于生产性服务业和先进制造业都是以技术创新并结合网络技术和信息技术作为支撑动力的，因此两者对开发和创新的要求具有同一性。通过与制造业的融合，生产性服务业的信息和技术支持会渗透到制造业的产品中，从而降低制造业的成本，拓展其利润空间；同样，先进制造业的发展也为生产性服务业的发展提供了动力，而且两者互相促进的机制和技术创新的同一性特征还能改变第二产业和第三产业的市场结构，开拓出新的市场，两者的融合发展将会为二三产业带来新的需求和增长点。因此融合发展不仅能实现二三产业的技术融合，还会导致它们之间的壁垒的消除，形成相同的技术基础。两者的融合还能有效地防范第二产业扩张时引发经济过热和物价水平过快上涨，最重要的是服务型制造业还能够提升第二产业的就业吸纳能力。因此我们提出以下建议。

一、各地方政府要大力推动先进制造业和现代服务业的集群式发展

我国传统服务业比例过大不仅是第三产业缓降的原因，而且也是其陡升的重要原因。由于传统服务业技术含量低，属于粗放型的增长方式，在经济扩张时易于剧烈上升。而现代服务业由于技术含量高，属于集约式的增长模式，内生扩张能力较强。尤其是生产性服务业，有着高人力资本、高技术、高附加值的特征，知识溢出的效果也较明显，因此各地区要充分发挥制造业对生产性服务业的带动效应，培育一批先进的制造业集群，带动本地区和周边地区生产性服务业的发展，建立现代服务业集群和先进制造业集群之间的协同机制和双轮驱动机制，实现两者的协同定位和协同集聚，并引导制造业向城市周边迁移和集中，依托制造业集聚的强大规模效应扩大生产性服务业的有效需求，形成支撑制造业和生产性服务业的范围经济效应，综合考虑城

市建设、交通、学校、居住以及辐射效应等因素，科学合理地对不同的功能区进行分类，以功能区、集聚区为载体实现制造业、服务业园区的相互融合。通过规划布局实现制造业和现代服务业的区域性集聚，充分发挥集群的乘数效应，从而增强宏观经济的内生增长能力，有效地防止经济过热和通货膨胀的发生。

二、制定合理的产业组织政策，推动制造业生产性服务环节的外包趋势

针对我国当前生产性服务业的发展态势和存在的问题，我们在推动它与先进制造业进行融合的过程中，更应从强化产业专业化分工、促进生产性服务业和先进制造业自身体系完善的角度来推进，并应适时地实现生产性服务业与制造业的垂直分离，即要适时推动制造业生产性服务环节的外包，进而形成高效率、高层次、结构合理的专业化生产性服务业，再反过来推动其与先进制造业的良性循环，从而更加有力地支撑先进制造业的转型和其竞争力的提升。从宏观方面来看，推动制造业企业服务外包的直接因素是交易费用的高低，在一个低交易费用的经济环境中，制造业企业能够有效地避免和削弱“搭便车”行为、转移外包风险等，从而能够在相当程度上稳定外包的预期。降低交易费用的关键途径是要降低行政体制性成本，政府应把服务业的行政体制性改革提上日程。降低服务业的准入门槛，大力引导民资参与服务业垄断企业和制造业企业的经营、改组和改造，促进非主营业务的资源配置由政府主导向市场主导转变。最大限度下放制造业企业和服务业企业的行政审批、备案等事项，减轻企业税费负担，增强制造业和服务业企业发展活力，加快推进中小型服务型企业的公共服务平台建设，完善它们的融资环境。创新政府服务方式，不断提高政府行政服务效率，培育良好的服务环境，建立良好的服务信誉。从微观方面来看，影响制造业企业服务外包的关键因素是生产性服务企业的效率。为此，政府应当建立起有利于竞争的市场环境，制定出合理的产业组织政策，例如可以打造国际金融服务外包交付中心和中小企业外包托管管理中心，同时加大金融服务外包扶持政策，积极发展面向制

造业和中小企业的业务流程外包等，提高它们的外包技术水平，鼓励制造业企业将审计、研发、保安、设计、技术咨询、软件开发等环节的服务剥离并进行外包，同时也推进服务业企业将非主营业务分离和外包给不同的专业公司①。从而有效地降低企业的生产成本、提高企业的生产效率、提升专业化水平和竞争力。

三、大力发展服务型制造业

服务型制造业改变了以往制造业企业的生产模式。很多制造业厂家都开始去制造化，把制造部分交给代工厂，自己只保留研发、设计等核心环节。它不以出售形式与消费者建立关系，而是以租赁等形式与消费者建立起合作关系。产品的维护、保养等都由中间产品制造厂家负责。服务型制造业大力提高了制造业企业的生产效率，避免了第二产业大起大落的波动特征。我们建议从以下几个方面大力发展服务型制造业：第一，构建自动化系统平台，建立大型工程自动化更新系统。发展服务型制造业必须要大力提高制造业的装备水平，提高制造业产品的附加值，更好地满足市场，由制造商努力转变成服务商，同时为客户提供自助式、智能型、个性化的远程服务。实现行业维护和调试人员资源的最优化配置。大力发展过程建模技术、多系统协调优化技术、基于数据挖掘的操作优化技术以及基于模型参数的自动适应智能控制技术等。大力发展物联网技术和人工智能技术。建立高端工业化的自动化技术、柔性化输送设备、智能监控系统和数字化管理系统等基于人工智能技术的自动化系统平台②。第二，结合现代管理技术构建服务型制造业的基础。服务型制造业的实施先要建立基于先进管理技术的制造系统和知识管理系统，实现对制造业技术知识和顾客知识的发现、管理和利用；企业也可建立起客户关系管理系统，邀请顾客成为合作生产者，主动感知和发现顾客需求，提

---

① 罗仲伟．生产性服务业与先进制造业的互动与融合［J］．经济与管理战略研究，2012（2）：50.

② 李刚，孙林岩，高杰．服务型制造模式的体系结构与实施模式研究［J］．科技进步与对策，2010（7）：45－50.

高顾客的价值，实现制造业产品的高效生产，建立起供应链客户管理系统和企业资源管理系统等①。第三，推进研发设计信息化，大力发展制造业企业的电子商务技术。在研发设计的过程中，大力推进研发外包和研发工作的集成化，促进研发和企业过程控制、经营管理、市场营销等环节的有机融合，努力提升制造业企业的核心竞争力和研发能力。构建数字化的研发体系和相关标准，支持工业产品研发设计信息的服务体系建设，加大制造业产品的公共服务能力，强化制造业企业持续发展的运营机制。在网络基础设施的建设上加大政府投入，引导资金进入安全快捷的电商网络和电商平台建设，大力培养电子商务方面的人才。逐步开放网络市场，大力吸引外资进入电商行业，尽快依托电子商务技术建立制造业的电子金融体系，加快研发电子商务安全技术等②。

① 张德存．服务型制造发展展望与对策建议［J］．对外经贸实务，2010（4）：37－39.

② 孟秀丽．发展服务型制造业的对策研究——以江苏为例［J］．现代管理科学，2011（7）：44－46.

附录　商贸流通业对区域经济的非对称效应研究

我国商贸流通业的发展存在显著的区域发展不均衡现状。为了促进区域经济甚至国民经济的发展，本文结合理论研究与实证分析研究了商贸流通业经济效应的区域差异，旨在为明确商贸流通业的定位和相关政策的制定提供思路。本文仿照卡莱姆利·奥兹坎等（Kalemli-Ozcan et al.，2001、2003）的说法，即认为区域之间经济效应的差异程度可以从区域经济效应的非对称性或对称性的角度来区别，如商贸流通业在所研究的几个区域之间存在显著的相似性，那么可以认为它的经济效应存在显著的对称性，反之则被称为存在非对称性。

一、商贸流通业范畴及其发展水平测度研究

明确界定商贸流通业范畴能够为其经济效应的研究奠定坚实的基础，但是，学术界对于商贸流通业范畴的界定尚未统一，我们这里将商贸流通业范畴界定为商品批发零售业、饮食住宿业、居民服务业、租赁服务业以及其他相关服务业。

学术界对于商贸流通业的发展进行了多层次和多角度的研究，积累了丰硕的研究成果，但是各学者建立的商贸流通业发展评判指标体系存在较大差异，没有形成统一的标准。本文结合相关理论研究，考虑到指标数据获取的难易程度，从流通业规模、发展现代化、发展贡献以及发展效率出发，构建了包含 11 个指标的商贸流通业发展评判指标体系。

二、商贸流通业与经济发展关系研究

学术界对商贸流通业与经济发展关系的研究主要集中在就业、产出、经

济效应、产业结构等方面。关于商贸流通业对就业的影响，现在的主要结论是商贸流通业的发展会提高就业率，增加就业机会。各学者将就业效应指标通过就业人数、就业弹性以及产业结构偏离系数进行评价，利用回归分析研究了商贸流通企业发展与就业的关系，均发现商贸流通业的发展能够增加工作岗位，提高就业率。关于商贸流通业对产出的影响，学者们普遍认为商贸流通业的发展对产出具有积极的作用①。

三、区域商贸流通业经济效应测度

本文为了研究商贸流通业经济效应的区域差异，选取了以下相关变量进行研究，分别是人均 GDP（AGDP）用于判定地区经济效应水平、流通综合发展指数（LT）用于判定商贸流通业发展水平、人均固定资产投资（AG）用于判定物质资本水平、地区人均教育支出（AJ）用于判定人力资本水平，并对各个指标进行对数处理，以消除数据的异方差性。本文选择 2009 ~ 2019 年全国 31 个省份为研究对象，数据通过国家统计局官方网站、《中国统计年鉴》等获取。为了分析各省份商贸流通业经济效应的差异，对模型参数进行估计分析，结果如附表 1 所示。

附表 1　　各省市面板数据分析结果

变量	系数	标准差	T	P
Con.	5.8312	0.5214	11.2341	0.0000
LnAG	0.5241	0.0318	15.9716	0.0000
LnAJ	0.5112	0.0382	13.4516	0.0000
北京 - LnLT	-0.2751	0.3195	-0.8865	0.3712
内蒙古 - LnLT	1.3722	0.4416	3.1422	0.0017
吉林 - LnLT	-0.0533	0.3818	-0.1406	0.8912
西藏 - LnLT	1.0532	0.4811	4.3216	0.0004
天津 - LnLT	0.4872	0.6013	0.8161	0.4132

① 李萌昕. 共享经济视角下我国商贸流通业的经济影响效应——基于省际面板数据的分析［J］. 商业经济研究，2020（14）：26 - 29.

续表

变量	系数	标准差	T	P
黑龙江 - LnLT	1.2314	0.3712	4.1602	0.0000
河北 - LnLT	0.9123	0.3541	2.5712	0.0113
江苏 - LnLT	0.9612	0.5273	1.8316	0.0685
山西 - LnLT	0.3406	0.3801	0.9013	0.3716
辽宁 - LnLT	0.7233	0.3341	2.1749	0.0312
山东 - LnLT	0.8912	0.3847	2.2914	0.0225
上海 - LnLT	0.5149	0.2804	1.8512	0.0671
浙江 - LnLT	0.8229	0.3611	2.2906	0.0234
河南 - LnLT	1.7992	0.3851	4.5578	0.0000
安徽 - LnLT	0.5612	0.3617	1.5502	0.1231
湖北 - LnLT	0.9231	0.3412	2.6793	0.0076
福建 - LnLT	1.3502	0.4817	2.0816	0.0057
湖南 - LnLT	1.4269	0.4315	3.3121	0.0009
江西 - LnLT	1.1598	0.3916	2.9795	0.0029
海南 - LnLT	2.0694	0.4854	4.2487	0.0000
重庆 - LnLT	1.4412	0.3569	4.0285	0.0002
广西 - LnLT	1.0792	0.3169	3.4156	0.0006
贵州 - LnLT	1.6382	0.3442	4.7871	0.0000
广东 - LnLT	1.7098	0.3318	5.1369	0.0000
四川 - LnLT	1.3138	0.4006	3.2916	0.0009
新疆 - LnLT	1.3234	0.4892	1.8694	0.0631
云南 - LnLT	1.8678	0.4312	4.3712	0.0001
青海 - LnLT	2.1682	0.4638	4.6712	0.0000
宁夏 - LnLT	1.7731	0.3756	4.7158	0.0000
陕西 - LnLT	1.7986	0.3976	4.5678	0.0000
甘肃 - LnLT	2.0469	0.3858	5.3143	0.0000
R^2	0.9622			
Adj. R^2	0.9518			
F	109.5528			

由附表1可知，R^2和Adj. $R^2>0.95$，得出模型具有良好的拟合效果。并且，LnAG和LnAJ的P为$0.0000<0.01$，通过了T检验，表明区域经济效应

受到了区域物质资本和人力资本显著的积极作用①。并且，区域物质资本水平每上升 1% 将提升 0.5241% 的经济效应，人力资本每上升 1% 将提升 0.5112% 的经济效应。除北京、吉林、天津、山西、安徽外的省份流通综合发展指数的 P 均 <0.1，通过了 T 检验，表明区域经济效应受到了区域商贸流通业发展显著的积极作用。其中青海的商贸流通业发展水平的系数为 2.1682 居于首位，并且 P 为 0.0000 <0.01，表明区域经济效应受到了区域商贸流通业发展显著的积极作用。上海的商贸流通业发展水平的系数为 0.5149 居于末位，并且 P 为 0.0671 <0.1，表明区域经济效应受到了区域商贸流通业发展显著的积极作用。流通业发展水平每提升 1% 将提升 0.51% ~2.17% 的经济效应。由此可知，区域流通发展水平相较于区域物质资本和人力资本具有对经济效应更大的提升作用，对于区域经济效应增加更具效果，也表明商贸流通业的经济效应具有区域差异。对各个省份的商贸流通业发展水平进行对比发现，河南、海南、云南、青海、甘肃五个省份最为显著，其系数分别为 1.7992、2.0694、1.8678、2.1682、2.0469，并且 P 均 <0.01，这五个省份商贸流通业发展水平对经济效应的影响最为显著，从中看出这些地区基本为经济发展水平较为落后的省份②。河北、辽宁、山东、上海、浙江五个省份商贸流通业的经济效应最不明显，其商贸流通业发展系数分别为 0.9123、0.7233、0.8912、0.5149、0.8229，大多数省份具有较高的经济发展水平。除此之外，本文将 31 个省份的商贸流通发展水平的相关数据根据中东西部地区进行整理和归类，得出中东西部地区商贸流通发展水平的系数分别为 1.0793、1.2246、1.5916。由此可知，经济效应受到商贸流通业影响最为显著的是西部地区，中部地区次之，东部地区最不显著。可以看出，经济发展水平较高的地区，商贸流通业发展水平对经济效应的影响较弱；而经济发展水平较低的地区，商贸流通业发展水平对经济效应的影响较强③。

---

① 吴鹏，常远，穆怀中．产业集聚的经济福利效应研究——基于居民福利最大化视角［J］．中国经济问题，2020（3）：19－29.

② 王钊，王良虎，马雅恬．产业协调发展的经济增长效应——基于战略性新兴产业与传统产业耦联的实证分析［J］．西南大学学报（社会科学版），2020，46（3）：69－78＋202.

③ 刘祖基，刘希鹏，王立元．政策协调、产业结构升级及宏观经济效应分析［J］．商业研究，2020（4）：56－67.

四、商贸流通业经济效应的区域差异研究

为了确认上述的研究结论，本文结合各省份的人均 GDP 进行商贸流通业经济效应的区域差异研究。通过数据分析将全国 31 个省份分为四类，其结果如附表 2 所示。

附表 2　　区域分类情况

类别	系数	人均 GDP（元）
第一类：北京、天津、上海	0. 8213	59132. 75
第二类：江苏、内蒙古、浙江、福建、广东、辽宁、山东	1. 1168	34612. 12
第三类：河北、湖北、安徽、四川、山西、新疆、黑龙江、广西、重庆、江西、吉林、湖南	1. 1352	18603. 61
第四类：贵州、青海、西藏、河南、甘肃、陕西、云南、宁夏、海南	1. 8975	1574. 12

由附表 2 可知，第一类省份包含了北京、天津以及上海，系数为 0. 8213，人均 GDP 为 59132. 75，处于全国最高水平，商贸流通业发展水平对经济效应的影响最弱，与上一节得出的结论基本一致，也就是经济发展水平越高的区域，经济效应受到商贸流通业发展的影响越弱。这可能是由于经济发展水平较高的地区，商贸流通业发展程度较高，而其进一步的发展对于经济效应的提升作用并不显著。所以，如果没有新的创新点进一步促进经济效应的提高，那么这些地区商贸流通业的经济效应将会很难有显著的提升。第二类省份包含了江苏、浙江、山东、广东等地，系数为 1. 1168，人均 GDP 为 34612. 12 元，具有较高的经济发展水平，经济效应受到商贸流通业发展的影响较弱。在第二类省份中，大部分省份都处于东部沿海地区，由于便利的交通和较好的经济发展基础，其经济发展水平较高，基本形成了规模化的商贸流通业发展格局，区域产业结构中商贸流通业的重要地位已经基本确定，这就使得经济效应受到商贸流通业发展的影响较弱，所以，为了更好地提高商贸流通业

经济效应，也需要寻找新的创新点[①]。第三类省份包含了河北、重庆、江西、四川等地，系数为1.1352，人均GDP为18603.61，该类省份的人均GDP较低，并且经济效应受到商贸流通业发展的影响也较弱[②]。这主要是由于该地区经济发展水平较低，居民经济收入不高，商贸流通业发展处于较低水平，在产业结构中商贸流通业的重要地位没有确立，使得商贸流通业对经济效应的促进作用无法体现。所以，为了优化地区的产业结构、提高经济发展水平，需要加大商贸流通基础设施建设，提高商贸流通业发展水平[③]。第四类省份包含了贵州、青海、甘肃、云南等地，系数为1.8975，人均GDP为1574.12，处于全国最低水平，这些地区的经济发展严重落后，远低于全国平均水平，但是经济效应受到商贸流通业发展的影响较强。因此通过以上分析可知，商贸流通业的区域经济效应存在显著的差异，即该行业对我国区域经济存在显著的非对称效应[④]。

五、研究结论与政策建议

本文基于我国2009～2019年31个省份的商贸流通业发展状况，研究了商贸流通业的经济效应。发现经济发展水平较高的地区，例如上海、北京、天津等省份，商贸流通业较为发达；经济发展落后的地区，例如宁夏、贵州、云南等省份，商贸流通业发展较为迟缓，这也能够体现出区域经济的发展水平与商贸流通业的发展息息相关。随后结合面板数据对商贸流通业经济效应的区域性差异进行了验证，得出的结论为：区域经济的发展受到了商贸流通业发展巨大的促进作用，但是其经济效应存在明显的区域差异。这主要是由区域经济发展水平差异造成的，也就是区域经济发展水平越高，商贸流通业经济效应越弱，并且商贸流通业的发展水平与区域的定位密切相关[⑤]。

---

① 范乐乐．商贸流通对区域经济协调发展的影响研究［J］．商业经济研究，2019（1）：12－14.

② 刘祖基，刘希鹏，王立元．政策协调、产业结构升级及宏观经济效应分析［J］．商业研究，2020（4）：56－67.

③ 张婷．商贸流通业发展对区域经济的影响效应研究——以京津冀地区为例［J］．商业经济研究，2018（1）：141－143.

④ 李葳葳．我国商贸流通业经济效应统计分析［D］．杭州：浙江工商大学博士论文，2015.

⑤ 刘明．产业经济空间效应数量分析的一个框架：以中国制造业为例［J］．当代经济管理，2018，40（2）：54－60.

参考文献

[1] 蔡小慎，杨蓝英. 城镇化背景下受教育程度对女性就业状况的影响 [J]. 现代教育管理，2014 (8): 17-21.

[2] 曹振纲. 我国商贸流通业区域差异影响因素及对策分析 [J]. 商业经济研究，2011 (33): 21-23.

[3] 陈保启. 生产性服务业的发展与我国经济增长方式的转变 [J]. 中国社会科学院研究生院学报，2006 (3): 86-90.

[4] 陈乐一，李玉双. 我国商品市场周期阶段与影响因素分析 [M]. 北京：中国经济出版社，2014.

[5] 成凤. 基于经济周期因素的我国房地产价格波动对居民消费影响的实证研究 [D]. 长春：吉林大学硕士论文，2012.

[6] 程大中. 中国服务业与经济增长——一般均衡模型及其经验研究 [J]. 世界经济，2010，10.

[7] 邓春宁. 新中国成立60年来中国第三产业的发展历程与前景展望 [J]. 经济研究参考，2009 (67): 18-25.

[8] 邓明，郭鹏辉. 货币危机的“交叉传染”及其传染途径检验——基于空间自回归Probit模型的实证分析 [J]. 中央财经大学学报，2011 (6): 23-28.

[9] 丁守海，陈秀兰，许珊. 服务业能长期促进中国就业增长吗 [J]. 财贸经济，2014 (8): 127-137.

[10] 丁守海. 中国就业弹性究竟有多大？——兼论金融危机对就业的滞后冲击 [J]. 管理世界，2009 (5): 36-46.

[11] 段先盛. 中间生产和最终需求对产业结构变迁的影响研究——基

于中国投入产出数据的实证检验 [J]. 数量经济技术经济研究, 2010 (1): 84 - 991.

[12] 段永基. 信息产业五大特点 (科技杂谈) [N]. 人民日报, 1998 - 5 - 28 第 11 版.

[13] 段雨晴, 李文. 制造业就业与生产性服务业就业的动态关系研究 [J]. 当代经济, 2020 (1): 10 - 14.

[14] 范乐乐. 商贸流通对区域经济协调发展的影响研究 [J]. 商业经济研究, 2019 (1): 12 - 14.

[15] 冯泰文, 孙林岩, 何哲. 技术进步对制造业就业弹性调节效应的实证分析 [J]. 公共管理学报, 2008 (4): 19 - 25.

[16] 高虹. 中国制造业产业集群的划分及其就业增长效应估计 [J]. 世界经济文汇, 2018 (6): 86 - 101.

[17] 高敏雪. 衰退时期凸现存货的意义 [J]. 中国统计, 2009 (3): 36.

[18] 郭克莎. 中国工业化的进程、问题与出路 [J]. 中国社会科学, 2000 (3): 60 - 71.

[19] 国家统计局城市社会经济调查总队等. 2002 中国城市发展报告 [M]. 北京: 中国统计出版社, 2003.

[20] 郝洁. 当前我国服务业发展不协调之处 [N]. 中国经济时报, 2009 - 02 - 11 日.

[21] 胡野萍, 城市化与城市非正式就业普遍性存在的原因探析 [J]. 湖南商学院学报, 2011 (5): 50 - 54.

[22] 华而诚. 论服务业在国民经济发展中的战略性地位 [J]. 经济研究, 2001 (12): 3 - 91.

[23] 纪敏, 王月. 对存货顺周期调整和宏观经济波动的分析 [J]. 经济学动态, 2009 (4): 11 - 16.

[24] 江小涓, 李辉. 服务业与中国经济: 相关性和加快增长的潜力 [J]. 经济研究, 2004 (1): 4 - 15.

[25] [英] 科林·克拉克. 经济进步的条件 [M]. 北京: 华夏出版社, 1978.

[26] 李刚，孙林岩，高杰．服务型制造模式的体系结构与实施模式研究［J］．科技进步与对策，2010（7）：45－50.

[27] 李浩．商贸流通业的品牌建设特征与发展思路分析［J］．商业经济研究，2016（24）：36－38.

[28] 李建华．服务业结构对中国经济增长的影响［M］．北京：化学工业出版社，2014.

[29] 李萌昕．共享经济视角下我国商贸流通业的经济影响效应——基于省际面板数据的分析［J］．商业经济研究，2020（14）：26－29.

[30] 李明旭．存货调整导致经济快速收缩［N］．中国证券报，2008－12－19.

[31] 李葳葳．我国商贸流通业经济效应统计分析［D］．杭州：浙江工商大学博士论文，2015.

[32] 李伟．2006 现阶段我国就业弹性的变化趋势及对策分析［J］．理论导刊，2006（1）：20－22.

[33] 李文贵．新型城镇化视域下我国商贸流通产业发展对策［J］．改革与战略，2016（10）：114－117.

[34] 林发彬．从存货投资波动透视我国产能过剩问题［J］．亚太经济，2010（2）：115－118.

[35] 刘丹鹭．服务业发展能烫平宏观经济波动吗？——基于中国数据的研究［J］．当代财经，2011（6）：90－107.

[36] 刘金全，范剑青．中国经济周期的非对称性和相关性研究［J］．经济研究，2001（5）：28－37.

[37] 刘金全，刘志刚，于冬．我国经济周期波动性与阶段性之间关联的非对称性检验——Plucking 模型对中国经济的实证研究［J］．统计研究，2005（8）：38－43.

[38] 刘金全．中国实际 GDP 序列的非对称性度量和统计检验［J］．财经研究，2002（1）：70－75.

[39] 刘金泉，刘兆波．我国货币政策作用非对称性和波动性的实证检验［J］．管理科学学报，2003（3）：35－40.

[40] 刘金泉，王雄威．我国货币政策周期与经济周期之间的关联性研究 [J]．上海经济研究，2012 (1)：3 -48.

[41] 刘明．产业经济空间效应数量分析的一个框架：以中国制造业为例 [J]．当代经济管理，2018，40 (2)：54 -60.

[42] 刘树成，张晓晶，张平．实现经济周期波动在适度高位的平滑化 [J]．经济研究，2005 (1)：10 -23.

[43] 刘树成．新一轮经济周期的背景特点 [J]．经济研究，2003 (3)：4 -9.

[44] 刘树成．新中国经济增长60年曲线的回顾与展望——兼论新一轮经济周期 [J]．经济学动态，2009 (10)：3 -10.

[45] 刘涛．典型工业化国家服务业发展的阶段特征及演变 [N]．中国经济时报，2013 -8 -12.

[46] 刘远．网络经济对我国企业运作模式的挑战 [J]．现代经济探讨，2001 (9)：20 -22.

[47] 刘长青．论经济运行惯性及其对宏观调控的影响 [J]．贵州社会科学，2000 (5)：6 -9.

[48] 刘祖基，刘希鹏，王立元．政策协调、产业结构升级及宏观经济效应分析 [J]．商业研究，2020 (4)：56 -67.

[49] 罗光强，曾福生，曾伟．服务业发展对中国经济增长周期的影响 [J]．财贸经济，2008 (5)：122 -127.

[50] 罗万纯，刘锐．中国粮食价格波动分析：基于 ARCH 类模型 [J]．中国农村经济，2010 (4)：30 -37.

[51] 罗万纯，刘锐．中国粮食价格波动分析：基于 ARCH 类模型 [J]．中国农村经济，2011 (6)：37 -47.

[52] 罗仲伟．生产性服务业与先进制造业的互动与融合 [J]．经济与管理战略研究，2012 (2)：50.

[53] 毛中根，林哲．服务价格“成本病”与中国物价上涨 [J]．价格理论与实践，2005 (6)：16 -17.

[54] 孟秀丽．发展服务型制造业的对策研究——以江苏为例 [J]．现

代管理科学，2011（7）：44－46.

［55］宁吉喆．如何看待我国服务业快速发展［J］．中国经贸导刊，2016（28）：8－10.

［56］彭晓莲．我国区域经济周期的差异性研究［D］．长沙：湖南大学博士论文，2017.

［57］彭勇．中国经济周期的非对称性分析——分省数据的实证研究［J］．中国经济问题，2003（6）：17－20.

［58］漆明春．商贸流通业对区域经济发展的影响实证研究［J］．商业经济研究，2018（14）：16－19.

［59］［美］钱纳里等．工业化与经济增长的比较研究［M］．吴奇，王松宝，等译．上海：上海三联书店，1989.

［60］饶兴明．商贸流通业对区域经济发展的影响机制及效率评估［J］．商业经济研究，2016（24）：203－205.

［61］石柱鲜，吴泰岳，邓创，王晶晶．关于我国产业结构调整与经济周期波动的实证研究［J］．数理统计与管理，2009（3）：36－43.

［62］宋则．充分发挥商贸流通业稳定物价的功能作用［J］．中国流通经济，2011（9）：11－15.

［63］苏玉峰．现代服务业作为经济内生增长引擎的典型相关性分析［J］．统计与决策，2016（9）：145－148.

［64］孙广生．经济波动与产业波动（1986—2003）——相关性、特征及推动因素的初步研究［J］．中国社会科学，2006（3）：62－73.

［65］孙玉娟，刘雪．新型工业化道路与传统工业化道路的区别［J］．集团经济研究，2005（21）：29.

［66］唐衍伟，陈刚，张晨宏．中国农产品期货市场价格波动性的长期相关性研究［J］．系统工程，2005（12）：79－84.

［67］童馨，王皓白．商贸流通业跨区域发展问题与对策［J］．商业经济研究，2019（20）：147－149.

［68］王斌．历史上产能过剩的应对策略及对当前的启示［J］．商业时代，2014（8）：45－46.

[69] 王鹏，王建琼，魏宇．自回归条件方差－偏度－峰度：一个新的模型［J］．管理科学学报，2009（12）：121－129.

[70] 王少芬，赵昕东．基于非对称成分 ARCH 模型的中国农产品价格波动分析［J］．数学的实践与认识，2005（8）：111－117.

[71] 王啸吟．服务业与经济增长稳定性的理论与实证分析［D］．上海：上海社科院博士论文，2012.

[72] 王耀中，陈洁．鲍莫尔－富克斯假说研究新进展［J］．经济学动态，2012（6）：123－129.

[73] 王一凡．我国第三产业波动态势及其与国民经济的联动关系研究［D］．长春：吉林大学硕士论文，2013.

[74] 王钊，王良虎，马雅恬．产业协调发展的经济增长效应——基于战略性新兴产业与传统产业耦联的实证分析［J］．西南大学学报（社会科学版），2020，46（3）：69－78＋202.

[75]［美］威廉·J. 鲍莫尔，艾伦·S. 布林德．经济学：原理和政策［M］．方臻旻，译．北京：北京大学出版社，2014.

[76] 魏枫凌．投资中国能源结构调整［J］．证券市场周刊，2017（35）：22－23.

[77] 魏锋，曹中．我国服务业发展与经济增长的因果关系研究——基于东、中、西部面板数据的实证研究［J］．统计研究，2007（2）：44－47.

[78] 温桂芳，马千脉．服务价格与居民消费价格关系研究［J］．价格理论与实践，2004（2）：18－20.

[79] 温杰．中国产业结构升级的就业效应［D］．武汉：华中科技大学博士论文，2010.

[80] 翁鸣，王念．专利规模促进产业结构高端化了吗？——基于空间滞后模型（SAR）的分析［J］．广西社会科学，2018（7）：103－109.

[81] 吴鹏，常远，穆怀中．产业集聚的经济福利效应研究——基于居民福利最大化视角［J］．中国经济问题，2020（3）：19－29.

[82] 吴晓晓，苏朝晖．研发投入、科技成果对经济增长的影响——基于 2003－2012 年省际面板数据的实证研究［J］．华侨大学学报（哲学社会

科学版)，2014 (4)：97 - 107.

[83] 夏杰长，毛中根．中国居民服务消费的实证分析与应对策略 [J]. 黑龙江社会科学，2012 (1)：71 - 76.

[84] 冼康．我国经济增长结构的转变与就业增长分析 [J]. 中共桂林市委党校学报，2013 (4)：26 - 29.

[85] 项本武．中国对外直接投资的贸易效应研究——基于面板数据的协整分析 [J]. 财贸经济，2009 (5)：77 - 82.

[86] 熊丽．供给能力增强服务业对增长贡献率稳步提升 [N]. 经济日报，2019 - 5 - 18.

[87] 徐文华，余中东．论提高我国就业弹性的新思路 [J]. 经济论坛，2004 (21)：11 - 12.

[88] 许君如，牛文涛．改革开放三十年我国工业化阶段演进分析 [J]. 电子科技大学学报 (社会科学版)，2011 (1)：43 - 49.

[89] 阳曙光，翟宇阳等．基于空间计量模型的人口因素对房价的影响研究 [J]. 工程管理学报，2017 (6)：141 - 145.

[90] 叶裕民．中国城市化之路：经济支持与制度创新 [M]. 北京：商务印书馆，2011.

[91] 叶振宇．城镇化与产业发展互动关系的理论探讨 [J]. 区域经济评论，2013 (4)：13 - 17.

[92] 依绍华．"双循环"背景下构建商贸流通体系新格局 [J]. 中国发展观察，2020 (18)：20 - 23.

[93] 殷剑峰．二十一世纪中国经济周期平稳化现象研究 [J]. 中国社会科学，2010 (4)：56 - 73.

[94] 余斌，吴振宇．服务业占比上升对经济运行的影响 [N]. 中国经济时报，2014 - 8 - 18.

[95] 余斌，吴振宇．服务业占比上升对经济运行的影响 [J]. 中国产业经济动态，2014 (18)：12 - 18.

[96] 袁兴梅．商贸流通业发展对我国居民收入的影响——基于城乡和收入来源结构差异 [J]. 商业经济研究，2020 (21)：10 - 13.

[97] 张车伟，蔡昉．就业弹性的变化趋势研究 [J]．中国工业经济，2002 (5)：22－30.

[98] 张晨．我国资源型城市绿色转型复合系统研究——山西省太原市实践的启发 [D]．天津：南开大学博士论文，2010.

[99] 张军，吴桂英，张吉鹏．中国省际物质资本存量估算：1952—2000 [J]．经济研究，2004 (10)：35－44.

[100] 张德存．服务型制造发展展望与对策建议 [J]．对外经贸实务，2010 (4)：37－39.

[101] 张贡生，吕良宏．城镇居民消费支出与第三产业产出的关联度研究 [J]．现代财经，2006 (5)：3－7.

[102] 张海燕，刘金全．我国经济周期中扩张与收缩模式的对比分析 [J]．统计与决策，2008 (19)：110－113.

[103] 张浩然，衣保中．产业结构调整的就业效应：来自中国城市面板数据的证据 [J]．产业经济研究，2011 (3)：50－55.

[104] 张会清，王剑．全球流动性冲击对中国经济影响的实证研究 [J]．金融研究，2011 (3)：27－40.

[105] 张娜．服务业对我国经济增长带动作用持续显现——访国务院发展研究中心研究员来有为（上）[N]．中国经济时报，2018－8－2.

[106] 张鹏．我国服务业比重提高的趋势及影响 [J]．宏观经济管理，2014 (1)：30－33.

[107] 张天祥，张中华．我国物价水平的非线性调整分析 [J]．数量经济技术经济研究，2007 (2)：19－26.

[108] 张婷．商贸流通业发展对区域经济的影响效应研究——以京津冀地区为例 [J]．商业经济研究，2018 (1)：141－143.

[109] 张屹山，田依民．中国经济波动率对经济增长率非对称影响效应的实证分析 [J]．东北师范大学学报，2015 (4)：1－7.

[110] 张颖熙，夏杰长．收入效应、价格效应与服务业就业增长——基于状态空间模型的动态估计 [J]．中国社会科学院研究生院学报，2012 (4)：18－27.

[111] 张应武．中国内地与香港商品市场一体化测度研究——以北京、上海、广州、深圳为例 [J]．国际经贸探索，2012 (3)：44-54.

[112] 张志文，白钦先．通货膨胀的决定因素：中国的经验研究 [J]．上海金融，2011 (6)：15-19.

[113] 赵宏军，陈文基，刘栋栋．中低端服务业的就业效应及发展建议 [J]．中国国情国力，2012 (1)：6-10.

[114] 赵进文，薛艳．我国分季度百度 GDP 估算方法的研究 [J]．统计研究，2009 (10)：25-32.

[115] 赵良仕等．中国省际水资源利用效率与空间溢出效应测度 [J]．地理学报，2014，1.

[116] 朱信凯，韩磊，曾晨晨．信息与农产品价格波动：基于 EGARCH 模型的分析 [J]．管理世界，2012 (11)：57-66.

[117] 邹一南，石腾超．产业结构升级的就业效应分析 [J]．上海经济研究，2012 (12)：3-7.

[118]《中国经济增长与宏观稳定》课题组．外部冲击与中国的通货膨胀 [J]．经济研究，2008 (5)：4-17.

[119] Abbritti, M and S Fahr. Downward wage rigidity and business cycle asymmetries [J]. Journal of Monetary Economics, 2013 (7): 871-886.

[120] Abeysinghe, T and Gulasekaran, R. Quarterly Real GDP Estimates for China and Asean 4 with a Forecast Evaluation [J]. Journal of Forecasting, 2004 (6): 431-447.

[121] Acemoglu, D and A. Scott. symmetric business cycles: Theory and time-series evidence [J]. Journal of Monetary Economics, 1997 (3): 501-533.

[122] Amadeo. Adjustment, stabilization and the structure of employment in brazil [J]. The Journal of Development Studies, 2000 (4): 120-148.

[123] Atolia, M, T. Einarsson and M Marquis. Understanding liquidity shortages during severe economic downturns [J]. Journal of Economic Dynamics & Control, 2011 (3): 330-343.

[124] Baqaee, D R. Asymmetric inflation expectations, downward rigidity of

wages, and asymmetric business cycles [R]. Working Paper of Harvard University, 2014.

[125] Baxter, M and King, R. Measuring business cycles: approximate band-pass filters for economic time series [R]. NBER Working Paper no. 5022. 1995.

[126] Beaudry, P & G Koop. Do recessions permanently change output [J]. Journal of Monetary Economics, 1993 (2): 149 – 163.

[127] Belaire-Franch, J & A Peiró. Asymmetry in the relationship between unemployment and the business cycle [J]. Empirical Economics, 2015 (2): 683 – 697.

[128] Bernard, A B and Durlauf. Convergence in international output. Journal of Applied [J]. Econometrics, 1995 (10): 97 – 108.

[129] Bernard, A B and Jones, C I. Comparing apples to oranges: productivity convergence and measurement across industries and countries [J]. American Economic Review, 2001 (4): 1160 – 1167.

[130] Birchenhall C R, Jessen, H, Osborn, D R and Simpson, P W. Predicting US business clcle regimes [J]. Journal of Business and Economics Statistics, 1999 (17): 313 – 323.

[131] Blanchard, O J and S Fischer. Lectures on Macroeconomics [M]. The MIT Press, 1989.

[132] Burgess, S. Asymmetric employment cycles in Britain: Evidence and an explanation [J]. Economic Journal, 1992 (3): 279 – 290.

[133] Campbell, G and J Fisher. Aggregate employment fluctuations with microeconomic asymmetries [J]. American Economic Review, 2000 (5): 1323 – 1345.

[134] Chen, C F. Is the international transmission of business cycle fluctuation asymmetric? Evidence from a regime-dependent impulse response function [J]. International Research Journal of Finance and Economics, 2009 (4): 134 – 143.

[135] Chung, S and G J D Hewings. Assessing the regional business cycle asymmetry in a multi-level structure framework: A study of the top 20 U. S. MSAs

[R]. Working Paper of University of Illinois, 2004.

[136] Clark, P K. The cyclical component of U. S. economic activity [J]. The Quarterly Journal of Economics, 1987 (3): 797 - 814.

[137] Clements, M P and H M Krolzig. Business cycle asymmetries: Characterization and testing based on Markov-switching autoregressions? [J]. Journal of Business & Economic Statistics, 2003 (1): 196 - 211.

[138] Coe, D and E Helpman. International R&D spillovers [J]. European Economic Review, 1995 (5): 859 - 887.

[139] Coke, G. Business cycle asymmetry: State space models with Markov switching [R]. Working Paper of University of Victoria, 2012.

[140] Cuadrado, Alvaro. Business Cycle and service industries: general trends and the spanish case [J]. The Service Industries Journal, 2001 (21): 11 - 17.

[141] De Simone, F N and Clarke, S. Asymmetry in business fluctuations: international evidence on Friedman's plucking model [J]. Journal of International Money and Finance, 2007 (1): 64.

[142] Devereux, M B and H E Siu. State dependent pricing and business cycle asymmetries [R]. International Economic Review, 2007 (1): 281 - 310.

[143] Eggers, A and Ioannides, Y. The role of output composition in the stabilization of US output growth [J]. Journal of Macroeconomics, 2006 (3): 585 - 595.

[144] Erdem, E and Glyn, A. Job deficits in UK regions [R]. Oxford Bulletin of Economics and Statistics, 2001 (9): 737 - 752.

[145] Filardo, Andrew J. Cyclical implications of the declining manufacturing employment share [R]. Economic Rereiw-Fedeal Reserve Band of Kansas City, 1995, 80.

[146] Freeman, D. A regional test of Okun's Law [J]. International Advances in Economic Research, 2000 (6): 557 - 570.

[147] French, M W and Sichel, D. Cyclical patterns in the variance of

economic activity [J]. Journal of Business and Economic Statistics, 1993 (11): 113 - 119.

[148] Friedman, M. Monetary studies of the national bureau [R]. The National Bureau Enters its 45th Year, 44th Annual Report, 1964.

[149] Friedman, M. The optimum quantity of money and other essays [M]. Aldine Pub. Co. , 1969.

[150] Fuhrer, J C. Intrinsic and inherited inflation persistence [J]. International Journal of Center Banking, 2006 (2): 49 - 82.

[151] Gabriel Rodríguez. Application of Three non-Linear Econometric Approaches to Identify Business Cycles in Peru [J]. Journal of Business Cycle Measurement and Analysis, 2010 (2): 1 - 25.

[152] Greene, W H. Econometric Analysis [M]. NJ: Prentice-Hall, 2003.

[153] Harris, R and Silverstone, B. Testing for asymmetry in Okun's Law: A cross-country Comparison, University of Durham University of Waikato [J]. Economics Bulletin, 2001 (5): 1 - 13.

[154] Hess, G D & S Iwata. Asymmetric persistence in GDP? A deeper look at depth [J]. Journal of Monetary Economics, 1997 (3): 535 - 554.

[155] Hodrick, R J and Prescott, E C. Post-war business cycles: an empirical investigation [J]. Credit and Banking, 1997 (1): 1 - 16.

[156] Ishikawa, T. Technology diffusion and business cycle asymmetry [R]. Working Paper of Kyushu Kyoritsu University, 2003.

[157] James D Hamilton. A new approach to the economic analysis of nonstationary time series and the business cylce [J]. Econometrics, 1989 (2): 357 - 384.

[158] Julián Messina. Institutions and service employment: a panel study for OECD countries [J]. Labour, 2005 (2): 343 - 372.

[159] Kalemli-Ozcan, S, B E Sørensen and O Yosha. Economic integration, industrial specialization, and the asymmetry of macroeconomic fluctuations [J]. Journal of International Economics, 2001 (1): 107 - 137.

[160] Keynes, J M. The general "theory of employment, interest and money" [M]. London, Macmillan, 1936.

[161] Kim, C J and Nelson, C R. Friedman's plucking model of business fluctuations: tests and estimates of permanent and transitory components [J]. Journal of Money, Credit, and Banking, 1999a (4): 317 – 334.

[162] Kim, C J. Dynamic linear models with markov-switching [J]. Journal of Economics, 1994 (60): 1 – 22.

[163] Knüppel, M. Can capacity constraints explain asymmetries of the business cycle? [J]. Macroeconomic Dynamics, 2008 (1): 65 – 92.

[164] Lawrence R Glosten, Ravi Jaganathan, David E. Rnukle. On the relation between the expected valve and the vloatility of the normal excess return on stocks [J]. The Journal of Finance, 1993 (48): 1779 – 1801.

[165] Long, J B D & L H Summers. Is increased price flexibility stabilizing? [R]. 1985, NBER Working Paper No. 1686.

[166] M Abramovitz. Inventories and business cycles article [J]. Economica, 1950 (19): 33 – 54.

[167] Magud, N E. On asymmetric business cycles and the effectiveness of counter-cyclical fiscal policies [J]. Journal of Macroeconomics, 2008 (3): 885 – 905.

[168] María-Dolores, R and I Sancho. On asymmetric business cycle effects on convergence rates: Some European evidence [R]. Working Paper of Universidad de Murcia, 2003.

[169] Mayes, D and Virén, M. Asymmetry and the problem of aggregation in the Euro area [J]. Empirica, 2002 (29): 47 – 73.

[170] McQueen, G & S Thorley. Asymmetric business cycle turning points [J]. Journal of Monetary Economics, 1993 (3): 341 – 362.

[171] Morley, J and J Piger. The asymmetric business cycle [J]. Review of Economics and Statistics, 2012 (1): 208 – 221.

[172] Morley, J C, Nelson, C R and Zivot, E. Why Are the Beveridge-

Nelson and Unobserved-Components Decompositions of GDP So Different? [J]. The Review of Economics and Statistics, 2003 (2): 235 -243.

[173] Neftci, S N. Are economic time series asymmetric over the business cycle [J]. Journal of Political Economy, 1984 (2): 307 -328.

[174] Nieuwerburgh, S V and L Veldkamp. Learning asymmetries in real business cycles [M]. NYU Stern Working Paper, 2004.

[175] Owyang, M T , J Piger & H J Wall. Business cycle phases in US states [J]. Review of Economics and Statistics, 2005 (4): 604 -616.

[176] P W Daniels. Producer services research in the United Kingdom [J]. Professional Geographer, 1995 (1): 278 -322.

[177] Pfann, G A. Employment and business cycle asymmetries: A data based study [R]. Working Paper of Limburg University, 1991.

[178] Quah, D. Empirical cross-section dynamics in economic growth [J]. European Economic Review, 1993 (2 -3): 426 -434.

[179] Ramsey, J B & P Rothman. Time irreversibility and business cycle asymmetry [J]. Journal of Money, Credit and Banking, 1996 (1): 1 -21.

[180] Romer, C D. Changes in business cycles: Evidence and explanations [J]. Journal of Economic Perspectives, 1999 (2): 23 -44.

[181] Schettkat, Ronald, Yocarini, Lara. The shift to services: a review of the literature [R]. Utrecht University, Discussion Paper, 2003.

[182] Sepúlveda-Umanzor, J. Business cycle asymmetries [R]. Working Paper of the North Caroline State University, 2005.

[183] Sichel, D E. Business cycle asymmetry: A deeper look [J]. Economic Inquiry, 1993 (2): 224 -236.

[184] Sinclair, T M. Asymmetry in the business cycle: Friedman's plucking model with correlated innovations [R]. Working Paper, department of Economics, The George Washington University, 2009.

[185] Sinclair, T M. The relationships between permanent and transitory movements in U. S. output and the unemployment rate [J]. Journal of Money,

Credit and Banking, 2009 (3): 529 – 542.

[186] Stanca, L. Asymmetries and nonlinearities in Italian macroeconomic fluctuations [J]. Applied Economics, 1999 (4): 483 – 491.

[187] Terence C Mills, Ping Wang. Plucking models of business cycle fluctuations: Evidence from the G – 7 countries [J]. Empirical Economics, 2002 (27): 255 – 276.

[188] Tingguo Zheng, Yujuan Teng, Tao Song. Business cycle asymmetry in China: evidence from Friedman's plucking model [J]. China & World Economy, 2010 (4): 103 – 120.

[189] Ven, M O and Uhlig, H. On adjusting the Hodrick-Prescott filter for the frequency of observations [J]. The Review of Economics and Statistics, 2002 (2): 371 – 375.

[190] Victor R Fuchs. Economic growth and the rise of service employment [R]. NBER Working Paper, 1980.

[191] Virén, M. The Okun curve is non-linear [J]. Economics Letters, 2001 (2): 253 – 257.

[192] Weber, C E. Cyclical output, cyclical unemployment, and Okun's Coefficient: a new approach [J]. Journal of Applied Econometrics, 1995 (10): 433 – 445.

后　记

本书是由本人主持的国家社科基金项目《第三产业对我国宏观经济波动的非对称效应分析》（编号：17BJY016）研究报告。

从接触第三产业和经济波动的问题伊始，我就深深感觉到这一领域的复杂性、多面性和广泛性，这也让我深感自己的不足。为了本书的写作，本人曾多次往返北京参加人大经济论坛的培训，在不断的怀疑中更多地充实自己。

在本书的撰写过程中，首先我要感谢我的家人，是她们在我最为困难的时候支持我，鼓励我；感谢她们在生活、心灵以及情感上的支持；感谢我的爱人，她帮我挑起了整个家庭的重担。

其次我还要感谢厦门理工学院的郭雅欣老师。她是我课题组的重要成员，帮我翻译了本书的摘要，同时对全书进行了总括，对本书的内容进行了仔细的审阅和修改，付出了大量的心血。感谢我的师弟谢静和陈柏福，在研究过程中我多次打扰和请教他们，占用了他们大量时间和精力，感谢他们为我提出的宝贵意见。

最后我要感谢厦门理工学院经济与管理学院的领导，感谢他们的宽容和无私帮助。

由于本人的知识和水平有限，本书错误和疏漏之处在所难免，恳请各位专家和读者多提宝贵意见，在此本人感激不尽。

张文军